上海国际大都市
城乡融合发展的探索与实践

中共上海市委农村工作领导小组办公室·主编

SHANGHAI GUOJI DADUSHI
CHENGXIANG RONGHE FAZHAN DE
TANSUO YU SHIJIAN

上海科学技术出版社

图书在版编目（CIP）数据

上海国际大都市城乡融合发展的探索与实践 / 中共上海市委农村工作领导小组办公室主编. -- 上海：上海科学技术出版社，2023.4
　　ISBN 978-7-5478-6137-0

　　Ⅰ.①上… Ⅱ.①中… Ⅲ.①城乡建设－区域经济发展－研究－上海 Ⅳ.①F299.275.1

中国国家版本馆CIP数据核字(2023)第058964号

上海国际大都市城乡融合发展的探索与实践
中共上海市委农村工作领导小组办公室　主编

上海世纪出版（集团）有限公司
上 海 科 学 技 术 出 版 社　出版、发行
（上海市闵行区号景路159弄A座9F-10F）
邮政编码 201101　　www.sstp.cn
上海中华商务联合印刷有限公司印刷
开本 787×1092　1/16　印张 22.5
字数 500 千字
2023年4月第1版　2023年4月第1次印刷
ISBN 978-7-5478-6137-0/F·39
定价：160.00元

本书如有缺页、错装或坏损等严重质量问题，请向工厂联系调换

目录

实践探索篇 1

1 在乡村振兴中充分体现经济价值、生态价值、美学价值的研究 2

2 上海率先基本实现农业现代化研究 23

3 深化改革推进集体经济高质量发展研究 41

4 加快促进农民收入增长研究 50

5 上海加快推进乡村数字化转型初见成效 61

6 松江区多措并举抓好粮食生产，十五年如一日扛稳粮食安全重任 65

7 嘉定区探索开展农村住房"组团式"更新初见成效 70

8 金山区创新农业农村保险服务助力乡村振兴 74

9 松江区农业绿色发展指数位列全国第一 77

10 嘉定区首期建设1 600亩无人农场，为农业现代化探出新路 80

新闻报道篇　83

1　上海乡村振兴勾勒独具魅力画卷　84

2　"三个百里"幸福农村跃然画卷　89

3　一粒米背后的"碳中和"经济　91

4　田间地头来了一批乡村"新人"，带活乡村产业　95

5　超大城市乡村如何"量身定制"社区生活圈　102

6　传统农业数字化转型，上海出现丰富应用场景　108

7　分红啦！上海村级集体经济探索增值新机制　113

8　重启直播，借农场自有"粉丝"和流量，一解周边农户燃眉之急　120

9　上海近13年补充耕地超220平方千米　122

10　"农业+"活起来，带动乡村火起来　126

11　村村"三堂一室""家门口"化解矛盾　129

12　"浦江之首"探索上海乡村游新路　132

13　体验丰收季乡村生活，沪郊田间多了新玩法　135

目录

14 布局生态农业，果农蟹农增收　141

15 让乡村美成为城市底色，让农民振兴路上更有奔头　144

16 村庄变美后，迎回思乡客、引来投资人　148

17 农创路演让"有颜有才"新品种加速"出圈"　150

18 "汗水农业"变身"智慧农业"　152

19 上海：构建智慧认证体系，服务绿色农业发展　155

20 亿元村里"菇"事多——记上海两个菌菇特色产业亿元村　160

21 这条稻米价值链连上了稻乡与都市　164

22 乡村，不仅仅只是寄托乡愁——上海农村调研手记　169

23 徐俊雄：弃商从农攻难关，立志种出上海最好吃的橘子　178

24 全力做好高端制造业发展和农业农村现代化的大文章　182

25 深化细化"施工图"，创造性地抓好战略任务落实见效　184

26 夯实绿色底色、筑牢生态底盘　186

信息交流篇 189

1. 松江区创新"1+5+X"结对帮扶机制,助力经济薄弱村走出乡村振兴新路径　190
2. 奉贤区在全市首推农村人居环境整治"以工代赈"　193
3. 崇明区打造农业绿色发展样板,入选全国典型案例　195
4. 闵行区创新发展模式,促进农村集体经济高质量发展　197
5. 金山区聚焦"五力",促进乡村民宿高质量发展　200
6. 浦东新区重视开展农业招商引资,取得初步成效　203
7. 宝山区罗泾镇用"小积分"焕新乡村治理"大气象"　206
8. 奉贤区西渡街道创新"365"举措,引进农科英才助力乡村发展　209
9. 松江区叶榭镇用好四色"画笔",绘就现代乡村新"画卷"　211
10. 嘉定区坚持打好"三张牌",推进农村移风易俗工作　214
11. 闵行区全域推广"农村人居环境+积分制",管理推动村庄环境再上新台阶　217

12 宝山区罗泾镇汇聚新乡贤力量建设和美乡村　220

13 金山区亭林镇探索农村基层治理模式，破解"城中村"治理难题　223

14 嘉定区加强四项赋能，探索"农村人居环境＋一网统管"新模式　225

15 浦东新区探索水稻生产智能化升级，"慧"就农业新图景　229

政策机制篇　233

1 关于充分彰显都市乡村价值，全面推进乡村振兴的实施意见　234

2 上海市乡村振兴促进条例　242

3 上海市农业机械安全管理规定　259

4 上海市水产品质量安全监督管理办法　262

5 关于实施全域土地综合整治的意见　274

6 关于促进上海域外农场高质量发展的实施意见　279

7 崇明世界级生态岛发展规划纲要（2021—2035年）　287

8 关于进一步促进农村集体经济高质量发展的意见　306

9 关于进一步促进上海乡村民宿健康发展的指导意见 309

10 上海市"菜篮子"区长负责制考核办法实施细则 317

11 2022年上海市粮食绿色高质高效行动实施方案 326

12 上海市乡村振兴专项资金管理办法 331

13 关于调整完善土地出让收入使用范围优先支持本市乡村振兴的实施意见 336

14 上海市农村人居环境优化提升行动实施方案 339

编后语 350

实践探索篇

SHIJIAN
TANSUOPIAN

上海国际大都市
城乡融合发展的探索与实践

1 在乡村振兴中充分体现经济价值、生态价值、美学价值的研究

按照2021年4月市委领导提出超大城市乡村振兴要凸显经济、生态、美学"三个价值"的要求，一年来，我市各职能部门、各涉农区积极开展探索实践，取得了阶段性成效。实践表明，凸显乡村振兴"三个价值"，既是与时俱进、顺应社会发展规律与人民物质、精神需求的向往和追求，也是对高质量推进"三园"工程建设的理念创新，让乡村价值在新时代展现出更动人的魅力。凸显乡村振兴"三个价值"，既抓住了"产业兴旺、生态宜居、乡风文明、治理有效、生活富裕"总要求的本质所在，也为加快实现农业农村现代化赋予了更高层次的内涵升华。"三个价值"中，经济价值是乡村发展的核心，生态价值是乡村发展的基础，美学价值是乡村发展的灵魂，三者是一个有机整体，相互融合、互为促进、不可分割。通过探索实践，我们愈来愈认识到实现乡村"三个价值"的现实意义，既是推进超大城市乡村振兴的思想保障，更是从全局和系统的视角去审视和谋划农业农村现代化的必由之路。

一、主要做法与初步成效

实施乡村振兴战略以来，我市以习近平总书记"两山"理论为遵循，聚焦美丽家园、绿色田园、幸福乐园"三园"工程建设，持续彰显了乡村的经济价值、生态价值、美学价值，形成了一批价值相互叠加融合的典型案例，一幅具有超大城市独特魅力的乡村振兴画卷正在生动绘就、雏形具现，受到了基层干群和市民的欢迎。

（一）在乡村振兴中最大限度地体现经济价值

调研显示，乡村振兴的经济价值更多体现在产业兴旺的要求上，通过释放乡村的土地空间，使郊区从承担农产品保障供应功能向承担多元复合功能转变，由承担附属功能向承担核心功能转变，超大城市乡村的地位已不再是单纯的农业生产基地，而是正在成为新时期二三产业创新发展的摇篮。我们认为，乡村振兴的经济价值主要体现

在以下三个方面。

1. 打好"民生牌",保障地产农产品供应。为满足城市建设的需要,尽管近年来全市耕地面积逐步下降,由 2000 年的约 30 万公顷减少到 2021 年的 16.2 万公顷,但全市始终坚持以推进农业绿色发展为核心,铆牢实现高品质生产、高科技装备、高水平经营、高值化利用、高效益产出的目标,先后推进建设了 17 个绿色田园示范基地和 13 个绿色田园先行片区,守住了郊区农村作为农业生产"主战场""主阵地"的地位,为广大市民提供了丰富的地产农产品。同时,全市充分利用超大城市科技、人才、信息、地理等优势,持续优化调整农业产业结构,推广良种良技良法,农业正朝着规模化、集约化、科技化方向迈进,特别是近年来通过大力招商引资(2021 年农业招商引资到位资金约 74.95 亿元),一批以崇明由由中荷现代农业创新园等为代表的现代化农业生产基地已经建成投产。据统计,近年来,我市农业总产值保持在 270 亿元左右,农业科技进步贡献率近 80%,农业平均产值约 52 500 元/公顷。

上海主要农副产品产量和市场供给率

主要农产品	产量	供给率(%)
粮食	93 万吨	15
蔬菜	244 万吨	40
其中:绿叶菜	日均上市 3 100 吨	80
生猪(含域外)	95 万头	8
家禽	760 万只	5
牛奶	29 万吨	30
水产品	25 万吨	25
其中:远洋捕捞	17 万吨	17
淡水养殖	8 万吨	8

专栏 1:由由中荷现代农业创新园扬帆起航

一座世界级"植物工厂"——由由中荷现代农业创新园,在世界级生态岛崇明拔地而起。这座植物工厂采用全球最先进的种植技术,不仅能抵御气候变化、稳定生产,而且能精确控制农产品生产生长的每个过程,已成为上海都市现代农业新标杆。作为目前国内单体规模领先的温室项目，半封闭玻璃温室面积20.66公顷，相当于29个足球场。项目一期规划种植黄瓜、番茄、彩椒和生菜。整个项目投产后，年产量将超过7 000吨，平均每天可以为上海市民提供30～40吨高品质绿色果蔬，年产值约774万元/公顷。

2. 构筑"全链条"，促进产业增值增效。近年来，我市引导各类新型农业经营主体融合发展，推动农业龙头企业与农民专业合作社、家庭农场的互惠合作，通过系牢市场和品牌的纽带，搭建一产"接二连三"的桥梁，最大程度实现价值溢出效应。2021年，全市共有各类农业龙头企业269个（市级及以上龙头企业113家），组建农业产业化联合体60余家，实现销售收入1 263亿元，利润总额34.85亿元，带动本地农户9.8万户，产业化组织带动率达30%，保有区域公共品牌与地理标志农产品20个。比如，通过组织开展"百企连百村"活动，全市近百家农业龙头企业与145个村联结发展，逐步形成了从单向输血到双向合作的互惠模式、从土地流转到深度参股的共享模式，2021年村企联结带动直接就业1.30万人、间接就业3.59万人，带动农产品初级加工、品牌销售共计94.4亿元。又如，金山区待泾村与上海蓝城公司共建集花卉生产、休闲观光、度假民宿、文旅零售、芳香产业于一体的"花开海上"生态园，已成为沪郊"网红"景区，开业以来累计接待游客超过120万人次，待泾村村民走上了股金+租金+薪金+现金+保障金的"五金"增收之路。

专栏2：浦东新区探索"一村一企一联合体"发展新模式

近年来，浦东新区探索了"一村一企一联合体"的新模式，目前该模式已覆盖了72个保留村（占全区保留村的19.9%），共组建农业产业化联合体15家（其中稻米2家、蔬菜瓜果12家、采摘游1家）。通过"一村一企一联合体"模式，打通了上下游、稳定了产供销，有效解决了农民卖菜难、市民买菜贵等问题，拓宽了优质优价地产农产品的供应渠道。据统计，各类农产品通过产业化联合体销售实现收入4.2亿元，约占全区农产品销售额的12.4%；参加产业化联合体的农户年收入达到6万元左右，远远超过全区农民年收入3.6万元的平均水平。

3. 探索"新经济"，实现经济创新发展。近年来，我市各涉农区注重在农村地区引进社会资本盘活集体资产，导入现代服务业对接城镇发展战略，培育了文化、电商、办公、体育、康养等10多种符合国际化大都市特点的乡村新产业、新业态。比如，自2018年我市出台《促进乡村民宿发展的指导意见》以来，全市共发展了持证乡村民宿234家，其中获评市星级乡村民宿84家（五星级18家、四星级35家、三星级31家），涌现出了浦东新区"宿予"、崇明区"顾伯伯"、金山区"青檐"（版画民宿）等诸多市场美誉度高的乡村民宿品牌，节假日一房难求。又如，奉贤区以打造"三园一总部"[一个庭院（园）一个总部、一个公园一个总部、一个庄园一个总部]为抓手，充分发挥市场机制，引入工商资本，在农村集体建设用地和保留的宅基地房屋上引进企业（集团）总部，结合田成块、林成网、水成系、路成环、宅成景的实际效果，就地建设、就地修缮、就地提升，累计落户企业约1900家，2021年实现税收8.78亿元。"十四五"期间，奉贤区还将建设"东方美谷·丘山民宿""海国长城·上海渔村"等乡村综合体，成为总部经济的集聚地、文化创意的成长地。再如，华为公司在青浦区金泽镇投资100亿元建设研发中心，打造"中国硅谷"，建成之后将导入3万余名科研人才，年产值预计达100亿元，并形成长三角示范区重要的创新产业集群，承接半导体研发设计总部、物联网总部、无线网络总部等多种上下游企业入驻，金泽镇也将由"西劳东输"朝"东才西进"的人才集聚地转型。

各涉农区持证乡村民宿数量（截至 2021 年底）

涉农区	民宿数量（家）	涉农区	民宿数量（家）
浦东新区	21	宝山区	1
嘉定区	4	奉贤区	10
松江区	1	金山区	37
青浦区	9	崇明区	150

专栏 3：华为"总部经济"带动"青西"地区发展

2019 年 1 月，华为上海青浦研发基地顺利完成土地摘牌。该项目位于上海市青浦区科创走廊建设的发展主轴，拟投资建设新的研发中心及配套人才公寓，总投资约 100 亿元。其中，华为研发中心选址位于金泽镇西岑社区，项目规划用地面积 2 400 亩（其中一期 1 400 亩、二期 1 000 亩），拟建建筑面积 100 万平方米以上，主要用于科研、办公及配套设施，预计将导入 3 万名科技研发人才。

一个华为，半座城区。华为的类似"产业造城"效应将加快推进大科技、大旅游、大文化、大健康、大总部产业协调发展。未来的"青西"地区将不是传统上海人眼中的"偏远乡村"，而是一个现代化的科技之城。

专栏 4：盘活宅基地房屋，发展乡村人才公寓

为顺应企业职工和本地农户的双向需求，打通城区与近郊的资源"梗阻"，浦东新区率先在张江镇新丰村将长期闲置的"农民房"改造为长租人才公寓，探索出一条由政府牵头、农民供房、镇企改造三方合力的乡村人才公寓新业态。将宅基地房屋流转后，村民不仅可以获得可观的租金收入，修缮改造后的房屋质量和外貌都有了显著提升，也带动了房屋增值。据对浦东新区、奉贤、青浦等区不完全统计，已改造宅基地房屋 86 栋、503 个房间，建筑面积 2.36 万平方米。另据了解，近郊的人才公寓项目平均每栋可使村民增收 10 万元，远郊的租金在 4 万～5 万元，比改造前增长 30% 左右。

---

1 亩 ≈ 667 平方米，1 公顷 =15 亩。

（二）在乡村振兴中生态价值不断凸显

调研显示，乡村振兴的生态价值更多体现在生态宜居的要求上，通过擦亮超大城市生态底色，发挥乡村和农田就近调节气候、净化空气、缓解城市热岛效应的作用，使郊区农村成为人类居住、生物繁衍的乐园。我们认为，乡村振兴的生态价值主要体现在以下六个方面。

1. 构建生态空间。按照功能定位，国土空间可划分为城镇空间、农业空间、自然生态空间三大类。随着城市体量的由小变大，生态空间尽管受到挤压占用，但其作为"生命之源"的地位却愈发彰显。上海郊区农村所承载的生态空间保育任务，是超大城市永续发展的根脉。近年来，我市多措并举、多点发力，通过河道整治、植树造林、推广清洁能源、建设生态廊道等方式，让水更清、天更蓝、地更绿。据统计测算，2021年，郊区地表水水质优良（达到Ⅲ类及以上）断面比例为79.2%，同比上升6.6个百分点，森林覆盖率达到18.49%，森林生态服务功能年价值量约152亿元，生态空间综合指数达到31.55（崇明区最高，为74.55）。

专栏5：崇明岛严守生态保护空间

2022年1月，《崇明世界级生态岛发展规划纲要（2021—2035年）》正式发布，提出到2035年将崇明世界级生态岛打造成绿色生态"桥头堡"、绿色生产"先行区"、绿色生活"示范地"，成为彰显我国作为全球生态文明建设重要参与者、贡献者、引领者的重要窗口。《规划纲要》专门提出要构建生态安全格局。严守生态保护红线，实行生态空间分类管控，保护长江口滩涂湿地资源，合理增加自然湿地保有量，构建促进物种迁徙和基因交流的生态廊道，全面提升生态系统的质量和稳定性。科学管控土地资源。严守城市开发边界，锁定建设用地总规模，开展全域土地综合整治，为未来发展留足战略空间。严控人口规模与建筑高度。严格控制常住人口增长，持续优化人口结构。按照"中国元素、江南韵味、海岛特色"的要求，全岛严格实行新建建筑高度分级管控，彰显世界级生态岛风貌特色。

2. **优化人居环境**。2021年，我市将"农村人居环境优化"列入市委民心工程，各涉农区坚持"全区域、全要素、全覆盖"促进农村地区面貌整体提升，建设了13.3万户美丽庭院，完成了2万户农村生活污水处理设施改造，95%行政村实现生活垃圾分类达标，无害化卫生户厕普及率达到100%，农村迎来了春天的油菜花、夏天的荷叶、秋天的稻穗、冬天的麦苗。

专栏6：农村人居环境持续改善

自2019年起，我市连续三年对9个涉农区近3000家农户的乡村振兴满意度进行跟踪监测。问卷结果显示，这些年农村环境面貌有了明显改善，"村庄环境满意度"指标逐年提高，2019年为97.98分、2020年为98.18分、2021年为98.20分。

3. **实施农业减排**。在世界各国共同减少碳排放的倡导下，我市的农业生产也越来越注重减轻对生态环境造成的负荷，通过推广各种绿色循环的生产理念和种、养殖技术，落实农业减排责任。加快调整农业结构，退出麦子种植，扩大绿肥播种，由"一年两熟"变为"一年一熟"，以降低耕地复种指数、推广水肥一体化、绿色防控技术等方式实现农药和化肥"双减"。比如，崇明区持续推广稻鱼共生、稻虾蟹共生、稻虾轮作等稻田立体种养模式，示范面积约2400亩，既能给水稻增加有机肥，也起到了生物除虫的效果。又如，我市获国家科学技术进步一等奖的"节水抗旱稻"品种，甲烷（CH_4）排放量降低97%。加快农业废弃物利用，推进畜牧业标准化生态养殖基地建设，规模化畜禽养殖场粪污处理设施装备配套率达100%；完成8.5万亩水产养殖场尾水治理设施建设和改造，全部实现达标排放；农作物秸秆综合利用率达到97%；农药包装废弃物实现100%回收，农膜回收率达96%。在这些措施的共同作用下，上海地产农产品绿色食品认证率达到27%，走在全国前列。

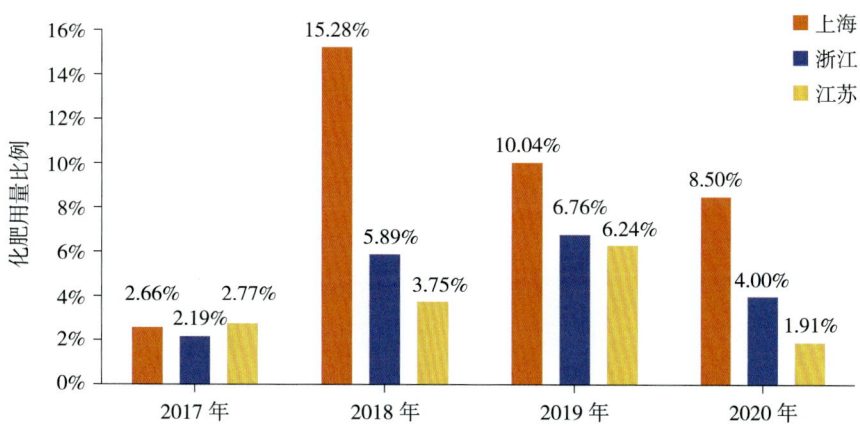

上海与浙江、江苏化肥施用总量（折纯）下降对比情况

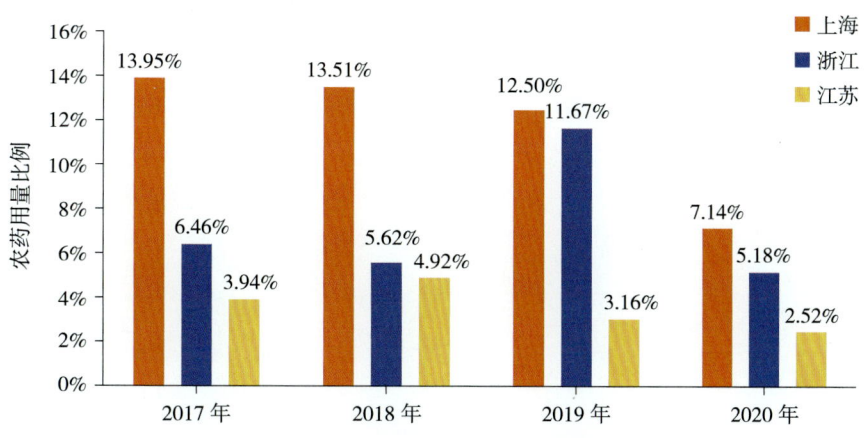

上海与浙江、江苏农药施用总量下降对比情况

上海地产农产品绿色食品认证率（%）				
2017 年	2018 年	2019 年	2020 年	2021 年
8.13	13.67	20.34	24	27

4. **涵养各类湿地**。上海地处江南水乡,全市共有天然湿地 46.46 万公顷,其中长江河口湿地整体被世界自然保护联盟(IUCN)认定为国际生物多样性热区,对流域生态安全具有重要意义。除此以外,由稻田和鱼塘组成的人工湿地,与天然湿地相互依存、互为补充,发展形成了完整的湿地生态文明,孕育了沪郊"鱼米之乡"的丰饶富庶。国际权威研究证明,稻田的生态价值是其经济产出的 7 倍。作为供给者,湿地为全市居民提供了"靠水吃水"的便利,如大米、鱼虾等生活必需的食物资源,以及为城市的供水、蓄水、净水发挥"守门员"作用。作为调节者,湿地也是"海绵城市"建设的重要组成部分。通过大气水体循环,调节局部地区的温度和降水,从而缓解城市的热岛效应,实现水资源的时空再分配。

专栏 7:稻田生态价值不可限量

稻田是人工湿地,与天然湿地有相同的环境和健康保障的服务功能。南京农业大学通过研究稻田净化功能后发现,污水进入稻田 5~7 天后,水体中的悬浮物降低 75%~94%。经测算,每公顷稻田每季可净化 7 500~12 000 立方米生活污水;每公顷稻田比旱地要多固定 11.7 吨碳。

5. **打造郊野公园**。为加强超大城市生态文明建设,从 2012 年起,我市启动了以郊野公园为重点的大型游憩空间和生态环境建设,计划到 2035 年建成 30 处郊野公园,迄今已建成开放 8 处。有别于传统的城市公园,郊野公园处于城市的生态缓冲带,通过对这些拥有良好田园风光、原生植被、自然景观、人文风貌的闲置空间资源的品质提升和生态功能再造,为市民营造了一处处亲近自然、放飞自我的"归园田居"。同时,通过保护式开发,郊野公园发挥了"通风口"的作用,既稳定了城市的增长边界,也以"留白"的方式优化了城市的空间结构布局,成了城市生命力的指标,赓续了对"山水林田湖草"的忠实守护。

专栏 8:风光秀丽的嘉北郊野公园

嘉北郊野公园位于嘉定主城区绕城森林的西北部,东至沈海高速,西至嘉松北路,南至嘉安公路,北至规划中郊野公园大道,总面积 14 平方千米。根据规划,以沪宜公路为界,嘉北郊野公园北部近 6 公顷土地将重点打造密林、花岛、运河等景观,南部至少 8 公顷土地则重点打造田园农庄、设施农田、生态湿地等,公园显现"南田北林"的鲜明特色。与此同时,有 3 条"轴"贯穿整个公园:两岸林地密布、水网丰富的"活力之轴"祁迁河,汇集古寺、古村、古树、古闸口、杉林等的"历史之轴"盐铁塘,还有以吴兴寺为起点,一路绵延至水门的"变迁之轴"练祁河。公园总体风貌体现乡土田园、水乡风景。

6. **维系生物多样性**。郊区农村作为城市的"腹地",是各类动植物繁衍生息的天然场所,是建设生态友好型社会的重要保障。为维系超大城市的生物多样性,我市动员社会各界力量参与保护野生动植物,营造人与自然和谐共生的良好氛围。在社会行动上,以长江大保护为主要抓手,全力实施"十年禁渔",持续开展"清船、净岸、打非"行动,划建长江口中华鲟自然保护区;自 2004 年起,开展市级增殖放流活动 29 次,累计放流珍稀水生生物 85 万余尾。在宣传引导上,通过媒体报道、科普展览、校园活动、志愿服务等方式,让广大市民更好地了解生活在同一座城市里的本土动植物,亲近自然、守护自然。据统计,上海有记录的鸟类有 506 种,约占全国鸟类的 1/3;野生兽类有 40 余种,其中重新引入的獐的种群数量已达 300 余只,一丘之"貉"更成为种群自然恢复的典型。

专栏9：长江口渔业资源逐步恢复

随着长江"十年禁渔"的有序推进和环保科普的深入人心，湖泊、水库中的养殖鱼类代替了长江野捕水产品。近海出产的大黄鱼、小黄鱼、带鱼等，也随着越冬季和产卵季的交替，形成"渔汛"造访上海。此外，河口地区汇聚了来自东海的咸水和来自长江口的淡水，形成了独特的半咸水特征和丰富的生物多样性，造就了中华绒螯蟹（即"大闸蟹"）繁衍生长不可替代的水域环境，使其承载了上海特有的餐饮文化，成为"上海味道"的缩影和名片。

（三）彰显美学价值在乡村振兴中的作用已成为上海实践的亮点

调研显示，乡村振兴的美学价值更多体现在乡风文明、治理有效的要求上，通过创建乡村振兴示范村、优化提升农村人居环境、制定新时代村规民约，持续挖掘、提炼、塑造乡村的美丽元素，赋予其现代都市审美需求，让市民感受景美、人美、心美，使乡村成为寓教于乐、陶冶情操的好去处。乡村之美，既体现在古村、古宅和老物件的悠悠岁月之中，也体现在农村新地标、新景观的现代元素之中，更体现在优秀农村传统文化、生活习俗的丝丝回味之中。上海乡村尝试多样美学探索，重要的是让乡村

开始变得"自信",这不仅仅体现在美化环境时要保留自己的自然特色上,也体现在寻求长效、可持续性的"三个价值"的相互促进上,更重要的是,要把乡村作为上海未来发展的战略空间、城市核心功能的重要承载地来谋划。我们认为,乡村振兴的美学价值主要体现在以下三个方面。

1. **通过做强产业,彰显美学价值。**近年来,我市在各涉农区积极培育美感度高的产业,让美丽风景变成美丽经济。一方面,赋能传统产业。比如,对休闲农业和乡村旅游项目进行软硬件提档升级,打造风景优美、海派味浓的乡村休闲旅游新高地,先后推荐35个乡村获评"中国美丽休闲乡村"称号,每年向社会发布10余条乡村休闲旅游行精品线路,让更多市民享受到沪郊乡村好风光。2021年,全市休闲农业和乡村旅游接待游客2 084.99万人次,同比增长42.64%。青浦区张马村"寻梦园"、嘉定区毛桥村"愚农庄园"等景区在节假日实现爆棚。另一方面,植入现代产业。比如,宝山区塘湾村抓住大健康这一产业导向,引进馨月汇母婴专护服务有限公司,以萱草花繁育、加工、观光为配套,打造"中国首个母婴康养村",年均综合产值达1 800万元。同时,塘湾村联手毗邻的海星村做强"一对蟹"、花红村做强"一袋米"、新陆村做强"一篮菜"、洋桥村做强"一蒸糕",齐心协力建设"五村联动"乡村振兴示范片区,形成了各美其美、美美与共的发展格局。

上海郊区休闲体验农业情况一览表(2020年)

涉农区	休闲农业数量(家)	观光人次(万)	营业额(万元)
浦东新区	6	21	1 960
闵行区	3	18	1 020
嘉定区	19	90	5 860
宝山区	12	70	2 080
青浦区	19	45	9 240
奉贤区	40	130	6 500
松江区	40	105	60 000
金山区	20	285	6 330
崇明区	873	402	65 660
总计	1 032	1 166	158 650

专栏 10：松江区胡家埭村做强荷花产业

松江区新浜镇被誉为"沪上芙蓉镇"，胡家埭村则是"芙蓉镇"的核心所在。胡家埭村因"荷"而兴，通过十余年来一直致力于对荷花、睡莲品种的保护和培育工作，荷花等品种不断增多，种植面积也不断扩大，从 2010 年的 200 亩逐步发展到了如今的"千亩荷田"。不仅接天映日吸引游客纷至沓来，还自主培育获得国际认证的荷花新品种，开发荷花糕、睡莲茶，一条荷花产业链正串点成线。曾经，胡家埭村依托天然的荷塘环境，改善了乡村民风，带来了活力；而今，也正因"荷"而盛，以"荷"为主线，从产业、文化到休闲旅游，正迎来新的规划和前景。

2. **通过策划艺术，升华美学价值**。当前，到乡村找寻艺术灵感、开展文艺之旅已然成为一种潮流。同时，在超大城市乡村建设过程中，如何更好赋予其美轮美奂的视觉体验，也成为原住民、建设方、管理者的共识。为塑造乡村的形态之美，我市实行了乡村规划师制度和乡村建筑师制度，聘请专业人士在"策划、规划、设计、施工"各环节出谋划策、严格把关，因地制宜打造乡村风貌，既有"三分黑七分白"的江南

特色，也有欧式小洋楼风格，再造了自然环境和村庄肌理。此外，村民也积极参与村内美化工程，如浦东新区率先在宅前屋后美化"小三园"（小花园、小菜园、小果园）的成功经验在全市得以推广，花果飘香已经融入了村民的日常生活。为塑造村庄的意象之美，涉农区和乡镇鼓励艺术家走进乡村，成立工作室、策划艺术展、创作艺术品，激活了老旧乃至无用的乡村空间，让老厂房、旧仓库等成为艺术的载体，使最土和最洋相遇，让美成为城市人流连忘返的"诗和远方"。比如，青浦区林家村以"稻田林家，艺术乡村"为主题，丁一鸣绘画艺术工作室、路上有马电影工作室等一批艺术家工作室在2021年纷纷入驻，一个"与世界对话的艺术乡村"呼之欲出。

专栏11：乡村规划师、乡村建筑师"点亮"沪乡之美

2019年，金山区漕泾镇首创"乡村规划师"制度，委托同济大学建筑与城市规划学院团队对首批乡村振兴示范村——水库村开展乡村规划、建筑和景观等设计工作。团队编制乡村振兴发展规划，开展乡村地区道路、河道、桥梁整体景观设计及农民安置点和公共建筑的建筑设计，引入城市空间艺术季活动，在团队的精心参与下，村里的颜值和气质大大提升，再现了新江南田园风貌。2021年7月，我市正式组建了第一支由42人组成的乡村责任规划师志愿者团队，为各地行政村的规划编制、监督、实施、管理提供专业指导和技术服务。

为在乡村建设中添"美感"、增"颜值"、树"标杆"，2021年3月，我市创建并实施乡村建筑师制度，建立96人名录，推动乡村建筑师与85个涉农镇结对服务。同年7月，我市首次开展了"乡居建设项目优秀设计实践案例评选"活动，7个设计理念有特色、落地实效有亮点、对本市乡居建设具有示范价值的"标杆"脱颖而出。

3.通过唤醒乡愁，铭记美学价值。当前，上海的城镇化地区扮演了物质文明主要供给者的角色，而郊区农村作为海派文化和江南文化的发祥地、浦江两岸乡愁的重要承载地，对提升市民精神文明素养显得日益重要。近年来，我市着力提升农村社会善治水平，持续健全农村公共文化供给体系，加大古镇古村古迹保护力度，举办传统民俗节庆活动，传承弘扬民间非物质文化遗产，全方位塑造海派文化、江南文化、红色文化，唤醒了市民记忆深处的脉脉温情。比如，浦东新区海沈村创作了沪上第一首村歌《潮起之地》，用欢快的旋律、浓浓的乡音串联起甘甜的8424西瓜、柔软的蓝印土

布以及奥运冠军钟天使冲刺时的激情高涨,为村民和游客铺就了"以梦为马"的乡间小径。又如,拥有一千多年历史文脉的青浦区章堰村,携手中建八局以"生长、生存、新生"的理念将古宅、古桥等修缮翻新,投资 5 亿元打造 128 亩项目核心区,建设滨水街区、咖啡书店、时尚餐厅、特色民宿等商业业态和休闲空间,再现"金章堰"繁华景象。再如,以崧泽文化、广富林文化、马桥文化等为代表的远古遗存和以陈云故居、张闻天故居、淞沪抗战旧址等为代表的红色革命教育基地都坐落在郊区,成为市民游客游玩打卡、缅怀瞻仰的好去处。

专栏 12:上海农村"非遗"产品精彩纷呈

经过十余年积累,上海建立了非物质文化遗产代表性项目三级名录体系,认定市级代表性项目 371 项,其中在农村的非物质文化遗产就有 161 项、占比达到 43%,是全市非物质文化遗产的重要内容。扎根农村、郊区的传统音乐、传统舞蹈、民间文学、民俗等项目富于浓郁的江南乡村文化特色,滚灯、鸟哨、金山嘴渔村生活习俗等非遗项目还有着丰厚的滨海文化内涵。南翔小笼馒头制作技艺、崇明老白酒酿造技艺、上海米糕制作技艺、枫泾丁蹄制作技艺、庄行羊肉烧酒食俗等美食类"非遗"项目广受市民喜爱。闵行区马桥镇的"手狮舞"（又叫"手带狮舞"，俗称"调狮子""狮子灯"），是上海的传统民俗舞蹈之一，也是国家级非物质文化遗产，其糅合灯彩、杂技、武术与民俗为一体，逢年过节就在灯会、庙会等喜庆场合表演，在一代又一代年轻人中传承着历史的积淀。

二、存在不足

一年来，我市凸显乡村振兴"三个价值"的实践取得了初步成效，但由于时间较短，在思想认识、经验积累、项目选择、操作手势、政策支持等方面还有所欠缺，如何进一步发挥"三个价值"仍有很大的提升空间。

（一）要素配置有待进一步加强

总体上看，"三个价值"的发挥之所以受限，根本原因在于城乡之间各类要素流动还不充分，主要表现在以下几个方面。

1. **土地保障方面**。尽管我市早已出台了一系列乡村振兴土地支持政策，但由于涉农产业的单位面积产值远低于制造业，有些地区没有完全落实将盘活的建设用地指标按照不低于5%的比例重点向乡村产业等倾斜的要求，或者"点状供地"条件严格、程序繁琐，导致一些发展潜力好的项目落地较慢。此外，尽管我市已完成了13个绿色田园先行片区的规划并启动建设，但一些具体项目仍因"多规合一"尚未完全实现而暂时无法落地。

2. **资本投入方面**。像华为这样著名行业头部企业，以及先正达、正大等在国际上有市场话语权的农业领军企业落户郊区的数量还比较少；各类国有企业参与乡村振兴的积极性还没有充分调动，带动区域经济发展的力量还不够强；一些小微企业有意在乡村创、闯一番天地，但投资兴业的路径还不够畅通。

3. **社会参与方面**。村民的美学素养、生态观念还不足，乡村手工艺人青黄不接，像金山区中华村等具备农民画创作传统和人才储备的典型仍是凤毛麟角。同时，虽然一些地区将文创产业、艺术家等引入农村，但这些专业人士大多是将工作空间从城市转移到农村，而对乡土文化、乡愁经济的挖掘复兴还不够。

（二）价值挖掘有待进一步发力

1. 缺少发现的眼光。有些地方对产业导入、项目建设的判断力不足，对功能承接的把握度不准，尤其在初创期，缺少战略眼光和审美眼光，农村各类优质资源和条件禀赋没有得到充分利用，三个价值"只知其一，不知其二"的情况比较普遍。

2. 缺少创新的思维。有些地方开展工作习惯"拿来主义"，学习有余而创新不足，或者用新瓶装旧酒，比如很多村子都搞墙画装饰，但真正"弹眼落睛"的不多，而像松江区改造"云间粮仓"的成功范例更是少之又少。

3. 缺少提升的能力。有些地方面对新要求还未做好准备，行政部门开展工作从问题导向、目标导向朝价值导向迈进的能力还不高，寄希望一蹴而就、"毕其功于一役"，忽视了需要久久为功、循序渐进提升三个价值的基本规律。

（三）工作机制有待进一步完善

从合力机制看，各有关单位推进乡村振兴时"本位主义"的思维惯性较多，虽然工作合力已形成，但价值合力还没有"拧成一股绳"，用孤立眼光来看待农业、农村、农民的情况比较多，没有从地区的整体角度去谋划经济增长、风貌保护和美学设计，要想实现"1+1+1＞3"的效果任重而道远。

从连接机制看，政府、集体、村民、游客等不同群体的利益诉求和出发点不同，两两交集多、共同交集少，缺少一根将每一个群体连接起来的完整的"线"。同时，在价值机制上，乡村的生态价值和美学价值较难以货币衡量，"三个价值"叠加的溢出效应还没有在农民收入中得到充分体现。

从长效机制看，当前"三个价值"的体现主要依靠行政动员和财政投入，政府的"保姆"角色和"输血"行为占主导地位。但为长久计，政府只能托底"三个价值"的公益部分，非公益的部分必须依靠市场的力量来保持生命力，尤其是相关项目的运作费用应当遵循"受益者支付"的原则。

三、对策措施

未来，上海超大城市进一步体现乡村振兴的经济价值、生态价值和美学价值，必须高质量推进"三园"工程建设，在确保粮食和耕地安全、保障重要农产品有效供给的基础上，突出绿水青山特色、做亮生态田园底色、守住乡土文化本色，彰显农村的

"土气"、巧用乡村的"老气"、焕发农民的"生气"、融入时代的"朝气",不断促进生产保障功能坚实稳固、生态涵养功能加快转化、生活体验功能高端拓展、文化传承功能有形延伸,畅通现代要素向乡村流动的渠道,加速城乡融合发展,承接超大城市核心功能,探索建立乡村振兴多元价值的实现机制。

(一)完善顶层设计

1. 加强思想认同。在政府各层面、各部门和社会各界牢固树立"乡村振兴价值共同体"的观念,从全局的高度谋划乡村振兴的"三个价值"。

2. 加强舆论宣传。利用传统媒体和新媒体,多角度、全方位、立体式传播乡村振兴的"三个价值",引导全社会共同关注、协力支持,营造良好的舆论氛围。

3. 加强组织领导。建立统筹协调、分工协作的推进机制,聚焦主导产业、聚集资源要素、聚合服务功能,加快规划、政策、标准等有效衔接,形成乡村振兴"三个价值"的促进体系。

（二）强化工作抓手

1. **优化人居环境**。要全面提升村容风貌，彰显江南水乡韵味；深入推进厕所、污水、垃圾革命，筑牢乡村生态底线；持续推动公共基础设施均衡发展，提升乡村生活品质；不断加强自然景观修复和提升，凸显乡村环境品质；建立健全长效管护机制，推动农村人居环境持续优化。要切实发挥乡村规划师、建筑师的作用，带动、激发村民参与规划设计和乡村建设的热情。

2. **做强现代农业**。加强招商引资，构建高效加工体系，打造农业全产业链。引导农业龙头企业组建产业化联合体，前端联结农业研发、育种、生产等环节，后端延展加工、储运、销售、品牌、体验、消费、服务等环节，实现农产品多元化开发、多层次利用、多环节增值。

3. **加快产业培育**。立足乡村特色资源，面向市场需求挖掘特色产品，大力引进国际著名企业和行业头部企业落户郊区乡村，以特色产业培育优质企业，以优质企业带动产业提升，更好发挥政府政策配套和公共服务作用，有效承接城市核心功能和相关产业，推动乡村特色资源加快转化增值。

4. **壮大集体经济**。按照"资金安全、收入稳定"的要求，以区为单位统筹资金、资产、资源，健全区一级农村集体资产管理体制，引导集体经济发展健康养老、农业休闲、创意办公、职工公寓等新型产业，健全利益联结机制，确保农村集体经济不断发展壮大，确保农民财产性收入不断增值、增长。

5. **保护生态资源**。坚持生态优先、绿色发展，注重人与自然和谐共生，保护山水林田湖等自然资源，打造一批循环农业示范样板，发掘生态涵养产品，发挥好农业农村保持水土、调节气候、消除污染、生态保育等重要作用。

6. **丰富休闲体验**。优化农村人居环境，加强软硬件建设，围绕多功能拓展、多业态聚集、多场景应用，开发乡宿、乡游、乡食、乡购、乡娱等综合体验项目，打造"看乡景、品乡味、享乡俗、忆乡愁"产品，提升乡村休闲旅游水平。

7. **珍爱乡土文化**。保护好古镇古村、文物古迹、传统民俗、手工技艺等物质和非物质遗产，打造具有农耕特质、民族特色、地域特点的乡村文化项目。大力弘扬以爱国主义为核心的民族精神和以改革创新为核心的时代精神，培育文明乡风，赓续红色血脉。

（三）夯实要素保障

1. 落实乡村产业融合发展用地政策。保障农业农村合理用地需求，让土地切实发挥乡村振兴"三个价值"的载体作用；完善规划实施和调整机制，加快"多规合一"体系建设；持续推进简政放权，优化土地使用审批流程，加强事中、事后监管。

2. 吸引社会资本到乡村投资兴业。发挥上海市现代农业投资发展集团有限公司的牵头作用，吸引社会资本共同投资建设高端农业项目；强化金融扶持政策，为产品有市场、项目有前景、技术有竞争力的企业提供融资渠道和信贷担保。

3. 筑牢科技和人才的支撑作用。引导在沪高等院校、科研院所放大科技创新优势，在郊区农村建立试验站、研发基地等，支持科技人才和高水平创新团队下乡开展智力服务，加强各类现代科技的运用示范；鼓励经营管理人才扎根乡村、兴办乡产、带富乡亲；扶持"田秀才""土专家""乡创客"和能工巧匠到乡村创新创业。

（四）鼓励各界参与

通过多种形式鼓励社会各界参与促进乡村振兴的"三个价值"。发挥智库的"头

脑风暴"作用，深入开展相关研究，特别是测算度量生态价值、美学价值的贡献度，为政府科学决策汇聚民智、当好参谋、提供箴言。将乡村振兴纳入各级教育课程大纲，建设一批学农劳动、研学实践、科普教育等实训基地，创设一批农事生产、节气物候、自然课堂等科普教程。搭建城乡结对平台，引导居民社区、企事业单位、社会团体与行政村、集体经济组织等开展结对共建，加强城乡交流，共同守护美好家园。

上海的乡村越来越成为对城市、对居民不可或缺的稀缺资源，是人们感受纯朴的乡风、看见美丽的乡景、阅读深厚的乡史、品尝多滋的乡味、聆听熟悉的乡音、体会绵长的乡愁的绝佳去处。归根结底，只有让产业兴旺起来、环境兴荣起来、文化兴盛起来，才能充分体现乡村振兴的经济价值、生态价值和美学价值，才能擦亮超大城市乡村振兴的底色、亮色和成色。

牵头领导：张国坤、方芳

牵头处室：秘书处

课题组成员：方志权、刘增金、张　晨、张莉侠、楼建丽、朱为民、陈建林、俞美莲、张孝宇、贾　磊、周　洲、董家田

2 上海率先基本实现农业现代化研究

党的二十大报告擘画了建设"中国式现代化"的宏伟蓝图，提出要加快建设农业强国。农业现代化是中国式现代化的应有之义，上海作为国际大都市，理应在全国率先基本实现农业现代化，探索走出一条符合超大城市发展规律的农业现代化实现路径，谱写新时代都市现代农业发展的新乐章。根据2022年11月4日陈吉宁书记在市委常委会上关于做好"三农"工作的讲话精神，我们组织力量开展了调研。

一、上海农业现代化建设的总体情况

（一）主要特点

历届市委、市政府高度重视发展都市现代绿色农业，着力推进农业供给侧结构性改革。据官方统计数据、行业公开资料和全国权威机构测评结果显示，上海的农业现代化建设在全国处于"排头兵"地位。2016—2020年，受农业农村部委托，中国农业科学院根据《国家现代农业示范区农业现代化水平评估指标体系》，每年对全国31个省（自治区、直辖市）进行测评，2020年上海农业现代化水平得分为84.37分，位居全国第一。自2017年起，受农业农村部委托，上海交通大学持续研究并发布《中国都市现代农业发展报告》，覆盖4个直辖市、5个计划单列市、27个省会城市等36个大中城市，上海都市现代农业发展指数连续5年位居第一。

总体上看，上海农业现代化建设呈现出"三个稳定、三个提升、三个领先"的鲜明特点。

1. *地产农产品生产能力保持稳定。* 严格落实151.7万亩永久基本农田和202万亩耕地保护任务，锁定农业基本生产用地空间格局。地产农产品产量基本稳定，粮食播种面积稳定在170万亩以上，常年菜田面积稳定在34万亩以上，粮食自给率约15%，蔬菜自给率约40%，牛奶自给率约30%，猪肉自给率约8%，水产品自给率约25%。

2. **农业基础设施建设保持稳定**。累计建成 172.5 万亩高标准农田，构建了集中、统一、高效的农田建设管理体制。累计建设 14 万亩设施菜田（含高标准设施菜田约 9 万亩），形成了一批具有示范引领作用的蔬菜生产基地。畜禽规模化养殖场占比达 97%，已建设标准化水产养殖场 18.6 万亩。粮食烘干处理能力达 2.97 万吨/批次，区域性粮食烘干中心、农机库房和维修点等基础设施建设持续推进。

3. **农业基本经营制度保持稳定**。在国内率先完成农村土地承包确权登记颁证，实现所有权、承包权、经营权"三权分置"，共建立了 78 个农村土地流转公开交易市场，土地流转合同全部实现网签备案和用途管理。发展新型农业经营主体，着力打造新型农业经营主体带头人队伍，累计培育新型职业农民 2.5 万余人，年龄和教育结构持续改善。

4. **农业科技水平持续提升**。大力发展种源农业，开展优势特色种源创新和种业关键共性技术攻关。2015—2021 年农业科技成果共获得国家科技进步奖 6 项，其中"水稻遗传资源的创制保护和研究利用"获 2020 年度国家科技进步奖一等奖，项目成果在国内已累计推广 11.9 亿亩，经济效益达 1 680.6 亿元。191 项农业科技成果实现转化交易；农业科技进步贡献率达 80%，居全国前列。在国内率先开展水稻生产全程无人农机作业研究与试验，基本建成了近万亩水稻无人农场示范区；全市水稻生产综合机械化水平达 98%，高出全国平均水平 12 个百分点。大力推进蔬果经济作物机械化生产，累计创建了 27 家蔬菜生产"机器换人"示范基地，综合机械化率达 64.5%。

5. **农业规模化生产持续提升**。全市农村承包地流转率达 90% 以上，位居全国第一，为农业规模化生产创造了良好的条件。培育区级及以上农业龙头企业 190 家（其中国家级农业龙头企业 26 家），2021 年销售收入 858.88 亿元；共有一定经营规模的农民专业合作社 2 538 家（国家级示范社 90 家），带动农户 13.31 万户；共有各类家庭农场 3 813 家，户均经营规模 154.99 亩。以规模化生产为纽带，组建各类农业产业化联合体 65 家，有效提高了农产品的市场竞争力。

6. **休闲农业发展持续提升**。以扩大假日经济消费为导向，积极发展休闲农业和乡村旅游。全市已建成 513 个各类休闲农业和乡村旅游景区（点）、39 个中国美丽休闲乡村、80 家全国休闲农业与乡村旅游精品企业（园区）、397 家获得证照的乡村民宿，涌现出了浦东新区"宿予"、崇明区"顾伯伯"、金山区"青檐"版画民宿等诸多市场美誉度高的乡村民宿品牌。通过美丽乡村休闲旅游行精品线路推介、海派农家菜大擂台、农事节庆活动等，提升乡村休闲旅游产业。

7. 农业投入力度领先。完善市、区两级财政支农资金管理方式，实施"支农专项＋任务清单"，采取项目制与"以奖代补"相结合的办法，提高支农政策的实效性，单位耕地面积财政资金投入水平在国内各省（自治区、直辖市）名列前茅。持续加大农业保险力度，全市已有 22 项险种享受保费补贴政策，实现"应保尽保"，农业保险覆盖率居全国首位，农业保险深度达 9.71%，远高于全国 0.9% 的水平。

8. 农业信息化水平领先。积极推进农业数字化转型，开发建设服务于生产者、消费者和管理者的系列专业性功能服务平台，基本建成"1＋N＋X＋数字底座"的数字农业架构，实现"一图知三农、一库汇所有、一网管全程"，走在全国前列，得到了国务院领导的肯定。全市规模以上的 8 100 多家经营主体均已实现入网直报，经营面积 180 多万亩，占比超过 80%，基本实现农业生产信息动态实时更新。建成长江禁捕智能管控系统，实现了多部门联合的 24 小时"空天海陆"一体化监控全覆盖。

9. 农业绿色生态发展领先。实施农业投入品减量行动，化肥、农药实际施用量分别为 5.77 万吨和 0.22 万吨，较"十三五"末分别下降 4.6% 和 8.3%。积极推进国家绿色发展先行区建设，加快创建生态循环农业示范镇、示范基地，全市秸秆综合利用率达 98%，规模化畜禽养殖场粪污处理设施装备配套率已达 100%。加强农产品质量安全监管，地产农产品绿色食品认证率达到30%，居全国首位。

（二）发展特征

经过多年实践与努力，上海农业已初步探索出具有超大城市特色的都市现代农业发展模式，形成了以下3个明显特征。

1. *农业体量虽小，但基础作用日益凸显*。上海现有耕地243万亩，人均耕地面积仅为0.12亩，不足全国人均耕地面积的1/12。尽管如此，农业对上海城市保供的基础性作用不可替代，特别是在抗击"新冠"疫情的"大上海保卫战"中，地产农产品尤其是绿叶菜的有效供应，切实发挥了"子弟兵"和"稳定器"作用。同时，上海积极推动国有农业企业和域外农场建设，为保障超大城市经济社会发展和运行安全作出了重要贡献。

2. *满足市民需求，农业功能多元化日益凸显*。夯实农业的生产功能，加快产业提档升级，大力培育20个农产品知名品牌，组织开展地产优质农产品品鉴评优，推动绿色优质农产品生产者与新型零售企业建立产销对接合作机制，更好地满足了市民对"吃得好、吃得健康"的追求。据测评，上海农产品品牌发展指数从2020年的452提升到2022年的710，瓜果和畜牧水产品牌建设成为农民收入增长的重要支撑。同时，

拓展农业的生态和生活功能,通过加强农业的绿地、湿地等生态服务,传承和弘扬传统优秀农耕文化,打造成可供市民享受休闲旅游、踏青度假、劳动研学等美好生活的国际大都市"后花园"。

3. **农业产值虽低,但示范引领性作用日益凸显**。上海农业在全市GDP中的比重越来越低(由2015年的0.4%下降到2021年的0.23%),但在推动农业产业变革、实现跨越式发展方面,上海为全国起到积极的示范引领作用。比如,加强农业招商引资,2020—2021年实际到位资金约128.75亿元(2022上半年新增社会投资122.17亿元,同比增长17.34%),引进了一批有国际影响力的农业领军企业,建设了一批现代化农业项目。又如,松江区在国内首创家庭农场生产经营模式,其成功经验写入"中央一号文件"在全国推广,成为发展农业适度规模经营、提高农民收入的典范。

(三)制约瓶颈

由于城镇化建设步伐的加快,上海城区边界不断向郊区农村拓展,对农业现代化进程的快速推进造成了一定的制约,主要瓶颈表现在以下3个方面。

1. **资源要素持续紧缩,产业规模提升受限**。受土地、劳动力和环境等因素的制约,农业生产的规模难有提升空间。近十年来,水稻生产从追求数量向追求质量转变,茬口布局由麦(油菜)稻两季改成单季稻,播种面积减少了约40%;随着环保标准的提高,关停了一批生猪小散养殖户,猪肉产量减少了约60%。从农产品保供情况看,据第三方测算,上海在全国4个直辖市中排名第三,与天津和重庆的差距较大(天津、重庆的农产品综合保供能力在80%左右,上海在30%左右,北京在20%左右)。同时,各类有竞争力的市场主体数量不多,农村本地青壮年劳动力从事农业生产的意愿不高,种粮农民平均年龄近60岁,蔬菜等经济作物生产的老龄化现象更为突出,且外地雇工也多在50~60岁,农业生产仍未摆脱后继乏人的困境。

2. **质量效益不够显现,产业融合水平不强**。尽管市民对绿色优质农产品的需求十分旺盛,但供需信息对接渠道还不够通畅,农民反映优质不优价、市民反映好产品买不到的情况时有发生。农业品牌体系建设、品牌标准制定、品牌营销策略等还不适应都市现代绿色农业高质量发展的需求,叫得响的大品牌相对缺乏,农产品品牌"多、散、小"的情况较为普遍,品牌溢价有限。农业"接二连三"的实力还不强,农产品精深加工企业数量、规模均有待提升,"农业+"文化、健康、教育等产业融合的培育还不够充分,难以满足市民更高层次的消费需求。

3. 经营服务有待完善，创新活力仍需提升。 农业龙头企业、农民专业合作社与农民的利益联结机制还不健全；国家级经营主体数量还不多，大企业、大项目的带动作用不明显，没有形成产业集聚；农业社会化服务组织对小农户的服务覆盖面还不广；优化供应链、延长产业链、提升价值链等方面亟待大力推进；农业科技成果转化为现实生产力的水平还不高，种业创新与产业链融合深度仍不够，与建设具有全球影响力科创中心的城市定位不相称。农业节水灌溉、水肥一体化等设施装备能力不足，智能温室运营水平需提高。

归根结底，形成上述三大主要瓶颈的原因在于上海城市的虹吸效应强大，各类要素单向流动的持续惯性较难改变，农业农村为城市综合开发作出了巨大的贡献，但自身发展面临难以克服的瓶颈。

二、发达国家农业现代化发展的模式和经验借鉴

（一）主要模式

纵观世界，发达国家的农业现代化道路有以下 3 种模式。

1. 北美模式。 又称为"劳动节约型"模式。代表国家有美国、加拿大等。这些国家土地广袤、地多人少、耕地充足，实行的是大农场经营模式，在实现农业现代化的过程中，一般是先实现农业机械化，然后探寻农作物品种改良，实现生物化及信息化。

2. 日韩模式。 这些国家人多地少，可耕地面积少而分散，且有盐碱化的趋势，农产品普遍供给不足，在实现农业现代化的过程中，一般是先探寻农作物的品种改良、提高农作物的品质、强调精耕细作，然后转入农业机械化。这种模式下，政府对农业的投入较多。

3. 欧洲模式。 英国、法国、荷兰是其代表。这些国家的可耕地面积介于美国、加拿大和日本、韩国之间，农户经营规模中等，在农业现代化的过程中，欧洲国家将机械化、生物化、化学化及信息化置于同等地位。

总体上看，发达国家实现农业现代化有六大共同特征：一是经济发展水平和城市化率高，保障粮食和重要农产品有效供给的基础实力雄厚；二是农业劳动生产率或比较劳动生产率水平高，现代农业发展的物质技术装备先进；三是农业优质化、安全化、

绿色化、品牌化水平高，农业及其关联产业优势特色领域国际竞争力和品牌影响力大；四是农业专业化、规模化、特色化水平高，农业产业化、产业融合化、产业链一体化发展的全球领先地位牢固；五是涉农产业分工协作、网络联动、优势互补水平高，涉农产业组织对现代农业发展的引领支撑作用明显；六是农业科技创新和产业创新水平高，现代物流和创新创业生态健全、发达且可持续发展能力强。

对标国外农业现代化发展的情况，荷兰、日本的发展模式值得上海学习借鉴。

（二）荷兰、日本对上海的经验借鉴

荷兰、日本的农业最大特征是优质高效。荷兰农业劳动力占全社会劳动力的2%，农业增加值却占GDP的4%，农产品出口占总出口的25%；全国农业劳均产值4万多欧元，劳均出口3.3万美元，第一产业劳动生产率和农民收入均高于第二、第三产业，农业大批出口、大把赚钱和大量缴税，成为国民经济的支柱产业之一。日本的农产品品优质佳，是精致农业的典范。日本都市农业仅占全国2%的农地，却贡献了8%的农业产值，农业的生产生态、抗灾防灾、文化传承、休闲体验等多元化功能在东京都表现得非常充分。两国的主要做法如下。

1. 依托高科技支撑。日本十分重视利用人工智能、云计算实行农业全自动化管理；利用手机 App 操控，实现农田灌、排水自动化。荷兰大力发展种源农业，利用基因技术在蔬菜、园艺新品种育种方面走在世界前沿，温室蔬菜彩椒产量高达 50 千克 / 米^2，1 千克番茄种子价格远远高于 1 千克黄金。

2. 实现全产业链增效。始终贯彻大食物观的理念，实行农、林、牧、副、渔结合，坚持农业与其他产业跨界融合发展，做到产学研一体，通过延伸产业链不断提升价值链。比如，荷兰绿港模式，从种子、育苗、生产到加工、贸易、物流、金融，农业关联产业高度集聚，形成了上下游紧密联系、一二三产业贯通的全产业链。同样，日本大力倡导一二三产业融合的六次产业发展，2017 年六次产业总额达 3.9 万亿日元（约合 2 500 亿元人民币），年均增幅 4%。

3. 培育高素质职业化农民。在荷兰，农业生产是一个体面的工作，有较高的从业门槛，职业农民普遍具有较高素质，教授、博士当农民并不少见，只有取得农业大学毕业证书（即绿色证书的人）才有资格成为农民。日本农业就业的最低门槛是大专毕业，农民的来源面向全社会，政府出台优惠政策吸引优秀人才到乡村当农民。此外，日本还注重发展农业产业化组织，通过组建各类产业联合体，把广大小农户联结起来，带动小农户实现农业现代化，接轨农业高质量发展。

4. 重视农业社会化服务。健康有序的市场环境催生了农业中介机构，使农业产前、生产过程及流通能够有效地衔接起来并连为一体。农业中介机构为农民提供了农业生产经营的各类社会化服务，包括技术和生产资料的购买、农业资金的支持、保险及信贷等各种服务。日本的农协就是这种社会化服务体系的标志性机构。这些机构为农民在农业生产资料购买、农产品的储存、加工及运输、出口贸易中提供了完整而有效的服务。

对照《国家现代农业示范区农业现代化水平评估指标体系》包含的农业物质装备水平、科技支撑水平、经营管理水平、质量效益水平、绿色发展水平和支持保护水平六类指标，上海在巩固现有成绩的同时，加快推进农业现代化，应吸收荷兰、日本两国农业发展的共同经验：发展设施装备农业，突破资源瓶颈；专注优势领域，打造产业精品；发展农业合作组织，打造利益共同体；依托地缘优势，拓展农业功能。

三、上海农业现代化的功能定位和发展目标

（一）功能定位

上海要率先基本实现农业现代化，应牢记习近平总书记关于"四个放在"（放在中央对上海发展的战略定位上、放在经济全球化大背景下、放在全国发展大格局中、放在国家对长三角发展的总体部署中）的殷殷嘱托，进一步突出以下三大优势。一是市场优势。上海坐拥全国最大的消费市场，是我国构建国内大循环和国内国际双循环的中心城市，农产品及其前端、后端产品的消费需求旺盛，流通渠道畅通。二是要素优势。上海作为超大城市和国际大都市，资金、人才、物资、信息等各类生产要素充沛，可以为都市现代绿色农业发展提供有力支撑。三是重大战略优势。上海作为世界观察我国的窗口，以及我国改革开放的前沿阵地，党的十九大以来，承担了中央交办的浦东社会主义现代化建设引领区、自贸试验区临港新片区、长三角一体化示范区、进口博览会等一系列国家重大战略任务，政策和体制机制红利巨大。

基于以上优势，上海要围绕提升四大功能做好农业现代化这篇大文章。

1. **提升生产保障功能**。随着市民收入的持续增长，对鲜活农产品的品种、数量、质量、新鲜度、营养等方面的要求在提高，对高品质农产品的需求在增强，郊区农村

要为超大城市提供必要的且难以由外地提供的高品质农产品。特别是在节假日和公共卫生事件突发等特殊时期，农业保供给的任务更重，更要发挥对超大城市安全运行的保障作用。

2. 提升生态涵养功能。农业生产既提供鲜活农产品，也提供良好生态环境。一大片稻田就是一大片湿地，是上海生态涵养、生态净化的主体，是提升城市生态系统质量和稳定性、改善城市生态循环系统的关键。农、林、牧、渔生产所依托的自然空间，发挥了水土保持、涵养水源、净化环境、生物多样性等作用，是城市的"绿肺"。同时，随着郊野露营等生活方式的兴起，农业发展所带来的"美丽环境"也为带动"美丽经济"的崛起搭建了优质平台。

3. 提升创新服务功能。通过科技为农业赋能，走高科技农业之路，使上海成为农业科学新发现、农业技术新发明、农业产业新方向、农业发展新理念的策源地，形成一批农业基础研究和应用研究的原创性成果，成为全球农业科技研发的高地。强化农业及其关联产业在空间上的叠加作用，加速产业融合发展，培育精深加工、教育科研、新型零售、会展交易、康养旅游、设计创意等生产型、生活型现代服务业，在服务的辐射度上下功夫，为"上海服务"品牌增光添彩。

4. 提升文化传承功能。上海是江南农耕文化的发祥地之一，广大乡村地区蕴含着许多优秀的传统乡土文化、民俗风情和农耕文明，承载着家乡味道、故土情结和精神寄托。要把这些承载上海历史、维系文化根脉的特色农耕文化遗产资源保留、保护好，使传统农耕文明的优秀遗存与国际大都市海派文化结合更为紧密，让乡村成为市民群众了解上海历史、体验农耕文化的载体，让活态的乡土文化传下去，成为记得住乡愁、留得下乡情的美丽家园和广大市民向往、舒心游憩的"后花园"。

（二）发展目标

上海在全国率先基本实现农业现代化，最鲜明的特征是都市现代农业，最具优势的潜力是农业多功能拓展。上海农业的发展目标：以绿色发展为引领，以品牌建设为抓手，以质量效益为根本，以坚持供给侧结构性改革为主线，以彰显经济、生态和美学价值为路径，把增加绿色农产品供应放在突出位置，强化要素、市场、主体配置，聚焦打造一批绿色田园先行片区，不断优化农业产业结构、空间布局和管理方式，提高土地产出率、劳动生产率、资源利用率，提高农业综合效益和竞争力，努力走出一条产品绿色、产出高效、产业融合、资源节约、环境友好的都市现代农业发展之路。

在完成国家农业现代化目标任务的基础上，上海都市现代农业应对标国际发达国家发展水平，对照实现农业强国目标，充分利用超大城市人才、技术、资本等综合优势，率先基本实现现代化，其主要标志为"五高一强"，即高投入、高科技、高品质、高产出、高效益、强主体。

到 2025 年的具体目标：

——高投入。农业保险深度达到 10%，农业财政投入资金与农业增加值之比达 0.3。

——高科技。农业信息化覆盖率达 60%，设施菜田绿叶菜生产机械化水平达 60%，全国种业企业 50 强中占 2～3 个。

——高品质。农产品绿色食品认证率达 30% 以上，地产绿色优质品牌农产品占比达 70%。

——高产出。农业劳动生产率、单位土地产出率逐年提高。

——高效益。打造 3～5 个具有市场影响力的区域公共品牌，休闲农业旅游营业收入与农业增加值之比达 0.5，主要农作物固碳（碳汇）保持稳定。

——强主体。新型经营主体、社会化服务组织不断壮大，农业产业化组织带动率达 95%，新型农业经营主体经营规模占比达 70%，高素质农民占比达 86%。

上海率先基本实现农业现代化指标一览表

序号	指标类型	指标名称	基期值（2021年）	2025年国家目标	2025年上海市目标	备注
1	国家规划目标	粮食产量稳定度	1.03	>6.5亿吨	≥1	按照粮食播种面积考核任务计算，稳定在170万亩左右
2		肉类产量稳定度	0.62	>8900万吨	≥1	努力完成
3		农业科技进步贡献率	80%	64%	80%以上	已完成国家目标
4		高标准农田面积占永久基本农田总面积比重	59.8%	10.75亿亩	75%	在永久基本农田范围内努力完成
5		主要农作物耕种收综合机械化率	98%	98%	98%	已完成国家目标
6		农业废弃物综合利用率	98%	80%	99%	已完成国家目标
7		农产品质量安全例行检测合格率	99%	98%	99%以上	已完成国家目标
8		农产品加工业与农业总产值之比	2.5	2.8	逐年提高	努力完成

序号	指标类型	指标名称	基期值（2021年）	2025年目标值	备注
9	上海对标国际发达国家和对照实现农业强国（市）指标	高投入	农业保险深度	9.71%	10%	
10			农业财政投入资金与农业增加值之比	0.25	0.3	农业财政投入资金以市级财政农业投入资金作为测算依据
11		高科技	农业信息化覆盖率	35%	60%	
12			设施菜田绿叶菜生产机械化水平	42%	60%	

（续表）

序号	指标类型		指标名称	基期值（2021年）	2025年目标值	备注
13	上海对标国际发达国家和对照实现农业强国（市）指标	高科技	全国种业企业50强数量	0	2~3个	
14		高品质	农产品绿色食品认证率	27%	30%以上	
15			地产绿色优质品牌农产品占比	63%	70%	
16		高产出	劳动生产率（按增加值计算）	3.2万元/人	逐年提高	劳动生产率（万元/人）：2019年以色列70.5，美国69.0，荷兰49.8，日本12.3
17			土地产出率（按增加值计算）	6.3万元/公顷	逐年提高	土地产出率（万元/公顷）：2019年以色列8.2，荷兰8.6，日本9.4
18		高效益	具有市场影响力的区域公共品牌	2	3~5个	
19			休闲农业旅游营业收入与农业增加值比	0.3	0.5	
20			主要农作物固碳（碳汇）	95万吨	保持稳定	
21		强主体	农业产业化组织带动率	93.5%	95%	
22			新型农业经营主体经营规模占比	63%	70%	
23			高素质农民占比	84%	86%	

四、上海农业现代化的实现路径和保障措施

（一）实现路径

上海要通过实施五大行动，为率先基本实现农业现代化打下坚实基础。

1. 实施绿色循环发展行动

一是推行绿色生产方式。积极推广绿色循环生产技术，建设一批农产品绿色生产基地，不断提高农产品绿色食品认证率。巩固化肥农药减量增效成果，推进蔬菜绿色防控集成示范基地和蔬菜水肥一体化项目建设。建成12家美丽生态牧场，建设100家水产健康养殖示范场。

二是推进生态循环农业发展模式。增加财政投入，引入社会资本，提升生态循环农业发展模式自我发展的能力，实现技术、经济双循环。加强生态循环农业发展模式顶层设计，提高生态循环农业项目的变现能力。加强农药包装废弃物和农业薄膜回收处置，支持种养结合与农业资源循环利用。以生态循环农业示范创建为抓手，集中打造生态循环农业示范区、示范镇和示范基地，形成生产清洁、资源循环、产品绿色、产业融合的上海都市现代绿色农业发展模式。

2. 实施科技装备提升行动

一是建设农业智能化生产基地。探索基于5G通信的农业物联集成应用模式，以区、镇为单位建设一批基于数字化管理的农机社会化服务组织，打造10万亩粮食生

产无人农场,打造一批智能化菜(果)园,建设2万亩高标准蔬菜绿色生产基地。积极探索植物工厂生产模式,大力发展食用菌、蔬菜种苗、花卉园艺等工厂化生产,加强自主创新,降低使用成本,全面提升都市农业设施装备水平。

二是夯实数字农业发展基础。加快数字农业云平台建设,增强农业数据汇集和治理能力,推进农业数据资源库、网络平台与农业空间地理信息系统的深度融合,编好"一张网"、建好"一个库"、画好"一张图",提高"一张网"的质量,利用好"一个库"的数据,让"一张图"更具有美感、布局更合理、更科学、更高效。

三是提升现代种业发展能力。提高种业策源能力和原创能力,与上海科创中心建设相结合,努力建成服务全国、面向全球的集生物育种实验室、资源安全实验室和种质资源大数据平台于一体的种业创新中心和节水抗旱稻国际种源策源中心,扎实推进种业关键共性技术研究和优势特色种质创新及品种选育联合攻关,育成15个以上具有自主知识产权的突破性新品种(新品系、配套系),作物品种在全国年推广面积超过1000万亩。构建"产、学、研、用"深度融合的商业化育种体系,培育全产业链品牌种业企业;培育在全国有影响力的种业头部企业,参照先正达招商引资模式,发挥上海人才资本优势,引进1~2家世界级种业企业在沪设立总部,打造1家全国20强种业企业、2~3家全国50强种业企业以及一批在全国具有影响力的"专精特新"种业企业,使上海逐步成为种业企业集聚地。

3. 实施经营主体培育行动

一是培育农业龙头企业。围绕蔬菜、肉蛋、水产品等鲜活"菜篮子"产品供应,聚焦重点产业集群和重大投资项目,培育一批具有核心竞争力和带动能力的产业化龙头企业。加快组建农业产业化联合体,推动农业龙头企业与农民专业合作社、家庭农场的互惠合作。

二是提升农业新型经营主体。加强家庭农场和农民专业合作社规范化建设,重点培养100家市级以上示范家庭农场和200家市级以上示范合作社。

三是发展区域性农业服务组织。以蔬果产业为重点,打造区域性集约化育苗中心,提升种苗社会化服务能力。布局一批规模适度的农产品预冷、贮藏保鲜等初加工冷链设施。鼓励农村集体经济组织参与农业生产经营,开展区域性农业服务,支持帮扶资金用于集体经济组织发展现代农业。

四是培育高素质农民。推动高素质农民培育,强化政策激励,引导有志青年投身现代农业、加入高素质农民队伍,为农业经营主体注入新鲜血液。到2025年,全市累计培育农业经理人500名、新型职业农民2.5万名,形成一支有文化、懂技术、善经营、会管理的高素质农民队伍。

4. 实施特色品牌建设行动

一是加强地产优质农产品品牌建设。打造优质稻米品牌,调优水稻品种和茬口布局,筛选和推广一批品优味佳的食味稻米品种。完善稻米品质评价及生产、加工和保鲜贮藏标准体系。推进优质粮食工程建设,引导建立优粮优价的市场运行机制,集中打造优质食味稻米区域公用品牌。提升特色产业品牌优势,聚焦蔬菜、瓜果、生猪、水产等优势特色产业,加大特色农产品优势区建设力度,挖掘地理标志产品资源,集成良种良法、统一产品标准、做优分级分类,发展壮大"区"字号优势产业。

二是培育有全国影响力的上海特色农业品牌。坚持立足上海、面向长三角、服务全国的发展理念,培育上海特有农业品牌,带动地产农产品生产经营和销售,培育一批在全国叫得响、产值高的特色农业企业品牌。依托上海的市场科技资金人才优势,辐射带动周边省份农产品销售,发展农产品加工和预制菜等新兴产业业态,实现上海农业走出去服务全国。

三是做强休闲农业品牌。加强农事节庆文化活动建设,进一步挖掘和培育乡村农耕文化,各涉农区重点培育和提升1~2个休闲农业品牌。重点打造10条休闲农业和乡村旅游精品景点线路,围绕旅游古镇、特色村落、乡村民宿、郊野公园、科普基地等,打造一批特色休闲农业精品景点,力争到2025年年接待游客量2500万人次,农民就业岗位数超过3万个。

5. 实施产业融合增效行动

一是打造优势特色产业集群。重点围绕食味稻米、绿色蔬菜、特色瓜果、都市花卉、优质畜禽、生鲜乳业、健康水产等优势特色产业,打造一批涵盖生产、加工、流通、科技、服务等全产业链的产业集群,推进优势特色产业做优做强,促进产业深度融合。

二是建设产业融合发展平台。结合乡村振兴示范村和美丽乡村示范村建设,集聚优势资源和产业特色,推进乡村新产业、新业态的融合发展,打造一批农村产业融合发展示范园、产业特色镇(村)等。大力发展农村电子商务,培育农村电商主体,引导各类电商到乡村布局,构建农产品网络销售平台,推动电商企业在村镇建设服务网点,发展订单农业产销对接模式及电商直播等在线新经济。

三是拓展农业多种功能。延伸拓展传统农业的功能边界,促进农业与文化、旅游、教育、康养等产业融合。坚持因地制宜、分类开发:对纯农地区,结合特色产品打造田园休闲农业，发展林下经济、亲子教育、体育赛事等产业；对城乡过渡地区，聚焦美丽乡村建设，推进田园综合体、乡村民宿、文化创意等特色文旅休闲农业发展；对城市化周边地区，开展城市公园等绿化建设，探索健康养生、总部经济等特色产业发展。

（二）保障措施

1. 组织保障。加强市、区职能部门联动，建立信息沟通机制，及时协调解决各类项目推进中的问题。按照都市现代绿色农业的发展要求，强化政策体系改革。锁定目标、锁定内容，采取目标管理的方式对工作推进进度实施"挂图作战"。

2. 资金保障。进一步加大市对区均衡性转移支付资金支持绿色农业发展的力度。稳步提高土地出让收益支农比例，确保到"十四五"末全市土地出让收入用于农业农村比例不低于8%。推动涉农资金跨领域、跨部门统筹整合，统筹各级各类财政支农资金。按照现代产业发展要求，建立农业产业发展基金。优化乡村地区营商环境，广泛吸引外资、民资等社会力量参与农业现代化建设。加快农村金融产品和服务方式创新，试点开展郊区农户、中小企业信用等级评价，加快构建线上线下相结合、"银保担"风险共担的普惠金融服务体系，推出更多免抵押、免担保、低利率、可持续的普惠金融产品。提高直接融资比重，支持农业企业依托多层次资本市场发展壮大。优化

农业保险财政支持政策，加强农业保险与相关财政补贴政策的统筹衔接。

3. **用地保障**。进一步修订完善本市的设施农业用地管理办法。针对设施农业用地为临时用地的特点，实事求是设计备案要求、细化操作细则、明确实操流程，以满足先进设施装备对农业用地的需求。加大建设用地保障力度，新增建设用地计划实行单列，新编乡镇级国土空间规划应预留不少于10%的建设用地指标用于乡村振兴，重点保障乡村产业发展用地。利用全域土地整治，做好规划布局，在农业生产区域里布局一些加工提升的建设用地，在纯农地区布局农业建设用地。落实建设用地周转指标制度，盘活的建设用地指标按照不低于5%的比例，用于农产品加工和农业休闲体验等乡村产业发展，尤其是用于支持发展"从田头到餐桌"的预制菜产业等新业态。有序盘活乡村房地资源，鼓励对依法登记的宅基地房屋等农村建设用地房屋进行复合利用，发展乡村民宿、农产品加工、电子商务等乡村产业。

4. **人才保障**。围绕种源农业、数字农业、装备农业等重点方向，加大高层次创新人才和紧缺急需人才引进力度。比照我市推进高端制造业发展加快人才集聚的相关扶持政策，加大对农业领域高层次人才的评价、引进和扶持力度。建立公共财政投入长效机制，将农业农村人才开发经费纳入政府年度预算。鼓励高校和科研机构科技人员通过专职、兼职、入股等形式，创办科技型企业或从事科技成果转化活动。鼓励高校毕业生、专业人才和技能劳动力投身农业领域，在住房保障、创业发展、职称评定、落户等方面给予政策倾斜。对农业招商引资企业给予落户政策支持，根据投资金额和带动就业人数确定落户指标，确保指标用好用实。加强农村专业人才队伍建设，加大对农民首席技师和技能大师等技能带头人的培养资助力度，加大定向培养基层农技人员力度，不断提高科技特派员的数量和质量，畅通各类人才的下乡渠道，完善支持高校毕业生到基层工作的政策措施。

5. **监测评估保障**。制定农业现代化监测评价标准，定期开展监测评估，形成牵引农业现代化建设的鲜明导向，并在共性指标基础上，针对各区不同资源禀赋、区位条件等，设置个性化指标，引导优势做优、特色更特。

牵头领导：冯志勇、方芳

牵头处室：秘书处

参与单位：发展规划处、市乡研中心、市农科院、上海交通大学、上海财经大学、种植业处、蔬菜办、畜牧处、渔业处、农机化处、产业处、市场处、科教处、计财处、种业处、监管处

实践探索篇　　　　　　　　　　　　　　　　上海国际大都市城乡融合发展的探索与实践

3 深化改革推进集体经济高质量发展研究

按照市委书记陈吉宁关于提高农村集体经济实力的指示精神以及副市长彭沉雷于 2022 年 11 月 14 日在《我市农村集体经济发展情况》专报上的批示要求，市农业农村委领导高度重视，成立调研专班，会同市有关部门、各相关区，多次进行专题研究。我们认为专报中反映的情况与实际相吻合，反映的问题客观存在，提出的对策建议具有一定指导意义。

一、基本情况

近年来，在市委、市政府的高度重视和正确领导下，市农业农村委会同市相关部门统筹指导各区不断深化改革、强化监管、探索创新，农村集体经济政策体系日趋完善、经济实力显著增强、农民财产性收入不断增加。

（一）集体资产总量位居全国前列，且保持逐年增长态势

本市农村集体资产总量位居全国第五，其中镇级资产总量全国第一、村均资产全国第二。截至2021年底，全市镇、村、组三级集体经济组织账面总资产为6 649.3亿元（账面资产是物业资产等未经评估的价值，且不包括土地等资源性资产变现的价值），较2017年增长18.3%；账面净资产2 130.9亿元，较2017年增长30.1%。

（二）率先启动并完成产权制度改革，政策体系日趋完善

2012年本市率先在全国全面启动农村集体产权制度改革，2019年率先在全国基本完成镇、村两级集体产权制度改革任务，基本实现应改尽改目标任务。成员按拥有的份额享受集体收益分配，包括进城人员等成员的权益不随人员流动而丧失。同时，也积极探索成员的份额有偿退出、继承等权能改革试点，如闵行区2014年承担了全国农村改革试验区试点任务，在本集体经济组织内部开展试点，初步建立了份额有偿退出、继承等相关工作机制。2017年出台了《上海市农村集体资产监督管理条例》，2022年2月市政府办公厅又出台了促进本市农村集体经济高质量发展的政策性文件，2022年9月施行的《上海市乡村振兴促进条例》设置了"农村集体经济"专章。

（三）收益分配机制不断健全，成员收益分配收入逐年增加

通过农村集体产权制度改革和发展壮大农村集体经济，逐步建立起农民收益分配的长效机制。如 2022 年，全市共有 776 个集体经济组织开展了 2021 年度的收益分配，分配覆盖面达 43%，分配金额 27 亿元，惠及成员 259 万人，人均年分配金额 1 041 元。2011—2022 年，本市集体经济组织累计分配 174.04 亿元，参与分配 1 518.8 万人次，人均年分配金额 1 146 元。农民从集体经济发展中获得了实实在在的好处，凝聚了民心，增强了基层组织的号召力和战斗力。

（四）坚持因地制宜，积极探索多种集体经济发展新模式

近年来，相关区、镇结合各自的区位优势、资源禀赋和乡村特点，积极探索发展壮大新型农村集体经济的路径和模式，有效发挥集体资金、资源集聚效应，促进集体资产保值增值。比如，奉贤区结合落实农村综合帮扶工作要求，强化区级统筹，帮助集体经济"抱团取暖"，由 100 个经济薄弱村每村出资 10 万元注册成立上海百村实业有限公司，通过帮扶资金购置优质物业项目实现资产保值增值，2021 年度每个经济薄弱村分配 100 万元；松江区新桥镇集体资产经营公司出资 4 000 万元、持股 40% 与漕河泾开发区成立上海漕河泾开发区松江高科技园区发展有限公司（2015 年上市），目前新桥镇集体资产经营公司持有的股权市值已达 11 亿元左右；浦东新区张江镇针对张江科学城内企业多、人才公寓一房难求的问题，2018 年起由镇属集体全资企业与本镇新丰村存有闲置房屋的村民签订房屋租赁协议，逐步探索由政府牵头、农民供房、农村集体企业改造三方合力的"乡村人才公寓"发展模式，通过盘活闲置宅基地，获得长期稳定的经营性收益。

二、瓶颈分析

近年来，本市农村集体为上海城市发展提供了大量的土地资源，农村集体经济组织承担了大量农村社会公共服务支出，在维护农村社会稳定上也发挥了重要作用，为上海城市发展大局作出了贡献。虽然本市的农村集体经济总量较大且呈稳步增长态势，但仍然明显滞后于社会主义现代化国际大都市经济社会发展，也与党的二十大报告提出的"发展新型农村集体经济"新要求存在一定差距，一些瓶颈问题亟须解决。

（一）发展共识有待提升，法律政策有待健全

产权制度改革后，作为特别法人的集体经济组织市场主体地位较弱，镇、村集体经济组织自我认可度和社会认可度不高，部分领导干部，特别是基层干部对新型农村集体经济的性质、地位和作用认识不足，存在"上热、中温、下冷"及"重使用、轻发展"等现象。同时，因受要素资源配置城乡失衡的影响，存在社会资本不愿投、不敢投、不知往哪投等问题。虽然《民法典》已经明确农村集体经济组织"特别法人"的法律地位，但《农村集体经济组织法》尚未出台，农村集体经济组织的法人地位在国家层面缺乏支持的政策和法律保障体系，难以充分参与市场竞争。

（二）土地资源的硬约束突出，发展空间不足

本市农村集体建设用地面积610.6平方千米，其中农村集体经营性建设用地面积197.59平方千米、占比32.36%，但集体经济组织自身掌控、实际可利用土地资源较少，且单宗地块规模小、布局零散。如部分早期建成的旧厂房、旧仓库等集体资产在20世纪90年代乡镇企业改制时卖断给个人或民企，其土地使用权一并长租。而且，农村集体经营性建设用地大多位于"198区块"，面临减量化的硬约束，有逐年减少的趋势。自2015年开始的两轮"减量化三年行动"有效反哺了城市建设，形成的建设用地指标约35.83平方千米，其中约89.6%用于开发边界内建设，用于发展农村集体经济的不多，与当前乡村产业发展、乡村建设等乡村振兴需求不相匹配。同时，早期近郊地区集体经济利用建设用地实现了快速发展，在土地资源紧约束的背景下，现在远郊地区难以增加集体建设空间，且区域差距不断扩大。

（三）集体经济发展模式粗放单一，集体收入来源有限

因受到城市虹吸效应影响，乡村资源要素长期单向支持城市发展。目前，集体经济以传统物业资产和土地出租为主，非竞争性的"地租经济"比重高达76%，而且不少物业、厂房建造时间久远、手续不齐全，升级改造难、确权颁证难，只能以毛坯形式出租，产业相对低端。同时，因缺乏专业的招商、物业管理团队，市场定价机制不完善，存在租赁期过长、价格偏低以及机关事业单位无偿占用等现象，管理能级不高、经营水平低效、市场化经营机制还不够活，缺乏市场参与和竞争能力，农村集体经济组织经营收入来源有限。

（四）发展动力的软制约明显，没精力、没动力、没人才

集体经济收益不明显、发展预期不明确、人才资源严重匮乏，对集体经济发展又形成了软制约。比如，村级集体经济组织管理人员大都由村"两委"班子兼任，其工作重心主要在社会治理方面，经营理念偏保守，专业知识缺乏，"有想法、没办法"，加之绩效考核与集体经济发展相关性不高，其推动发展的精力不济、能力不够、动力不足。受制于薪酬体系、容错机制、职业前景等因素，职业经理人队伍难以成型，能人不想来、来了留不住、留下带不动，集体经济管理和发展队伍薄弱、"后继乏人"。

三、对策建议

习近平总书记强调，要用大历史观看"三农"、抓"三农"，要发展壮大新型农村集体经济。回顾上海农村集体经济发展历程，本质上是发展权在时间和空间上的分配问题。今后一个时期，上海要率先实现中国式现代化，推动全社会共同富裕，发展壮大新型农村集体经济不可或缺。同时，发展壮大新型农村集体经济也是一项系统工程，需要全社会深化对新型农村集体经济重要性的认识，要将农村集体经济发展纳入全市经济社会大循环中，要让农村集体经济参与到全市重大发展战略之中；要继续深化改革创新，推动要素资源优化配置，摆脱路径依赖，加强人才队伍建设，打破农村

集体经济发展中的堵点、难点，推动发展模式创新，促进农村集体经济可持续、高质量发展。

（一）强化责任落实，凝聚发展共识

1. 强化主体责任。将发展壮大集体经济纳入"一把手工程"，优化顶层设计，强化统筹、监督和考核，增加对涉农区、镇主要领导的考核指标，压实区、镇责任。切实推动《上海市乡村振兴促进条例》和《关于进一步促进本市农村集体经济高质量发展的意见》（沪府办规〔2022〕2号）落地见效，建好区、镇两级农村集体经济发展平台，统筹配置好资金、土地、人才以及项目等资源要素。

2. 凝聚社会共识。强化经验总结、典型宣传和示范推广，推介发展壮大集体经济的典型经验做法和路径范例。坚持上下联动，动员全社会力量，凝聚强大合力，形成关心、支持集体经济发展的良好共识和氛围，提升集体经济组织的市场主体地位、社会认可度和自我发展意识。

3. 激发内部活力。进一步巩固提升集体产权制度改革成果，深化股份合作改革创新，积极探索集体经济组织成员对其股份权能实现形式，建立成员股份抵押担保、流转交易、有偿退出等机制，充分激活要素的市场价值，增强内部活力。在完全城市化地区，可探索在市公共资源交易中心实行股份公开交易；在农业地区，可探索在本集体经济组织成员之间进行自愿有偿流转或由本集体经济组织赎回。

（二）加强资源有效利用，优化发展空间

1. 及时优化郊野单元规划。要定期或适时调整郊野单元规划，简化调整程序，优化和预留集体经济发展空间，统筹考虑集体经济产业用地，在规划上落图、实施中落地。

2. 实施全域土地综合整治。充分利用全域土地综合整治政策，在坚持集体建设用地总量不突破、耕地总量不减少的原则下，合理整合农村小而散的存量集体建设用地，优化农村集体建设用地布局，确保集体有项目不缺地、能落地。

3. 盘活存量建设用地。对符合规划的低效集体建设用地进行二次开发利用，切实提高集体经营性建设用地的利用效率和使用效益。健全城乡建设用地增减挂钩、节余指标调剂和收益分配机制，减量化后的农村集体建设用地指标产生的收益主要归集体经济组织所有。

（三）创新发展方式，参与市场竞争

1. **参与全市重大发展战略和重点项目建设**。支持农村集体经济组织积极参与五大新城建设、南北转型发展、新市镇建设、"城中村"改造等城市发展重大战略，优先安排区级、镇级平台在规划留出的集体建设用地空间中发展集体经济项目，或成本价购置一定比例的商业用房，确保农村集体经济可持续发展。如在华为科创小镇等重点项目建设中，可创设集体经济参与模式，采用征地留房、周边集体经济组织抱团发展等方式做大做强集体经济。

2. **发展新产业新业态**。鼓励农村集体经济组织通过入股或者参股农业产业化龙头企业，深化实施"百企联百村"；推动农村集体经营项目向产业园区集中，引入高新产业，发展生产性服务业，促进农村集体经济转型升级；支持农村集体经济组织利用农村依法建造的闲置宅基地农民房屋、闲置村集体用地和房屋等，发展符合乡村特点的健康养老、休闲农业、农创文旅、农耕体验、乡村民宿、乡村人才公寓、乡村总部经济等新产业新业态。

3. **改造提升低效物业资产**。以园区开发建设的理念，通过本市公共资源交易中心引入国有企业、优质社会资本，明确各自入股比例，对低效物业资产进行合作开发，提升物业资产品质与能级，拓展农村集体经济组织经营收入渠道，提高收益水平。

（四）加大投入力度，拓宽融资渠道

1. 鼓励集体经济采取多种方式与社会资本合作。研究制定乡村产业重点领域投资目录和负面清单，采取股份制、合伙制等多种形式，支持农村集体经济与社会资本合作发展，解决农村集体"有项目、缺资金"难题。

2. 创新融资渠道。积极探索金融服务与农村集体经济发展的融合点，发挥好农业信贷担保体系作用，创设整区、整镇集体经济评级授信机制，创设一批农村资产抵押、质押产品及增信方式，创新专属信贷产品和服务方式。发挥好上海公共资源交易中心的市场定价功能，探索股权流转、抵押和跨社参股等产权实现新形式。

3. 增加农村集体经营性建设用地入市收益分配比例。农村集体经营性建设用地入市收益要向农村集体经济倾斜，获得的收益可投向区、镇集体经济发展平台，并加强监管，确保收益分配公开、透明、高效。

4. 尽快启动新一轮农村综合帮扶。持续巩固前两轮已经形成的中心城区、国有企业对口帮扶郊区的政策红利，拓展帮扶资金来源渠道，捐助资金统筹在区、结对关系统筹到镇、资产确权到村，形成相对稳定的"造血"机制。

5. 建立农村集体经济发展专项基金。在市乡村振兴投资基金中，设立农村集体经

济高质量发展专项基金，委托市场专业性的基金公司运作。专项基金来源主要是政府对农村集体经济发展方面的投入资金，以及新增土地出让金收益用于集体经济在乡村振兴产业方面的投入资金。

（五）打造高素质人才队伍，带动高质量发展

1. *加强人才培养*。结合第一书记、驻村书记、结对帮扶等工作，对农村集体经济组织管理人员开展市场经营管理、项目投资、金融政策、法律法规等业务知识培训，提升其经营管理能力，使其能够成为农村集体经济发展的带头人、"领头雁"，激发自我发展意识。

2. *拓宽人才来源*。从机关事业单位、科研院所、国企等渠道选派具有经营管理经验的优秀党员作为驻村第一书记或驻村书记，带动村级集体经济发展。吸引本地大学生、优秀乡贤、外出务工人员及企业家等优质人才回乡创新创业，为村集体经济发展提供思路、带领群众致富。

3. *建立职业经理人队伍*。鼓励和支持农村集体经济组织运用市场化手段选拔人才，聘请职业经理人负责集体资产经营，引入现代企业经营管理理念和经验，推进农村集体经济真正参与市场化运行。

4. *建立市场化薪酬体系和激励机制*。对市场化选聘的职业经理人实行市场化薪酬分配机制，对集体经济组织负责人实行与集体经济实际收益相挂钩的奖励分配机制，可采取"基本报酬＋集体经济收益提成"的报酬制度，激励各类人才发展集体经济的积极性。

牵头领导：黎而力、叶军平、陆峥嵘

牵头处室：农经处

参与单位：市农经站、社会处、村镇处、产业处、计财处

4　加快促进农民收入增长研究

据市委书记陈吉宁于 2022 年 11 月 4 日在市委常委会上对我市做好"三农"工作的相关要求，市农业农村委高度重视，开展建立健全促进农民长效增收机制专题调研。近期我们会同相关部门和涉农区开展了研究工作。

一、农民收入的总体情况

随着城镇化进程的不断推进，农民内涵越来越多元。一是农业从业人员。据市统计局数据，2020 年我市农业从业人员约 31 万人。二是农业户籍人员。据市公安局人口办数据，目前本市农业户籍人口约 121.5 万人。三是农村常住居民。据第七次人口

普查数据，2020 年本市农村常住人口约 266.15 万人。统计意义上的农民收入，是指农村常住居民的可支配收入。2021 年本市农村居民可支配收入为 38 521 元，继续位列全国首位。

本报告在分析面上农村常住居民可支配收入的基础上，重点聚焦农业从业人员和本市户籍农村常住居民的增收工作进行研究。

（一）农村常住居民可支配收入情况

1. *城乡居民收入差距不断拉大*。近年来，我市城乡居民收入倍差不断缩小，从 2018 年的 2.24 连续下降到 2021 年的 2.14，但是城乡居民收入差距的绝对值仍在不断拉大，由 2018 年的 37 659 元扩大到 2021 年的 43 908 元。虽然本市城乡居民收入比明显低于全国水平（2021 年城乡居民人均可支配收入比为 2.5），但对标国际先进地区差距仍较大。经济合作与发展组织（OECD）成员国中，21 个欧洲国家的城乡居民收入比都小于 1.5，其中比利时、英国、德国和荷兰 4 个国家的城乡居民收入比小于 1。

2017—2021 年上海城乡常住居民人均可支配收入情况

年份	城镇居民（元）	增幅（%）	农村居民（元）	增幅（%）	城乡收入差额（元）	城乡收入比
2017	62 596	8.5	27 825	9.0	34 771	2.25
2018	68 034	8.7	30 375	9.2	37 659	2.24
2019	73 615	8.2	33 195	9.3	40 420	2.22
2020	76 437	3.8	34 911	5.2	41 526	2.19
2021	82 429	7.8	38 521	10.3	43 908	2.14

2. *农村居民可支配收入结构不平衡*。本市农村居民可支配收入主要来源于工资性收入，约占总收入 70%，远高于全国 42% 的水平，也明显高于江苏省近 50% 的水平。转移净收入约占总收入 25%，达到约 1 万元，远高于全国和苏、浙、皖等长三角省份。但经营净收入和财产净收入较少，分别只占约 2%。（自 2018 年起，本市农村居民可支配收入只公布总数，不再公布结构性收入来源数据和各涉农区分区数据。关于农村居民工资性收入、经营净收入、财产净收入、转移净收入数据为国家统计局上海调查

总队提供的估算值）

3. 农村居民可支配收入在长三角城市中没有领先优势。 2021 年，我市农村常住居民收入在长三角城市中排名第 9，收入水平和增幅均低于周边的嘉兴、杭州、苏州等城市。近年来，建设用地减量化工作不断推进，但盘活的建设用地指标向乡村地区倾斜力度还不够大，集体经营性建设用地入市、宅基地"三权"分置尚未真正破题。与苏南等集体经济发展活力较强的地区比，我市农村集体资金、资产、资源对农民财产性收入的拉动作用尚未真正发挥。

4. 农村尚有相当数量生活困难农户。 自 2013 年起，本市聚焦经济相对薄弱村开展了两轮农村综合帮扶，特别是第二轮针对生活困难农户（原则上按低保的 2 倍来界定）的精准帮扶，对这些群体的收入提高和生活改善发挥了积极的作用。根据抽样调查，近两年生活困难农户人均现金收入增幅 12.1%，比全市农村居民高 4.4%。尽管这些年我市生活困难农户得到了实实在在的帮扶，但相对而言，农村生活困难户仍然较多，收入仍然较低，特别是老年人和因病致贫、因残致贫的特殊人群抗风险能力较弱。2022 年度全市涉农区认定的生活困难农户还约有 6.5 万户、10 万人，仍需政府通过各种救助和综合帮扶等给予针对性的扶持。

（二）重点人群可支配收入情况

1. 不同类型农业从业人员收入差距较大。 我市农业从业人员老龄化、兼业化特点较明显，外来从业人员比例较高，因此对农业从业人员的界定比较复杂。市统计局发布的农业从业人员约 31 万人（不分户籍、不分年龄段）；根据农业农村部门统计口径（本市户籍 60 岁以下，且一年中有 6 个月来自农、林、牧、副、渔等农业经营收入）的从业人员约 7.8 万人；疫情期间监测的种植业规模农业经营主体中相对固定从业人员约 4.9 万人（不分户籍、不分年龄段）。考虑到相当一部分老年兼业农民的收入主要来源于养老金和工资收入，农业收入只是有限的补充，因此农业从业人员增收主要针对在一定规模农业经营主体中，相对固定的、就业年龄段的从业人员。

一是农业经营主体收入差距明显。合作社理事长和农业企业主因为经营规模和经营水平差异较大，收入差距也较大。以蔬菜行业为例，亏损、持平和盈利的约各占 1/3，但盈利较好的年收入一般能超过 50 万元，甚至超过 100 万元。家庭农场主收入较稳定，市级示范家庭农场人均收入约 9 万元，一般家庭农场人均收入 7 万~8 万元。

二是部分具备一定学历和专业知识的经营主体成为产业发展骨干，收入水平总体较好。2015—2019年，我市连续举办了五期青年农场主培训，重点聚焦约500位50岁以下、高中及以上学历的经营主体开展培训。2021—2022年，又在青年农场主中遴选了约100位开展"菁鹰计划"培训。据跟踪调研，这部分经营主体以经营中小规模家庭农场和合作社为主，产销一体化特征明显，约九成的都能实现盈利。

三是普通农业从业人员收入有一定差距。普通农业从业人员根据行业、劳动强度、技术水平等收入会有一定差距。一般来说，从事畜禽和水产养殖的人员收入比种植业高。从事粮食和蔬菜生产的普通从业人员年收入5万~6万元，从事奶牛养殖的从业人员年收入7万~8万元，从事生猪养殖的从业人员年收入9万~10万元，从事水产养殖的年收入5万~10万元。

四是普通农业从业人员参加职保的比例尚不高。2015年，我市扩大农村就业人员社会保障覆盖面，允许农民合作社和家庭农场的从业人员通过集体参保方式，参加灵活就业养老保险。据典型调研，一般农业企业或合作社考虑到用工成本会为技术骨干缴纳职保，对普通从业人员缴纳灵活就业保险，但也有相当一部分连灵活就业人员保险也不缴纳，只是参加城乡居保。

2. 农村老年人的转移净收入稳步增长，但相对城镇居民明显偏低。据估算，我市60岁以上农村常住人口约62.3万人，农业户籍人口约53.2万人。我市建立了城乡居

保养老金调整机制，每年与职保同步调整养老金，且增长比例略高于职保。2022 年度城乡居保基础养老金为 1 300 元。部分涉农区也通过补贴提高居保养老水平。如松江区 2018 年起对城乡居保养老人员发放生态补贴，目前补贴标准为 70 元 / 月，并鼓励有条件的村集体经济组织对参保人缴费给予补助。但由于历史上养老制度的城乡二元结构，我市农村老年人大部分都是参加城居保（全市领取城居保养老金人员中近九成为农村居民），2021 年平均领取养老金水平为 1 481 元；而城镇老年人大部分都是参加职保，2021 年平均领取养老金水平为 4 325 元，两者水平差距较大（注：数据为国家统计局上海调查总队根据本市收入监测样本户测算的估算值）。此外，农民对于养老制度"长缴多得、多缴多得"的意识较弱，对当前收益和预期收益，更倾向选择前者，导致农民整体养老金缴费水平较低、领取的养老金水平也较低。

3. 农村就业年龄段农民非农就业相对较充分，但工资水平偏低。我市建立健全了城乡一体的公共就业服务体系，出台了农民跨区就业补贴、低收入农户专项就业补贴、离土农民就业专项计划等政策，实施了"农民技能提升培训三年行动计划"和"万名农民培训就业计划"，农民非农就业相对较充分。但相对城市而言，农村产业能级和就业岗位工资水平都存在一定的差距，农民工资性收入明显低于城镇职工。我市农村非农就业人员（包括单位就业和灵活就业）2021 年工资收入为 5 781 元 / 月，约为城镇非农就业人员收入的六成。而农村接近退休年龄段的老人，正规就业机会较少，相当一部分只能靠公益性岗位等灵活就业，收入更低。一方面，农村居民年龄较大、学历较低，接受新知识、新技术、新技能的能力受到较大限制，影响非农就业能力及收入的提高。另一方面，近年来通过"五违四必"专项整治，郊区不符合高质量发展需求的产业基本都已转移，但符合产业发展导向的项目尚在逐步布局和落地过程中。因此，能够吸收当地农民就地就近就业的小企业岗位逐步减少，能带动农民高质量就业的岗位尚在孕育期，农民非农就业仍处于转型阵痛期。特别是处于远郊的崇明区，是上海重要的生态屏障，在人口调控、土地控制、产业准入等方面约束较多，当地农民实现非农就业缺乏支撑。

二、影响农民增收的主要问题

"十三五"期间我市农村居民可支配收入增速连续快于城镇居民，平均增幅为 8.5%，增速比城镇居民人均可支配收入快 0.9%，一直位列全国首位。但农民收入整

体水平偏低、增速偏慢，区域不平衡性、结构差异性、群体差异性仍较明显，对照党的二十大和市十二次党代会提出的共同富裕要求差距较大。影响农民增收的瓶颈问题主要表现在以下4个方面。

1. 农村居民整体年龄偏大、学历偏低，较难搭上改革开放的快车、跟上乡村振兴的步伐。我市农村老龄化、空心化现象严重，实现稳定就业的农村中青年大部分已经搬离农村，成为统计意义上的城镇常住居民。据金山区第七次人口普查统计，城镇常住人口老龄化率约20%，农村常住人口老龄化率约30%，农村常住人口中的本地户籍居民老龄化率高达49%。据松江区统计，2021年全区12个涉农镇和街道的劳动力人口中，初中及以下占比近三分之二。其中，初中以下占21.98%、初中占40.22%、高中（中专技校）占27.37%、大专及以上占10.44%。农村居民的现状，客观上导致他们难以跟上城市经济高速发展和乡村振兴的步伐，较难通过高水平的就业和创业来增加收入。

2. 国土空间相关规定客观上导致强村富民产业提升发展受限。农村地区低效建设用地减量化、落后产能逐步淘汰的同时，亟须培育和导入新产业、新业态，以提升乡村主导产业，推动农村发展和农民增收。但是，我市的空间规划和用地管控政策对乡村产业提升发展的支撑保障力度有限。一是空间规划方面。长期以来，我市农村地区以发展农业产业为主，规划功能定位较为单一，产业附加值难以提升。而且城镇开发边界外严禁新增工业项目，农产品加工业和仓储冷链等产业发展难以获得空间用地。虽然2022年11月新版的《国土空间"四线"管控办法》已明确城镇开发边界外可以新增直接服务于种植养殖业的农产品初加工、仓储保鲜冷链、直销配送等功能，但是仍然没有明确办理此类项目的规划依据和建设用地指标来源。二是设施农用地方面。目前我市实行的设施农业用地管理办法（591号文）要求过高，导致我市设施农用地办理周期长，办理成本高，还有部分项目的设施用地难以落实，在不同程度上影响了我市现代农业项目的快速有效实施。三是建设用地方面。由于城镇开发边界外点状供地和存量集体建设用地盘活利用的操作细则和实施路径不明确，大多依赖"一事一议"，因此新增建设用地项目落实难度很大，农村项目落地较难。农村产业发展的问题，直接影响农民收入的提高。

3. 农村集体经济发展不平衡、不充分，对农民增收的贡献未有效发挥。一是产权制度改革收益分配区域差距大。2022年全市共有776个集体经济组织对2021年度进行了收益分配，分配金额27亿元，惠及成员259万人，人均分配1 041元。其中，近郊256个村集体开展收益分配，占比不足1/3，但分配金额和人均分配水平较高，分

配金额达 12.2 亿元（为中远郊的 1.44 倍），人均分配 2 161 元（约为中郊的 3 倍、远郊的 10 倍）。中远郊有 492 个村集体开展收益分配，占比六成多，但人均分配水平较低，仅为 440 元。全市收益分配总体上呈"近郊水平高、覆盖面低，中远郊水平低、覆盖面高"的特点。二是中远郊地区村级集体经济仍然比较薄弱，发展基础还需要进一步夯实。2017 年底全市郊区村级总资产 1 397.2 亿元，中远郊只占 22.3%，近郊占 77.7%；总资产最低的崇明（50.1 亿元）是最高的闵行（489.6 亿元）的 1/10，村均总资产是闵行的 1/17。通过近五年的综合帮扶及其他相关政策的支持，中远郊农村集体资产情况已大为改善，但是村级集体经济仍然比较薄弱。2021 年底全市郊区村级总资产 1 821.3 亿元，中远郊占 24.6%，近郊占 75.4%；总资产最低的崇明（77.1 亿元）是最高的闵行（610.1 亿元）的 1/8，村均总资产是闵行的 1/14。此外，尽管农村闲置宅基地和房屋盘活已有了点上的探索，但未能在面上拉动农民财产性收入明显增长。

4. 促进农民增收政策体系尚未真正形成。进入 21 世纪以来，本市持续出台了一系列促进农民增收的政策文件，基本建成城乡一体化的社会保障体系，初步构建以扶持经济相对薄弱村和生活困难农户为重点的农村综合帮扶机制，建立健全城乡统一的就业服务体系。但从总体来看，农民增收政策大部分散落在各职能部门，政策多而散，尚未形成类似于浙江省整体研究缩小城乡居民收入差距、实现共同富裕的政策体系。已开展的两轮综合帮扶，虽然取得了明显的成效，对壮大薄弱地区的集体经济、提高生活困难农户的收入水平起到了积极有效的作用，但收入水平位于底部的群体仍然比较庞大，亟须进一步补好收入差距的短板。

三、促进农民增收的有关建议

建议今后一段时期要加强统筹谋划，强化制度供给，推动城乡要素合理流动，促进高质量发展和抬高收入底板等多措并举，切实提高我市农民收入水平。

1. 加强顶层设计，强化制度供给。一是加强系统研究。促进农民持续增收是一项系统性工程，市各相关职能部门要根据市委主要领导关于促进农民增收的要求，加强系统研究、齐抓共管，把促进农民增收相关工作纳入市政府重点工作予以推进。二是出台政策文件。要围绕农民增收上的有关问题，特别关注发展空间、土地资源、产业提升、资金投入等关键领域，研究出台相关配套政策。建议借鉴浙江省高质量发展建设共同富裕示范区的经验，立足本市现实基础、优势和潜力，聚焦城乡和区域差距，由市相关综合部门研究出台本市城乡居民共同富裕的政策体系。到2027年，城乡居民收入倍差缩小到2以内，力争达到1.9。三是加强督查考核。进一步强化各涉农区促进农民增收的主体责任，加大过程的督查和年终的考核力度，将农民增收工作纳入市对涉农区委、区政府的考核内容。

2. 充分发挥城镇化战略＋乡村振兴战略对农民生活富裕的带动作用。一方面，发挥五大新城建设和南北转型发展对农村发展的辐射、带动作用。郊区五大新城建设正在加快推进之中，要按照城乡融合、共同富裕的发展理念，充分考虑农村集体经济发展和农民增收的问题，让郊区农民在新城发展中共享成果和收益。一是五大新城建设和南北转型发展中要统筹谋划安排城市和乡村的资源。要将乡村振兴有关产业统筹谋划，同步推进，按照"三生融合"理念，优化乡村生产、生活、生态空间，促进乡村发展，带动农民致富。二是与新城功能配套的农村基础设施要同步谋划。积极推进基础设施和公共服务设施建设，强化新城带动、辐射农村的供给模式，为农民创业、就业创造条件。三是进一步提振集体经济组织的造血活力。探索制度创新，通过征地留地、留房等措施，无偿或以成本价回购的方式，为农村集体经济组织在新城之中留存、配置一批优质的经营性物业资产。

另一方面，充分发挥好其他城镇"连城带乡"的区域功能枢纽作用。一是以镇作为统筹盘活农村区域资源和提升乡村公共服务能级的基本单元，辐射、带动农村的发展，并为农民提供就业增收机会。二是积极推进有条件的撤制镇发展，充分盘活利用撤制镇存量建设用地和存量房屋等资源。要使乡镇成为乡村产业发展的集聚地和新型创新产业的集聚区，积极带动农民就业和增收。

3. 进一步深化农村综合帮扶工作。在完成两轮农村综合帮扶工作基础上，继续推进新一轮农村综合帮扶，着力补齐农民收入短板。

一是确定帮扶对象和范围：一要划定薄弱村，建议以2022年度村集体组织可支配收入低于人均1200元且经营性资产低于人均1万元等标准重新评估划定。二要在继续开展生活困难农户精准帮扶的基础上，市级帮扶资金项目产生的收益主要用于薄弱村农民增收。三要建立帮扶机制，各涉农区都要促进区内农村集体经济高质量发展和农民持续稳定增收。

二是增加帮扶资金：在继续稳定中心城区和市属国企捐赠帮扶资金的基础上，统筹使用土地出让收入优先支持乡村振兴资金，市级财政帮扶资金从第二轮的20亿元提高到30亿元。

三是推进帮扶措施：一要继续重点支持崇明、金山、奉贤、青浦、松江等区再建设一批"造血"项目；浦东新区、闵行、嘉定、宝山等没有市级帮扶资金的区，通过区级平台建设"造血"项目。二要着力推动农村集体经济高质量发展。三要推进结对帮扶机制长效化、制度化，巩固中心城区、国有企业对口郊区的帮扶关系，选优配强驻村干部。四要完善和健全收益分配机制，帮扶收益主要用于提高薄弱村居民增收、集体经济组织收益分红、"造血"项目再投入等。

4. 提升农业从业人员素质和收入。一是保持农业布局和政策相对稳定，防止因周期性波动或政策因素对农业经营主体收入造成大的影响。二是推进农业适度规模，提高农业生产率。在农村劳动力实现充分非农就业的基础上，建立与大都市现代农业发展和农民增收相适应的农业规模经营体系，促进土地资源向家庭农场、合作社等集中，提高农业劳动生产率。借鉴发达国家经验，探索对规模经营主体的专业素养实行准入门槛，逐步提高经营主体的整体水平。三是提升农业从业人员生产和经营水平。继续开展高素质农民培训，在开展农业生产技能培训的基础上，围绕提升品牌影响力、延长农业产业链、提高营销水平等方面加强有针对性的培训，实现优质优价高收入。

5. 大力促进农民非农就业。一是进一步提升农村对第三产业的吸引力。通过土地全域整治、盘活农村闲置集体建设用地等途径，提升乡村服务业土地资源的有效供给，加快适合农村发展的第三产业布局，为农民创造更多就近、就地就业的岗位。二是鼓励镇、村开发一批适合中老年农民从事的保洁、保绿等公益岗位，优先吸收本村农民，特别是接近退休年龄且难以实现单位就业的农民。重点聚焦农村低收入人口、长江退捕渔民、困难残疾人等特殊困难群体，收集各类合适的就业岗位，兜牢就业民生底线。三是加强技能培训。继续加强有针对性的就业培训，提升农民就业能力和水平，进一步拓展就业渠道。

6. 不断提高农民保障水平。一是持续完善城乡居保基础养老金调整机制，在综合考虑当年物价变动幅度及财政负担能力等各方面因素的基础上，研究缩小城乡居保与低保标准的差距，实现高于低保标准。二是在部分涉农区已出台鼓励合作社为从业人员缴纳灵活就业保险的基础上，研究鼓励农民缴纳灵活就业保险和城镇职工保险的扶持政策，从制度层面提升农民的保障水平。

7. 挖掘财产性收入增长潜力。一是不断壮大农村集体经济。深化贯彻落实好市政府办公厅印发的《关于进一步促进农村集体经济高质量发展的意见》，指导各区加快出台本区实施意见，搭建区级农村集体经济发展平台，统筹配置资金、资产、土地、项目等资源要素，发挥各类要素的集聚效应。引入社会资本，通过股份制、合伙制等多种形式，参与并带动农村集体经济发展。二是积极稳妥推进农村集体经营性建设用地入市。完善集体经营性建设用地入市后的收益分配机制，让农村集体经济和农民共享收益。三是积极稳妥盘活闲置宅基地资源。贯彻实施新修订的《土地管理法》，全面开展农村宅基地和房屋情况的排摸，建立健全全市统一的信息数据库和管理系统，引导和鼓励各涉农区盘活农村宅基地和房屋资源用于产业发展，进一步带动农民增收。

牵头领导：夏明林、施忠

牵头处室：社会处

参与单位：农经处、发展规划处、产业处、科教处、计财处、市农经站

5 上海加快推进乡村数字化转型初见成效

近年来，上海抓住全面推进城市数字化转型的契机，加快乡村数字化转型，着力解决超大城市农业农村发展"痛点"，为国家数字乡村建设探索上海样板。

一、做法和成效

（一）坚持"谋划为先"，强化顶层设计

1. 围绕"四个三"，理清转型思路。立足超大城市特点和乡村发展需求，建成"三个一"（一图、一库、一网）、串联"三个人"（生产者、管理者、消费者）、用好"三要素"（人才、土地、资金），实现"三大目标愿景"：诚实守信的农业生产者享受更多政策支持，实现"农民有效益"；提高农业生产技术和监督管理水平，实现"市民有口福"；变革农业传统管理模式，实现"政府精准管"。

2. 设计总体架构，擘画建设蓝图。突出前瞻布局和系统集成，构建"1+N+X+数字底座"的数字农业架构，即建设以农业数字底图和专题数据库为基础的数字底座，打造1套面向市、区两级管理者的数字看板，开发N类业务综合应用场景，整合动态发展的X个业务子系统。

（二）坚持"制度为要"，护航转型发展

1. 完善政策体系。制定《上海市乡村振兴"十四五"规划》和《上海市推进农业高质量发展行动方案》，确定农业农村数字化转型的目标任务。出台《上海市数据条例》，为农业农村数字化转型提供法律支撑。

2. 强化协调机制。市农业农村部门加强协调督导，做到"卡"在哪"推"到哪；发挥行政、技术、科研等方面力量，开展联合攻关，助力数字化转型。

3. 创新推进机制。将农业农村数字化转型列为年度乡村振兴重点任务，纳入"挂图作战"机制，强化对涉农区考核，在全市形成"你追我赶"的氛围。

（三）坚持"数据为基"，夯实数字底座

1. 摸清家底，建成一张农业数字底图。市农业农村、规划资源、测绘等多部门协同合作，统一技术标准，实行"一地块一编码"，完成全市230万亩现状农用地、100

多万个地块的上图,形成农业一张"数字基础底图"。

2. 汇聚数据,建成一个农业数据库。整合多个涉农行业应用系统的数据资源,优化形成"农业农村综合数据资源库"。

(四)坚持"质量为本",精准编织"一张网"

1. 全市利用统一平台,推进全业信息入网。依托"神农口袋""畜牧管理"两个市级系统,覆盖农业全部产业,统一实行由生产经营主体直接填报农事等信息。目前,全市规模以上的8000多家经营主体均已实现入网直报,基本实现农业生产动态实时更新。

2. 全网贯通数据,激活数据质量。打通生产和补贴、监管、绿色认证、品牌、销售等多业务条线的数据关联,编织形成农业管理服务"一张网"。市、区各级管理部门强化检查与考核,推动农业生产作业"精准报",带动全网数据活跃率。

(五)坚持"应用为重",加快数字挖掘应用

1. 通过"数据跑路",让管理更有效率。强化"上海数字农业农村云平台"系统集成和数据汇聚功能,开发"领导驾驶舱"板块,以及农产品安全监管、绿色认证应用、农机智联等3个综合应用场景,帮助市、区两级部门实时了解管理动态。

2. 通过"数字赋能",让生产更有效益。引导农业生产经营主体开展数字化转型升级,如"清美"公司自主打造集智慧农业、数字工厂和数字门店于一体的"数字三产"体系成效明显。

3. 通过"数据透明",让消费更有保障。开发"鱼米之乡""沪农优品馆"等服务平台,有效促进线上产销衔接,让消费者购买优质农产品时可选择、可辨识、可追溯。如"沪农优品馆"已入驻7000多家商户,累计销售金额超过28亿元。

二、下一步工作重点

上海将按照"融合、挖掘、赋能、增效"的方向,推动数字技术与"三农"深度融合,实现管理从"管业务"向"管数据"转变、服务从"人找政策"向"政策找人"转变、发展方式从"产业数字化"向"数字产业化"转变。

（一）深化工作路径，接力转型升级

全面整合数据采集系统、网络信息系统，打造一批具有示范标杆作用的应用场景，实现"一图知三农、一库汇所有、一网管全程"。积极探索数字赋能，在水稻、蔬菜、水产等领域建立若干有示范引领作用的智慧农场。在农业生产管理、农村环境治理、集体经济发展、乡村公共服务等方面有效实现数字增效，助推乡村全面振兴。

（二）坚实基础设施，厚积数据资源

完成全市农村宅基地、集体建设用地上图，采集汇聚"地、房、户、人"数据，拓展农业农村"一张图"。建设农业农村数字新基建，加快构建"空、天、地"一体化覆盖的数字乡村信息网络体系。

（三）打造"一码""一分"，提升服务能级

积极探索"申农码"扫码应用功能，为每一个农业经营主体赋码，实现扫码办事、扫码监管和放心消费等场景应用。研究开发"申农分""政策找人"功能，实现对各类涉农主体的分级分类管理。

（四）渗透数字应用，赋能农业农村发展

加大农艺、农机与数字技术的集成研发，打造10万亩粮食无人农场，创新建设一批智慧农场。建强长江禁捕智能管控体系，健全工作机制。开发农村集体经济组织信息化管理系统，为成员提供个性化的服务。

6 松江区多措并举抓好粮食生产，十五年如一日扛稳粮食安全重任

松江自古就有"鱼米之乡"的美誉。15年前，根据时任上海市委书记习近平同志调研提出的要求，松江历任党政领导一茬接着一茬干，十五年如一日扛稳粮食生产安全重任，播种面积始终稳定在15万亩，亩产量始终稳居全市前列，成为上海粮食生产主产区、家庭农场发源地。2021年，松江区被农业农村部授予"全国粮食生产先进集体"称号。多年的实践证明，松江区成功走出了一条超大城市保障粮食生产安全的有效路径。

一、严格落实耕地保护制度，实现粮食面积高保障

松江区毫不动摇地坚守耕地保护红线，多措并举巩固粮食生产能力，产量连续11年保持在9万吨左右，实现耕地面积、粮食播种面积、粮食产量"三不减"。

（一）党政同责压得实

松江区坚决扛起粮食安全的政治责任，严格落实粮食安全党政同责，将生产目标分解下达各镇，明确种植面积和品种，建立粮食生产安全台账，确保可查询、可考核。同时，将稳定粮食生产纳入乡村振兴考核指标、编入区"十四五"农业发展规划，以考核指挥棒压实领导责任，形成齐抓共管的工作合力，确保粮食播种面积目标任务责任到位、措施到位、保障到位。

（二）政策导向引得好

为确保粮食安全责任制落到实处，松江区注重制度建设和政策扶持双向发力。

1. 建立适度的土地规模经营制度。松江区按照"依法、自愿、有偿"的原则，鼓励引导土地向家庭农场等新型经营主体集中，实行规模经营。

2. 建立完善的粮食生产扶持政策。在落实家庭农场经营考核的基础上，相继出台

了促进绿色农业发展奖补、加强家庭农场土地流转租赁费管理、农业保险财政补贴、老年农民退地养老保障、家庭农场主社保参保补贴操作办法等近20项政策，有力地促进了粮食生产能力的稳步提升。

3. **建立精准的粮食生产补贴方式**。实施涉农资金统筹整合，将水稻种植直补、农资综合直补等在内的5项补贴整合为粮食生产环境保护补贴，补贴标准较原先增加32元/亩，推进粮食生产补贴由"补过程"向"补结果"转变，补贴的精准性和导向性持续提升。

（三）农民种粮意愿高

松江区坚持以增加种粮农民收入为落脚点，大力培养新型职业农民，健全家庭农场经营模式，让农业经营有效益，让农民成为体面的职业。据统计，2021年，全区粮食生产型家庭农场经营净收入达16万元，粮食+农机+生猪养殖型家庭农场户均收入可达35万元。比如，李春风家庭农场主打粮食生产，承包土地417亩，年收入约55万元；沈万英家庭农场开展多元经营，通过生产稻鸭米、青团、米糕、草莓等，年收入约50万元。家庭农场模式的成功，让松江农民看到了规模化经营带来的增收好处，争当家庭农场主的现象一时风头无二。

二、不断提高粮食生产质量，实现保护、建设高标准

为提升粮食产能，松江区坚持完善农田基础设施，提升耕地质量，改善农业生产条件，努力实现高质量建设、高效率管理、高标准利用，有效保障了粮食生产的绝对安全。

（一）注重加大投入力度

松江区围绕现代农业经营主体培育、支持绿色农业发展、促进产业融合发展等持续加大资金扶持力度，从2018年的0.98亿元提高到2021年的1.45亿元，涉及粮食生产环境保护补贴、家庭农场考核奖励补贴等多种专项奖补资金，为提升粮食生产能力、促进农业增效和农民增收提供了有力保障。

（二）注重建设基础设施

松江区坚持推进农业基础设施建设，保障粮食生产稳定。一是建立3个良种繁育

基地，粮食生产良种覆盖率达100%。二是建成高标准粮田13.5万亩（占全区粮食种植总面积的90%），加大水利灌溉设施、机耕道、耕地整治等投入，健全农田设施设备。三是建成2 800吨日烘干能力的粮食烘干设施、稻米加工厂4家、5 000吨低温储存仓库，粮食储存加工能力得到进一步提升。四是盘活存量建设用地资源，根据生产需要改建为供农机设备停放、安置使用的设施用地。

（三）注重耕地质量保护

松江区积极探索发展种养结合（水稻+生猪）家庭农场模式，畜禽粪污通过发酵还田等形式的资源化利用，实现农业"内循环"，做到用地与养地相结合。目前，全区有种养结合家庭农场91户，占总数的10.8%。为建立耕地保护的长效机制，松江区率先推出全国首个耕地质量保险，通过对"地力水平"两项核心指标（耕作层厚度、土壤有机质含量）进行客观监管和评价，以奖代补推动生产者主动提升地力，并将保险的"逆向赔付"转变为"正向激励"。目前，全区已有462户家庭农场投保，覆盖面积7.6万亩。

（四）注重推广绿色生产

松江区坚持绿色生态可持续发展理念，推行"一茬一养"耕地轮作休耕制度，优化作物茬口布局，大力推广测土配方、增施有机肥，加强耕地质量保护和提升。据测算，2018—2020年，全区耕地亩均化肥使用纯量减少12.4%，水稻每亩减少施药10.35%。同时，松江区积极构建绿色安全评价标准，整建制推进水稻绿色认证，成功创建国家农业绿色发展先行区、全国水稻病虫害绿色防范示范县，农产品绿色食品认证率达47.5%，位居全市第一。

三、加快提升提质增效能力，实现生产经营高水平

作为家庭农场经营模式的发源地，松江坚持扬优势、促提升，培育壮大各类经营主体，持续完善产、加、销等各个环节，全力解决好"谁来种粮""怎样种粮""怎样卖粮"的问题。

（一）创新优化家庭农场模式

松江区自2007年探索建立粮食家庭农场以来，陆续拓展了种养结合家庭农场、机农结合家庭农场、机农互助点等经营服务模式，并在2015年启动"松江大米"全产业链建设。截至2021年底，全区共有各类家庭农场844户，经营面积13.4万亩，

户均面积 158.2 亩。家庭农场的发展，实现了现有生产条件下劳动力与耕地面积的合理配置，有利于良种、栽培和病虫害防治等农业新技术的推广应用，推进了粮食生产的专业化进程。

（二）探索发展稻米产业化联合体

松江区积极培育"松江大米"品牌和地理标志，采取统一供种、统一服务、统一加工的方式实现标准化生产。2021 年，"松江大米"优质水稻品种种植面积达 7 万亩，平均售价 10 元 / 千克，亩产值在 3 300 元左右，比常规稻种植收益翻一番，为粮食生产由"卖稻谷"向"卖大米"转变奠定了基础。为更好带动大米销售，松江区着力打造"优质稻米产业化联合体"，通过销售能力强的龙头企业、合作社带动普通家庭农场抱团闯市场，形成产销联盟，实现"一体化、抱团式"发展，提升大米品质和产品附加值，达到互利共赢。截至 2021 年底，全区共组建了 10 家稻米产业化联合体，签约家庭农场 272 户，营销带动面积 3.4 万亩，联合体内家庭农场每亩增收约 360 元。例如，龙头企业松林公司与 108 户家庭农场建立了利益联结机制，通过提高稻米收购价格，每户家庭农场年收入可增加 3.7 万元。

（三）社会化服务体系日益健全

1. 完善农资服务。扩大农资连锁经营覆盖面，建立 14 家农资超市门店，种子、农药、化肥等生产资料统一配送到户。

2. 开展信息服务。区农业农村和电信部门合作建立农业大数据信息平台，为所有家庭农场主配送手机，及时提供气象、植保、市场、价格等各类信息。

3. 推进机农一体。在发展机农结合型家庭农场的基础上，全区累计配置机农互助点 76 个，作业覆盖全区 14.2 万亩，粮食作物耕、种、收综合机械化水平达 99%。

4. 加强农机服务。完善农机 4S 店综合服务管理系统建设，提升农机专业保养、维修、评估、处置等服务能力。

松江区保障粮食安全生产的做法和成效，是贯彻落实党中央、国务院关于"中国人的饭碗任何时候都要牢牢端在自己手上"的生动实践，扛起了保障粮食安全的"上海担当"，打造了主销区粮食安全的"松江样板"。未来，松江区将继续提升粮食安全生产发展水平，在绿色生产、品牌建设、政策激励等方面加大力度，迈出新的步伐，实现新的飞跃。

7 嘉定区探索开展农村住房"组团式"更新初见成效

嘉定区现有 141 个行政村，其中规划保留保护村 57 个，涉及村民房屋 3.1 万户，70% 的房屋为 1990 年以前翻建，老旧问题较为突出。近年来，嘉定区注重改善和提升农民居住条件，在实施原址翻建、归并平移等农村住房更新方式的同时，创新探索了农民"组团式"规范有序自主翻建房屋的模式。2021 年在马陆镇北管村、安亭镇星明村、徐行镇红星村翻建农房 220 户，2022 年还将翻建农房约 200 户。嘉定区引导农民"自己的事情自己做"，既满足了农民改善居住条件的迫切需求，又解决了农村建筑风貌不协调的问题，是近郊城镇化地区农村房屋规范更新的有益实践。

一、破解难题，探索组团翻建基本范式

嘉定区在推进农村住房更新实践中，为解决老式联排住宅不易翻建、零星翻建带来道路等公共配套设施"拉链式"施工等难题，为整体提升农村村宅面貌、改善宅前屋后环境、优化公共服务配套，创新实行"听民意、旧址翻、争先后、定风貌"的农村住房"组团式"翻建模式。具体来说就是"四个尊重、四个破解"。

听民意是尊重村民自身意愿，由其自行决定是否参加住房组团翻建，赋予村民自主决定权，体现村民当家做主，有效破解归并平移模式村民意愿统一难。

旧址翻是尊重原村宅基建设，通过优化空间布局，集约利用土地，有效破解归并平移模式受限于土地资源管控的选址难。

争先后是尊重主动参与优先，通过给予主动参加村民适当帮助、扶持和奖励，带动、激发其他村民参与积极性和主动性，有效破解个人原址翻建模式推进难。

定风貌是尊重风貌管控规定，实行"房型统一设计、施工统一队伍、房屋统一建设"，严控房屋风貌、施工质量，有效破解个人原址翻建项目风貌难统一、质量难保证和邻里失谐等难题。

二、凸显民本，发挥村民组团主体作用

结合乡村振兴创建工作全覆盖目标，嘉定区在加强顶层设计的基础上，聚焦农房翻建"人、地、钱"三要素，在组团式更新模式中实行"自建、自筹、自治"原则，顺应和激励村民参与乡村振兴的自发、自主性。

1. 整体支持，房屋自建。坚持"村民自主、政府把控"原则，细致做好政策宣传，深入听取村民意见，逐步消除村民在房屋性质、面积、质量及资金方面的顾虑。由政府精心筛选符合条件的设计公司、建设公司，再与村民充分见面，最终由村民遴选确定。建设过程实施村民全过程参与，由村民一同跟踪建设进度、监督建造质量，建成后按照相同面积房屋由村民民主抽签决定房屋分配。

2. 适当奖补，资金自筹。坚持"村民自筹资金为主，政府奖补为辅"原则，按照村民共同确定的房屋建造费标准，明确建房费用，由村民自行筹集资金。各镇、村结合自身实际情况，按照房屋风貌规范、房型结构规范、宅基地调整规范、新房委托管理规范等方面给予翻建农户适当奖励补贴。

3. 党建引领，村宅自治。通过打造"老大人""四个百管""客堂汇"等党建品牌，

努力营造"村事共商、村宅共管、村情共知"的村民议事氛围,最终形成"村域共治、户域自治"的村宅长效管护机制。各试点村村书记和村两委班子在推动自主翻建中积极发挥作用,主动做好政策解读,认真听取村民建议,解决可能碰到的各种困难。

三、整合资源,促进组团更新持续高效

嘉定区通过政策措施,积极牵线搭桥引资引贷,注重乡村资源利用,强化公共配套服务能级,解决组团式更新过程中遇到的问题,建立长久、可持续的工作推进机制,不断提升村民的获得感、幸福感。

1. 推动社会资本积极参与。嘉定区通过镇、村牵线搭桥,引入第三方资本,为村民筹集组团翻建资金提供新途径,同时也盘活农村房屋的余量。例如,徐行镇红星村由村级搭台寻找第三方出资,通过第三方盘活利用新房多余房屋偿还建设费,有效解决了贫困户筹集资金难的问题;马陆镇北管村与上海农商银行嘉定支行合作,设立个性化"家园贷",以低利息、随借随还的方式开展金融支农,大大减轻了村民筹集资金的压力。

2. 推动土地资源集约、节约。嘉定区推进农民自主组团翻建过程中,也坚持集约、节约利用土地的基本导向,尽可能实施宅基地置换、村宅空间调整,使耕地连接成片,

以便规模化经营,有效提高土地利用效率,带动村集体经济和村民增收。如徐行镇红星村组团式翻建项目节地率达到35%。

3.推动配套设施提档升级。组团翻建有利于更好建设"上海市乡村15分钟生活圈示范标杆",加大农村配套设施建设投入,完善村民文化礼堂、社区卫生服务站、党群服务站、一站式便民服务大厅、村史馆、社区餐厅等服务保障,提高"一站式"服务水平,加强休闲文娱设施建设,如标准型篮球场、农家书屋、党建公园等,满足村民群众文娱活动。

嘉定区探索推进农村住房"组团式"更新取得初步成效的实践体会

第一,转变角色,充分释放政府"放、管、服"的改革活力,是做好农民住房更新工作的基础。"放"即允许村民自主翻建,对于翻建房屋的设计公司、建设公司等由政府提供参考,由村民自主遴选确认,给予村民充分的参与权、选择权;"管"即对村民住房更新的风貌设计、用地符合村庄规划等加强管理,做到建设管理安全可控;"服"即帮助村民自筹资金、注重规划提升"组团式"更新翻建区村民的公共配套设施建设和公共服务设施配置。

第二,尊重民意,充分激发党建引领下的自治活力,是做好农民住房更新工作的关键。嘉定区探索"组团式"更新过程中,通过基层党组织的凝聚力,把村民的积极性、主动性带动起来,让村民的迫切需求通过村民自身参与得到实现和满足,让乡村振兴成为村民自己去做、主动要做也能做好的事情。

第三,创新突破,充分发挥各类资源的要素活力,是做好农民住房更新工作的保障。社会资本、银行等金融机构以及专业的运营公司等具备资金、资源等优势,嘉定区通过搭建平台,将市场的资金、资源优势引入支持乡村建设发展的具体项目中,既盘活了村民住宅、农村集体建设用地等乡村发展要素,也拓宽了市场服务社会的渠道,真正让全体村民共享发展成果,走共同富裕之路。

8 金山区创新农业农村保险服务助力乡村振兴

近年来，金山区农业农村委和保险部门紧密协作，在国内率先通过产品创新、模式创新、服务创新、技术创新，推出了40余个农业农村保险险种，有效化解了农业生产和农村生活面临的各种风险，走出了一条超大城市农业农村保险助力乡村振兴的新路子。

一、当好"稳定器"，促进农业高质量发展

金山区立足建立农业生产风险保障体系，将保险业务从支持优质水稻生产、保障蔬菜周年供应、防范畜禽养殖损失等保基础的领域向保特色拓展，成为农业高质量发展的"稳定器"。

1. *创新特色水果保险*。自2021年起，金山区农业和保险部门联合气象局、农技中心，科学设置日照、降雨、温度等定损指标，推出了以"小皇冠"西瓜品质为投保对象的气象指数保险，为全区1 000亩西瓜品质提供保障，对因气象原因导致西瓜品质不高造成的损失予以理赔，消除了农户丰产不丰收的顾虑。同时，近年来还为当地特色水果蟠桃、黄桃创新开发了收入保险，2022年承保面积近4 500亩，涉及农户445户。

2. *注重农地绿色养护*。自2018年起，金山区创新开发了耕地地力指数保险，以三年为周期，由专业机构前后两次对土壤有机质含量和耕层厚度两项地力指标进行检测，视指标变化的"增幅水平"来承担给付赔偿。通过投保，农户对土地保护的意识明显增强，全区承保的5万亩耕地地力显著提升。同时，金山区在国内率先推出绿肥养地保险，利用卫星遥感技术对全区12.75万亩绿肥进行全生育周期监测，既解决了"新冠"疫情期间无法开展实地勘察核查的难题，也借助高科技手段使绿肥测产更加精准高效，提高了财政补贴资金的使用效率。

二、当好"放大器",实现美丽乡村宜业宜居

金山区以保险理赔的确定性对冲农村生产生活可能存在的不确定性,不仅在自然灾害、突发事件中保障了村民和集体的财产权益,还为乡村治理贡献了力量,成为美丽乡村宜业宜居的"放大器"。

1. *助力乡村环境优化*。在创建美丽乡村建设过程中,金山区在枫泾镇新义村、下坊村开发了农村村民建房保险和环境整治费用补偿保险,为205户农户开展农房修缮、宅前屋后环境整治、"小三园"品质提升提供配套金融服务。自2022年起,还创新开发了村容村貌优化提升保险,共带动6镇28个村参保,保费规模达到2940万元。通过保险机制的介入,建立"政府+保险+村民"的以工代振新机制,为村民、施工人员、工程建设项目标的等对象提供全面的风险保障,提高了村民参与人居环境整治的责任意识。

2. *参与乡村综合治理*。金山区以村委会为单位设计乡村综合治理保险方案,将医疗救助、火灾事故、食品安全、见义勇为、动物袭击、无过错责任、人身意外伤害、集体资产损失等一揽子风险事项进行打包兜底,为村委会减少了额外的财政负担,及时化解了社会矛盾。2020年以来,全区每年有50余个村投保,年均保额超过6亿元。

近期，金山区正在积极开发乡村振兴示范村管护兴农综合保险，以期探索出一条可实现示范村创后建设项目及设施长效运营的道路。

三、当好"助推器"，为农民增收注入动力

金山区以保险为支点，撬动信贷、期货等金融形态，形成"保险+收入"的综合服务机制，发挥了收入调节再分配的作用，成为农民增收获得持久动力的"助推器"。

1. *托底农产品销售价格*。金山区对多种农产品提供价格保险，当实际平均销售价格低于保险目标价格时，按照约定进行赔偿，从而帮助金山区农户实现农产品销售优质优价。如完成上海首单生猪"保险+期货"承保及全国首单生猪"保险+期货"理赔服务，为生猪养殖企业额外提供了3 600万元的市场风险保障。同时，金山区从2020年起开发了有机水稻收入保险，为全区3 800亩有机水稻提供亩均保额为2 400元的产量损失和价格损失风险保障。2021年又推出了有机稻米价格保险，引导有机水稻种植户从"卖稻谷向卖稻米"转变，累计承保面积3 554亩。

2. *纾困生活困难农户*。为解决本地生活困难农户实际需求，金山区打造了全市首个农村综合帮扶公共管理平台，定制了全市首个集"物价补贴、重疾、医疗、意外、财产"五位一体的农村综合帮扶保障计划，总保额达23亿元。自2020年起，针对低收入农户一日三餐的刚性支出，创新开发了"菜篮子"物价指数保险，根据全市每月公布的"粮油菜肉禽蛋价格指数"的涨幅来计算赔偿金额，每位农户获得的物价补贴由2020年的562元提高到2021年的818元。为减少"新冠"疫情对低收入农户造成的影响，2022年还创新设计了托底保障救助机制，每人增加900元保险救助。

9 松江区农业绿色发展指数位列全国第一

日前，中国农业科学院和中国农业绿色发展研究会联合发布《中国农业绿色发展报告2021》，多角度、全方位反映2020—2021年我国农业绿色发展总体水平。报告披露，在全国农业绿色发展先行区创建中，本市松江区农业绿色发展指数总得分88.24分，位列全国第一。近年来，松江区促进农业绿色发展的主要做法如下。

一、坚持绿色理念打"底色"

作为鱼米之乡，松江区始终认真贯彻落实习近平总书记"绿水青山就是金山银山"的发展理念，聚焦浦南绿色发展实践区建设，以增加绿色农产品供应为重点，积极打造绿色发展先行先试示范引领区域，十五年如一日抓好粮食生产，受到中央农办、农业农村部高度肯定。2019年，松江区成功入选第二批国家农业绿色发展先行区创建名单。三年来，农业绿色发展先行先试支撑体系不断完善，20个长期固定观测点、4个先行先试试验项目如期完成，为全区农业绿色发展提供了重要支撑，走出了一条以绿色高效促进农业高质量发展的新路子。

二、营造绿色环境提"成色"

松江区坚持"软件""硬件"两手抓，以良好环境推动绿色农业可持续发展。

1. 首创耕地地力保险模式。2018年松江区率先推出全国首个耕地地力指数保险，通过政府以奖代补引导推动，保险公司提供保险服务，生产者主动提升地力，形成自上而下保护耕地、提升地力的新态势。目前，全区已有418户家庭农场投保，覆盖面积7万亩，耕地保护长效机制更加完善。

2. 完善环境保护补贴政策。优化《松江区粮食生产保护补贴考核办法》，将水稻种植直补、农资综合直补等在内的5项补贴整合为粮食生产环境保护补贴，补贴标准较原先增加 32 元/亩，进一步推进粮食生产补贴由"补过程"向"补结果"转变，促进绿色农业提质增效。

3. **全面推行减量化投入。** 坚持化肥、农药减量增效，大力推广有机肥、测土配方肥，支持发展高效缓释肥，以提高肥料利用效率。2018—2021 年，松江区耕地亩均化肥使用纯量减少 12.8%，主要作物——水稻亩均减少施药 12.62%，为打造绿色农产品品牌打下品质基础。

4. **全面实施资源化循环。** 持续推动畜禽粪污和秸秆资源化利用，全区 15 万亩水稻实现全量还田，农药包装废弃物回收率 100%，规模化畜禽养殖场粪污资源化利用率 100%。蔬菜园艺场废弃物实行内部处理，化"废"为"肥"，累计建成 8 个蔬菜废弃物处理综合利用点。2020 年被遴选为全国 12 个畜禽粪肥还田试点县之一。

三、创新绿色技术育"特色"

在建设国家农业绿色发展先行区过程中，松江区积极探索创新多项农业绿色发展模式，努力打造"松江样板"。

1. **推行种养结合家庭农场模式。** 松江区"猪粮型"种养结合家庭农场模式通过生猪"代养"和粮食"代种"，实现从卖生猪向卖猪肉、从卖稻谷向卖大米的转变，水稻亩产比全区平均水平增加 12%、化肥减量 30%。

2. **推广粮食绿色防控应用技术模式。**建立主要农作物贯穿全生育期的绿色防控技术体系，综合应用栽培技术、生态控制、生物防治、物化诱控、科学用药等措施，加强病虫预警监测，提高预测预报的准确率和精度。2020 年，松江区荣获第二批全国农作物病虫害"绿色防控示范县"。

3. **实行黄浦江大闸蟹生态养殖"松江模式"。**通过运用微生态生物制剂打造生态平衡的蟹塘水质，并建立绿色生态仿湿地池塘水处理系统，有效预防河蟹病害发生，河蟹品质显著提高。黄浦江大闸蟹连续多年荣获"王宝和杯"金蟹奖。

四、培育绿色产品增"亮色"

按照以人民为中心的工作理念，松江区以双绿产业为着力点，不断丰富广大市民的"菜篮子"。

1. **持续增加绿色农产品供给。**"十三五"期间，绿色食品认证率从 1.6% 提升到 47.48%，认证率自 2020 年起连续三年位列全市第一。围绕稻米和生猪两条全产业链，对松江大米和松林猪肉等优质农产品实行"应绿尽绿"。目前，稻米类通过绿色认证的面积占 90% 左右，松林猪肉为上海市唯一绿色认证的猪肉产品。

2. **大力推进农产品绿色基地创建。**编制《松江区农产品绿色生产基地创建工作实施方案（2021—2025 年）》，明确至 2025 年全区主要农产品绿色生产基地覆盖率达到 60% 的目标。目前，种植业绿色基地已超额完成目标，覆盖率达到 82%；养殖业农产品绿色生产基地建设也在有序推进中。

10 嘉定区首期建设1600亩无人农场，为农业现代化探出新路

嘉定区自2020年在全市率先启动"数字无人农场产业片区"建设以来，运用物联网、云计算、大数据和人工智能技术，形成了首期1600亩规模的全程无人化作业示范区，实现了耕、种、管、收各环节的无人化作业，亩产568千克，有效探索了农业现代化的实现路径。据了解，2022年全市无人农场建设已近万亩。我国农机专家、中国工程院院士罗锡文对此予以充分肯定，认为嘉定等区的探索为上海乃至全国现代农业发展起到了很好的示范作用。

一、基本特点

（一）标准农田全改造

嘉定区依托外冈镇市级土地整治项目和高水平粮田建设项目，建成田块整齐、土地平整、连片成方的1.7万亩高水平粮田，为规模化、机械化、无人化生产打下坚实的"硬"基础。

（二）作业过程全智能

通过利用北斗定位和导航系统，对现有存量的拖拉机、插秧机、穴播机、自走式喷杆喷雾机、联合收割机进行无人化改造，实现全自动的无人化作业功能。

（三）平台管理全流程

搭建起包括农业大数据平台、无人农场、智能物联、遥感监测、养分分布、生产管理、水层管理等多个模块的数字化综合平台。同时，可根据需求调整功能模块，也可接入其他现有平台数据，逐步形成整合综合性数据平台。

二、主要做法

（一）形成跨部门协同机制

在机制组织保障方面，嘉定区以"区负总责、部门主抓、镇级实施"为原则，建立区领导牵头、区农业农村委主抓、外冈镇具体落实的工作机制。围绕片区建设目标和工作重点，明确工作职责，统筹行政和技术力量，实现了农业技术、农业管理、生产运用、信息公司和科研单位协同推进的工作格局。在日常工作中，区、镇两级均将片区建设纳入重点推进业务范畴，落实专人负责跟踪进度。

（二）制订相关奖励补贴政策

市、区两级在前期探索的基础上，调研制订了粮食生产无人农场建设奖励补贴实施办法，明确了奖补对象、资金来源、奖补内容、奖补标准和工作流程等，为加快推进粮食生产无人农场建设和促进粮食生产数字化、智能化、无人化发展提供了政策保障。

（三）推动无人作业技术迭代

应用北斗精准农业装备及信息化技术，通过对现有农业机械在换向、换挡控制、避障功能、遥控功能、电控功能等方面进行改造升级，实现无人化作业"闭环"。

三、建设成效

（一）从"方向盘"到"键盘"，实现生产方式的再变革

无人农场的建设进一步改变了传统农机作业质量对驾驶员驾驶技术的依赖性，将粗放型的农业生产方式向标准化的工业化生产方式转变，整个农业生产过程只需要操作"键盘"就可以实现"坐在办公室种田"。

（二）从"有人"到"无人"，解决农业生产力短缺桎梏

据调查，在相同作业条件下，机插秧、植保和收割3个环节中，无人驾驶较人工驾驶每个环节可以节约1个人工，用工平均成本可以从39.3元/亩降至18.5元/亩，平均成本大幅降低。

（三）从"经验"到"标准"，为打造"上海样板"提供技术支撑

嘉定区制订了全国首个"无人农场"区级标准化指导性技术文件《水稻生产无人农场建设技术规范》，于2022年11月由嘉定区人民政府批准后发布。该标准规定了水稻生产无人农场建设的总体要求，以及场地建设、农机配置、水稻生产、智慧管理平台和工作人员等技术要求，为"无人农场"未来规模化推广应用提供技术支撑。

今后，嘉定区将重点突破智能农机关键技术，加快推进无人农场建设，切实提高农业生产率、资源利用率、土地产出率，实现"耕牛退休、铁牛下田、农民进城、专家种地"的现代农业新图景。日前，嘉定区已确定了未来发展目标：一是进一步扩大无人农场示范应用面积，力争至2023年底形成4 000亩全程无人化作业示范，至2025年完成万亩规模建设。二是到2025年完成足够数量农机的改造升级，同步突破解决部分环节作业上的技术难题，逐步实现不同类别无人作业机具间的协同作业。三是出台数字化无人农场市级标准，争取将"嘉定经验"升级为市级地方标准，为数字化无人农场提供可复制的"上海样板"。

新闻报道篇

XINWEN
BAODAOPIAN

上海国际大都市
城乡融合发展的探索与实践

1 上海乡村振兴勾勒独具魅力画卷

来源◎解放日报

上海乡村打好"民生牌",2021年实现农业总产值257.21亿元,科技进步贡献率达80.1%。到2021年底已建设13.3万户美丽庭院,无害化卫生户厕实现全覆盖,农村生活污水处理率达到88%,95%行政村实现生活垃圾分类。2013—2021年上海市农村集体总资产由3800多亿元增加到6600多亿元,增幅近73%。

在"金融""创新""科技"成为热点的超大型城市,上海4000多平方千米的乡村似乎处于"角落"。不过,踏上沪郊大地,你就会真切地感受到,这里的产业变革正以不可阻挡之势向前。近年来,上海乡村打好"民生牌",2021年实现农业总产值257.21亿元,科技进步贡献率达80.1%。到2022年底,上海将建设完成90个以上乡村振兴示范村、200个以上美丽乡村示范村。

作为大都市里的稀缺资源,乡村已经不仅仅承担农产品供应,而是发挥多元功能复合,逐渐成为城市核心功能的承载地、提升城市能级和核心竞争力的战略空间。"我们将按照市委、市政府的总体部署,推进美丽家园、绿色田园、幸福乐园建设,发挥乡村的经济价值、生态价值、美学价值,走出一条符合超大城市特点的乡村振兴之路。"市农业农村委党组书记、主任冯志勇表示。

"农业+"提升经济价值

2022年3月,突如其来的疫情将农业生产者一下推到台前。他们承担起保供重任,昼夜不停打通生产、物流、售后全流程。通过社区团购这一方式,与居民们形成紧密的连接。打好"民生牌",保障地产农产品供应,始终是农业的重心所在。相比其他农业大省,上海虽然耕地面积有限,但基于超大城市科技、人才等优势,仍然大有可为。近年来,上海优化调整产业结构,推进建设13个绿色田园先行片区,以及一批现代化农业生产基地。

崇明由由中荷现代农业创新园就是典型案例。作为世界级"植物工厂",它采用全球先进的种植技术,不仅能抵御气候变化、稳定生产,还能精确控制农产品生长的每个过程。整个项目年产量超过 7 000 吨,平均每天可为上海市民提供三四十吨高品质绿色果蔬。在产业升级的过程中,为了进一步提高乡村与农民的获得感,郊区各出奇招,探索可推广的创新路子。

闵行区开启镇、村两级集体经济组织产权制度改革探索,并在全市迅速推广。2013 到 2021 年间,上海市农村集体总资产由 3 800 多亿元增加到 6 600 多亿元,增幅近 73%。

浦东新区探索"一村一企一联合体"新模式,覆盖 72 个保留村,共组建农业产业化联合体 15 家,稳定了产供销,有效解决农民卖菜难。参加产业化联合体的农户年收入达到 6 万元左右。

乡村人的根在土地,却不能把他们束缚在地头。更多的经济活力,来自"农业+"潜力的持续释放。一方面,上海通过产业延伸带动增值增效,形成农业全产业链发展模式。地产大米从"卖稻谷"向"卖大米"转变,继而向产业化、品牌化发展,目前已有近 40% 的地产稻谷实现了加工转换。优势特色产业集群、产地仓储保鲜冷链设

施等项目建设，带动农业主体提升产加销全过程水平，助力蔬果等地产农产品实现全产业链要素有效衔接。另一方面，上海乡村作为新时期二三产业创新发展的摇篮，正引进社会资本，盘活集体资产，培育起文化、电商、办公、康养等乡村新产业、新业态。

华为公司在青浦区金泽镇投资100亿元建设研发中心，打造"中国硅谷"。建成之后将导入3万余名科研人才，年产值预计达100亿元，并形成长三角示范区重要的创新产业集群；火热的民宿经济之下，涌现出浦东新区"宿予"、崇明区"顾伯伯"、金山区"青檐"版画民宿等乡村民宿品牌，市民休闲度假有了好去处。这些探索，既盘活农村宅基地等存量资源，也吸引本地人回乡创业，缓解乡村空心化问题。随着乡村向着多元复合功能转变，生活在这片土地上的人也得到了实实在在的好处。最直观的表现就是收入，数据显示，2012到2021年间，上海农村人均可支配收入从17 401元增至38 521元。

"绿色+"彰显生态价值

今年的中国农民丰收节上海主会场，放在了奉贤区庄行镇浦秀村。这里曾是村民眼里又"破"又"锈"的地方，如今不仅田成块、林成网、水成系、路成环、宅成景，还建成了"青春里"泛家庭式养老社区。"老了就要图个热闹，在家门口就能养老，多好啊！"村里的老人说。生态宜居，是乡村振兴的支撑点。上海各涉农区推进农村地区面貌整体提升，到2021年底已建设了13.3万户美丽庭院，无害化卫生户厕实现全覆盖，农村生活污水处理率达到88%，95%行政村实现生活垃圾分类达标。

村容村貌的提升直观可感，更为"隐蔽"的变化也在发生。近年来，上海加快调整农业结构，扩大绿肥播种，通过绿色科学手段实现农药和化肥的"双减"。比如，崇明区持续推广稻鱼共生、虾稻鳖共生、稻虾轮作等稻田立体种养模式，示范面积已达2 400亩，既能给水稻增加有机肥，也起到生物除虫的效果。农业废弃物利用也颇受重视。目前，上海农作物秸秆综合利用率达到98%，农药包装废弃物基本全部回收，农膜回收率达到96%。在这些措施共同发力下，上海地产农产品绿色食品认证率达到30%，走在全国前列。

道路敞亮了，河水清澈了，乡村已不只是人类的乐园，也是各类动植物繁衍生息的天然场所。农田本身就具备生态价值，发挥着调节气候、净化空气的作用。水稻是上海的主粮作物，稻田系统也是重要的湿地和城市生态屏障。

基于此，上海还积极构建生态空间。从 2012 年开始，启动以郊野公园为重点的大型游憩空间和生态环境建设，迄今已经建成开放 8 处，营造出一处处亲近自然、放飞自我的"归园田居"。在维系生物多样性方面，以长江大保护为重要抓手，全力实施"十年禁渔"；重视对本土动植物的保护，重新出现的貉等野生动物成为种群自然恢复的典型等。

良好的乡村生态，反过来为经济"加分"。焕然一新的浦秀村，近年来大力发展总部经济，创新试点"三园一总部"，打造生态商务庭院办公群落。凭借实用又新颖的功能设计以及有力的招商，成功吸引一批企业入驻，除了租金，每年还反哺村集体数十万元。

"融合+"点亮美学价值

青浦章堰村乡村振兴项目建设正如火如荼，整个村落核心区已具雏形。

这个拥有千年历史文脉的村落，以"生长、生存、新生"为理念，对古宅、古桥等进行修缮翻新，打造 128 亩项目核心区，融合滨水街区、咖啡书店、时尚餐厅、特色民俗等业态，再现"金章堰"繁华景象。上海乡村承载着人们的乡愁，蕴含着长久积淀的文化与美学价值。在乡村振兴的新时代，如何让乡村"美起来"？多方参与的美学探索，正在沪郊大地多点开花。

涉农区通过赋能传统产业以及植入现代产业，让美丽风景变成美丽经济。宝山区罗泾镇塘湾村引入母婴产业，将闲置住房出租给企业后，每户年收益在 8 万至 10 万元，有人还开起了农家乐、民宿和园艺社等。村里的发展，一并带动了周边的海星村、花红村、新陆村、洋桥村，五村结合各自产业优势形成联动。

金山将百里花园、百里果园、百里菜园作为发展方向。在吕巷水果公园内，金山特色农产品玉露蟠桃、施泉葡萄、敏蓝蓝莓、板扎猕猴桃等水果给市民提供多样选择。每年春季，树上盛开的桃花与田里的油菜花交相辉映，丰富了市民的赏花体验。

还有一股意料之外的力量，也来到上海乡村。越来越多的艺术家，去往偏远的郊区寻找艺术灵感。他们在当地成立工作室，激活了老旧甚至无用的乡村空间，用创意与灵感为原本沉寂的区域注入活力。青浦区林家村以"稻田林家，艺术乡村"为主题，吸引"丁一鸣绘画艺术工作室""路上有马工作室"等一批艺术家工作室纷纷入驻，打造"与世界对话的艺术乡村"。

在长期的探索之下，上海乡村已经总结出这样的经验：美学，并非是凭空打造，而是需要"先入为主"的规划，让其自然地落地生根。令人期待的是，基于这样的共识，上海正在推行乡村规划师制度。2021 年 7 月，第一支 42 人志愿者团队正式组建，为各地行政村的规划编制等流程提供专业指导与技术服务。

这些"脚下沾着土、鞋上带着泥"的设计师，将与原住民、建设者、管理者一道，推动当地经济价值、生态价值、美学价值叠加交融，勾勒出一幅具有超大城市独特魅力的乡村振兴画卷。

2022-10-12

2 "三个百里"幸福农村跃然画卷

来源◎解放日报

"今天,我带来了一幅金山农民画,生动反映上海金山区'三农'工作发生的可喜变化!"在2022年10月17日二十大上海代表团分组讨论会场上,金山区委书记刘健代表展示了专门从金山带到北京的一幅金山农民画——《金山"三个百里"图》。

画作上,百里花园花团锦簇,争奇斗艳;百里果园鲜果满园,硕果盈枝;百里菜园翠绿欲滴,郁郁葱葱;村民们在农民集中居住点惬意地交谈、健身、跳广场舞,新时代农村居民蒸蒸日上的幸福生活跃然画上,让与会者眼前一亮,也引发代表热议。

"当年习近平同志来金山调研,在参观农民画工作室后,与农民画家严军杰亲切交谈。二十大召开前夕,严军杰满怀激情地创作出这幅《金山"三个百里"图》,并委托我带到会场。"据刘健介绍,2007年6月12日,时任中共上海市委书记的习近平

同志在金山区调研时提出,"金山要建设百里花园、百里果园、百里菜园,成为上海的后花园",这一指示为金山发展指明了方向。

刘健表示,15年来,金山区持续提升农业的经济功能、生态功能和服务功能,深入实施乡村振兴战略,"三农"工作迈上了新台阶。金山区先后获得了国家现代农业产业园、国家农村一二三产业融合发展试点示范区和先导区、国家农业科技园区、全国休闲农业重点县等国家级荣誉,成功创建了市级乡村振兴示范村9个、美丽乡村示范村20个,农村常住居民人均可支配收入5年年均增长8.6%。

"这些真真切切的变化,让干部群众感触很深,大家都非常想念总书记"。

刘健说,金山将着力破解城乡发展不平衡问题。把促进农民增收作为实施乡村振兴战略、推动共同富裕的重中之重,更加注重彰显乡村的经济价值、生态价值、美学价值,充分释放"接二连三"的产业融合乘数效应,为农民富裕富足奠定更为坚实的产业基础,不断增加金山农民的获得感、幸福感、安全感。

"未来五年,是全面建设社会主义现代化国家开局起步的关键时期。我们将深入学习贯彻落实党的二十大精神,努力推动金山转型发展塑造新形象,为上海生动演绎中国式现代化的内涵和特征、加快建设具有世界影响力的社会主义现代化国际大都市作出新的贡献。"

2022-10-18

3 一粒米背后的"碳中和"经济

来源◎解放日报

绿色低碳，是这两年各行各业的热词和发展方向。

与工业、能源和交通等领域相比，农业显得有些特别。它的减排固碳措施成本相对较低，见效快，且农林碳汇有助于抵消碳排放，实现碳中和。在业内专家看来，通过合理的减排固碳措施，农业生产有望达成负碳目标。

实现这样的奇迹，不妨从一粒米说起。

从各个环节减量

在崇明区港沿镇的齐茂粮食专业合作社，数千亩水稻田里正茂盛地生长着绿油油的蚕豆。它们要发挥的不是经济效益，而是生态价值——充当绿肥。

"这样做，既能调减化肥的使用，减少面源污染，也培肥了地力，提高土壤有机质含量。等到之后水稻种下，可以促进后茬稻米品质提升。"合作社负责人宋家坤说。

控制化肥的使用量，是发展绿色低碳农业的一大重点。近年来，在政府部门的支持和推广下，通过冬作绿肥种植、有机肥施用等方法，有效减少了化肥的使用。据市农业农村委数据，上海化肥施用总量从 2015 年的 10.86 万吨降至 2020 年的 6.89 万吨。

能做的还不止于此。弄清农业各领域的温室气体排放原理，才能有的放矢加以应对。

以国内种植业为例，水稻田排放的气体以甲烷为主，这是由于稻田长期淹水形成厌氧环境，导致秸秆及植物根系分泌的有机物转化成甲烷排放出来。另外，化肥施用到旱作农田后，经微生物反应产生另一种温室气体氧化亚氮。一般每公顷田地施用的氢素，约有 1% 转化成氧化亚氮排放出来。

"甲烷和氧化亚氮的排放量看似不大，但是单位气体产生的温室效应分别是二氧化碳的 28 倍和 265 倍，影响不容小觑。"上海市农科院气候变化与绿色生产研究室主任周胜告诉记者。

为了减少温室气体排放，从种子、育苗、生长管理到采收的各个阶段，都有文章可做。

以种子为例，上海市农科院等主体基于种质资源，研发出具备减碳优势的新品种。比如，罗利军团队研发出节水抗旱稻，并配套绿色栽培技术体系，可节水50%。当灌溉水量减少，就意味着甲烷排放也会相应减少；齐茂粮食专业合作社已种植的"沪早香软1212"，用肥量较常规减少15%至20%，也会相应地降低氧化亚氮的排放。

在水稻生长过程中，齐茂粮食专业合作社采用机械化种植和配套栽培技术，用无人机给水稻平衡施肥。"人工施肥容易出现用量把控不佳、播撒不均，或者效率不高错过最佳用肥时间等问题，机械化手段有助于实现化肥农药的合理使用和效用发挥。"宋家坤说。

标准化是一大核心

十年前，周胜团队开始了一项关于水稻低碳生产的研究，他们要解答的主要问题是：每公顷水稻田里，究竟采用什么样的种植方式，可以达到水稻低碳、零碳甚至是负碳生产的目的。

为此，团队在基地设置了水稻试验田，通过对比施肥水平、肥料种类、轮作制度以及灌溉水量等控制变量，长期跟踪监测水稻产量、温室气体排放量以及土壤碳汇能力，最终在不影响产量的前提下，形成稻田生态系统固碳减排技术体系。与此同时，他们还开展碳汇能力更强的生物质炭肥料研发，生成更多的实验对照组。

"在农民传统的印象里，认为多施肥就会长得好。实际上，每种作物都有合适的施肥范围，即使施用过量的肥料，作物的吸收量也有限。"周胜又以近几年大力推广的秸秆还田为例，这一措施一定程度上可增加土壤的有机质。但如果还田时机不当，增加的温室气体排放量反而会大于土壤碳汇量。

关键是，如何明确种植的各项标准。这就触及低碳农业的核心——建立并制定农业碳减排技术标准与评价体系。在业内人士看来，目前农业领域很多数据都是通过比较粗放的排放因子计算出来的，缺乏精细化的评估，需要进一步完善。

位于崇明区的东禾九谷开心农场也在做一些相关试验。他们计划在保证产量的情况下，减少秧苗的使用数量，从而将种子的使用量降下来。目标数值是降低到目前普

通生产方式的 30%。

为了实现这个目标，就必须在育秧、插秧、除草各个环节下功夫。"今年我们引进了全套价格不菲的育秧设备，配置了种子温汤消毒系统。"东禾九谷董事长杜军旗告诉记者，在没有这套系统之前，种子发芽前需要用药水或石灰水浸泡 24 小时进行消毒。新设备的投用，可提高种子活性和出苗率，避免这一环节农药的使用，减少农业面源污染。

"我们的理念是，让种植目标回归农业生产的初心，也就是产出土地能产出的量。"在杜军旗看来，实现生态农业并不容易，需要在水稻产业链条的各个环节，实现生产理念从种植稻谷向生产大米的转变，同时达成绿色环保目标。

当然，不容忽视的一点是，低碳技术的应用会涉及资金的投入。对于并不挣钱的一产种植来说，如何调动积极性是一大难点。

"上海作为全国碳排放权统一交易平台所在地，可以尝试通过市场化的机制，争取率先实现基于农业领域碳减排和碳汇的核定与交易，创造出更多的社会与经济价值。"针对经济实力有限的小型企业或农户，周胜认为，可以设定一些灵活普惠的机制，比如说采用低碳生产方式可获得碳积分，凭借碳积分可换取实用的日用品。

以绿色低碳为驱动

在东禾九谷开心农场,不仅有讲述稻米文化的展馆、现代化的大米工厂和育秧基地,也有种植蔬菜水稻的田地、环境优雅的乡村酒店,并且,今年还将建成高标准的稻谷烘干和冷链仓储中心。它已经不单单是种植农场,也是集加工、休闲、见学和体验为一体的多功能场所。

"一开始,我们以高品种水稻种植为主,后来发展出民宿,随后水到渠成升级为主打稻米文化的主题乡村酒店。"杜军旗将大米视作与消费者之间的绝佳媒介,"很难想象,有其他产品可以和大米一样,如此紧密地和客户产生联系。"

经济效益也很明显。农场总产值从2020年的500万元增至2021年的1 000万元。杜军旗今年的目标是将产值再翻一番,达到2 000万元。

绿色低碳,不单单是发展目标,而且可以驱动实现更大的经济价值。

在日本,这几年已有企业推出低碳产品。生产理念是在农田里使用生物质炭,通过增加土壤碳汇措施达到农产品生态品牌化目的。按照一定标准生产出来后,产品贴上由京都碳运营委员会制定的低碳标签。同时,生产过程的固碳量还可作为碳信用,到碳交易市场上进行交易。

周胜团队正尝试与企业合作推出低碳产品。"这相当于绿色食品的升级版。绿色食品主要是以食品质量为第一考虑,低碳产品则是将环境效益一并纳入。"周胜希望,通过消费者末端的选择来推动前端的低碳生产方式。

此前,团队曾做过一项调查,了解市民对低碳农产品价格的接受度。结果显示,有92%的受访居民有购买,低碳农产品的意愿,低碳农产品价格上涨幅度在6%以内,消费者可以接受。一旦超过这个数值,接受度就小很多。"价格是一方面,低碳产品还具有其他潜力,比如说今后碳汇进入交易系统的可能性以及对于企业品牌度提升的隐形效益。"

在业内人士看来,低碳农业需要推广相应技术、开展市场化探索、配套扶持政策等层面协同推进。虽然上海的农业面积小,产量也有限。但如果在生产技术以及理念上领先,就能进一步发挥作为国际大都市的影响力和价值。

2022-02-27

4 田间地头来了一批乡村"新人"，带活乡村产业

来源◎解放日报

在国家大力实施乡村振兴战略的背景下，有一些乡村外来者，参与到了乡村的发展进程中。他们或是集多项才能于一身的农业经理人，或是"脚底踩泥，眼里有光"的规划师，或是寻找宁静栖息之所开展新实验的艺术家。在广阔天地里，这些乡村新人发挥自己的专长与力量，带动产业活起来，助力现代农业发展。

农业经理人——低头种地，抬头观市

农业经理人，一个在2019年由人社部发布的新职业，在很多人听来甚感陌生。伴随着现代农业向集约化、专业化、组织化的发展进程，新出现的这一群体既要懂得

科学种植技术，也要善于经营与管理，助力现代农业发展。自2019年开始，市农业农村委启动农业经理人培养项目，截至目前，已有来自9个涉农区的260余名学员参与。上海太来果蔬专业合作社理事长王印是其中一位。

走在太来合作社的田头，只见460亩大棚里种着一垄垄绿叶菜，目前有大叶蓬蒿和广东菜心两个品种。棚里安装了监测设备，可实时监控土壤情况及棚内温湿度，确保蔬菜长势良好。田间道路有专人定时打扫，干净整洁。时间推回到2017年，退役军人王印刚来到这里时，田间地头是另一番混乱的景象。彼时，太来合作社仅承担田地转包职能，并不参与农产品的销售和服务环节。农户根据自身意愿选择蔬菜品种，田头无人管理，环境脏乱不说，还有人在棚内搭起窝棚，冬天烧煤炭取暖，带来一定安全隐患。

"这样的情况，是生产方式决定的。"王印从部队复员后，曾在上海农产品批发市场从事了10年的管理工作。久而久之，生出了自己经营农业的想法。在他看来，散户种植蔬菜缺乏规模，难以形成品牌效应和稳定的渠道。"农户凌晨两三点就要去批发市场卖菜，没有足够的精力放在生产上，而且卖菜挣得不算多，有时甚至亏本。"如何将农户解放出来，回归田头？担任太来合作社理事长后，王印决定借鉴国外先进的种植管理经验，走种植规模化、蔬菜品牌化的路子。于是，合作社一改混杂的蔬菜

品种，基于对市场需求的了解，提出田头就种3样菜，即大叶蓬蒿、青米苋和广东菜心。

起初，农户对这一做法不理解。"都种了好多年了，换品种，万一卖不好怎么办？"已经习惯一亩三分地种植模式的农户，提出种种质疑。为了打消他们的顾虑，合作社提供了两种选择，一种是保底价收购，另一种是农户找其他渠道销售，没有卖出去的部分由合作社兜底。另外，农民也可选择在田头当工人，假如一年的收成低于工资，合作社将补上差价。这让不少人吃了定心丸，菜田里慢慢种上了绿叶菜。变化显而易见。由于不用再操心销售，农户专注于田头。通常，一对夫妻种植五六个品种的蔬菜，最多顾上3～5亩地，现在种植单一品种，可承担不低于12亩的面积。当单个品种形成规模后，合作社也有了对接大客户的底气，逐步增强议价能力。

"我们的眼睛不能光盯着种植，而是要将产业延伸至农产品加工，以及农产品市场服务业上，也就是'三产融合'，以此提高农产品附加值。"王印研究了日本的农业产值构成，发现只有20%来自农业种植，剩下的大部分都来自产业链其他环节。第一产业种出农产品，第二产业进行加工，再与第三产业的服务对接，通过延伸产业链，就能形成"1+2+3=6"或"1×2×3=6"的效应，让1份农业产值实现数倍增长。这正是上海农业的努力方向之一，也是农业经理人要思考的课题。依托农业用地的配套用房，太来合作社建起约700平方米的净菜车间，带动约30个当地新增就业岗位，同时与周边11家合作社开展合作，放大辐射效应，带动更多农户的蔬菜销售。从收益来看，将毛菜分拣做成小包装后，毛利润能达35%左右，又或者做混合蔬菜，保质期拉长，毛利润可提高到50%至60%。

作为一名农业经理人，王印认为乡村产业振兴还是要回归农业本身，不仅要低头种地，也要抬头看市场，根据市场趋势和消费风向及时调整布局。"我们正启动预制品加工项目，收购了一家位于小昆山的工厂。在那里，菜品完成加工程序，送到客户手中加热即可食用。目前，已有企业向我们抛出数百万元的单子。"

乡村规划师——改善风貌，调整产业

宝山沈杨村是上海"钢管之乡"。这里出产的钢管足以满足盖房子的各种需求，也为村庄带来丰厚收入。这两年，村子大刀阔斧调整产业，钢管企业走了，一群专家来了，蹲守3个月后，沈杨村通过验收，成为上海外环线内唯一的乡村振兴示范村。

2021年7月，上海启动乡村责任规划师制度，向农村输出一批"脚底踩泥、眼里有光"的乡村规划师。沈杨村是他们"造梦"的空间之一。

"农村为什么要规划？我觉得现在这样挺好。"在沈杨村第一次召开乡村设计村民大会时，一位村民抛出疑问。沈杨村紧邻顾村公园和上海大学，周边配套完善，一条外环绿廊贯穿村落，每年花期还能带来庞大人流。和上海许多偏僻村落比起来，沈杨村的发展优势突出。

为了让村子更好看，村干部聘请设计公司沿街竖起艺术围墙，却让村民十分不满，直言"堵得慌"。围墙想要遮住的是凋敝的厂房、闲置的荒地、杂乱的违建，这恰恰暴露了沈杨村深层发展难题。转型迫在眉睫。当收到沈杨村的邀请，在区域规划上颇有经验的上海同济城市规划设计研究院城市设计研究院副院长江浩波犹豫了："我想了整整一周，到底要不要做乡村规划。"

这样的担心不无道理。乡村不能推平重建，事多量大，规划落地难；乡村规划评价体系不如城市规划清晰，规划思路难；乡村不是城区，土地是集体资产，要动一砖一瓦得要和村民商量，村民沟通难；乡村规划资金渠道少，投入产出不成正比，规划可持续难。更何况，整个改造只有3个月时间。

不过，村干部们的决心还是打动了规划师。2021年4月，江浩波带领团队进村。为了打破村民心里的藩篱，团队采用"陪伴式乡建"，全施工周期里驻地指导。团队驻村的第一件事就是拆墙。实地走访时，团队成员发现这些围墙占用了部分道路，一路蔓延到桥头，阻挡了原本美丽的河道景观。而在围墙背后的"灰色空间"，成了村民租户洗衣晾晒和藏污纳垢的地方。拆墙后，"灰色空间"被打开，规划师团队把它们重新利用，结合村里的花卉产业，撒上花种，改造为"花博乐园"；沿河步道重新设计，改造为滨河绿带，与外环绿道串联；拆除的围墙红砖，改造成座椅，供村民休憩。

"不驻村，不了解村民需求，规划设计就很难落地。"沈杨村水系发达，同济城规院主创规划师陈超想把沿河荒地改为亲水平台，让村民们有散步的地方。这个方案获得村民认可，但在施工过程中却遭到一户村民反对。原来，亲水平台出入口正对这户人家的大门，该户村民觉得受影响。得知村民需求，陈超赶到现场一番查看，就地调整方案，将出入口向旁边移动两三米，难题迎刃而解。为了尊重村民的用水习惯，规划师还保留了河边水井，结合景观布置改造成互动性压水井，成为林荫一景。

"'陪伴式乡建'不是只做细节，规划师们是带着整体思路去操作的。"江浩波说，

乡村规划需要统筹协调。整体思路指的是一张蓝图，也就是沈杨村全域国土空间梳理。乡村地区的国土空间资源需要结合经济发展和社会进步进行动态调整，各类建设用地之间近远期结合，实现乡村地区土地管理的弹性与韧性，这时规划就起到了关键作用。产业设计是乡村规划的关键。同济城规院副主任规划师孙萌介绍，沈杨村规划图上标注有不同色块，对应绿地、文化、教育、产业等不同功能。得益于规划师的乡村规划蓝图，沈杨村搭好了未来空间发展的基本骨架，引进的产业类型、农田与产业的搭配、民宅的选址都十分考究。村干部可以按照规划要求和标准进行招商，去给蓝图"填色"。

虽然这两年沈杨村面临产业调整"阵痛期"，2021年更是腾退了80亩低效工业用地，村里收入大幅减少，不过新产业也在有条不紊地进驻。低效工业用地腾退之后，村里把农用地还给村民，环境变好了。调整后的商业用地引进了卡丁车、花卉基地、水上餐厅、康养中心等高附加值产业项目。

记者从上海市规划和自然资源局、上海市城市规划设计研究院获悉，首批乡村责任规划师共42位，将重点支持第三批和第四批示范村建设，成为上海乡村建设的先锋队和探路者。

艺术家——讲好故事，打响品牌

冬日清晨，一棵枝丫光秃的桃树站立着。树下，成片的"矮脚青"向着远处绵延，阳光隔着薄雾柔和地洒在叶片上，似乎在给予它们抗击寒霜的力量……浦东新区新南村一棵棵颇为平常的青菜，在王峰的镜头下增添了许多故事感。

上海的乡村近年来吸引了不少艺术家。他们远离城市喧嚣寻找清雅的环境，或是选择不一样的地方开展"艺术实验"。当艺术与乡土相遇，碰撞出许多意想不到的成果。

"村里有很多老年人，他们看到我都觉得奇怪，因为村子里很多年没有异乡人定居了。"2019年，在广告圈摸爬滚打多年后，热爱漫画和艺术创作的王峰辞职，从市区搬到田间地头，在新南村安了家。

中国有三大水蜜桃产区：奉化、阳山、龙泉驿。当他初来新南村尝到刚从枝头摘下的水蜜桃时，第一想法是"这里的桃子与三大产区的相比，毫不逊色"。他将挑选好的优质水蜜桃分享给住在市区的朋友后，反馈意想不到地好。进入冬季，水蜜桃早已下市，他又盯上了种植面积3万多亩的矮脚青。在所有蔬菜里，矮脚青可以称得上是异类。秋天下种，冬季才大显身手。经历严寒风霜后，入口更香甜软糯。

不过，王峰注意到，由于售卖速度不够快，产品浪费现象比较严重。并且，因缺乏产品分级，不论好坏都是统价。"在不少人的印象里，上海似乎没有农村。相应地，上海郊区的品牌农产品也容易被忽略。"曾在广告策划以及创意行业浸淫多年的他，开始打起矮脚青的"主意"。了解矮脚青的历史后，王峰以"矮脚先生"为名，为矮脚青写了自传，结合新场桃源特色，让青菜成了"一棵交了桃花运的菜"。在矮脚青专属礼盒上，有漫画功底的他绘制了图案，并写上了"来自新场，桃树下生长"。

原本，村民将青菜统价卖给菜贩，一斤大约1.5元。王峰会挑选出优质产品，以2元的价格收购，经筛选、包装，以及物流，确保当天采发、当天到达消费者的餐桌，让消费者吃上最新鲜的蔬菜。"从利润上看，目前还只是给农户带来一定的收益。若想整体提升，需要有实力企业参与到产品的包装和销售中来。目前，我更希望通过讲故事的方式，把它们的知名度打响。"

最近，王峰在线上发布了团建招募活动。报名的网友不仅可以参观新场古镇和相隔不远的新南村，还能亲手制作桃花酥。王峰为桃花酥量身定制了一个"桃花酥走桃花运"的故事。这个故事融合了新场地区的桃文化以及当地独特的邮政编码"201314"。

天气暖和时，新南村活跃着被王峰召集来的城里人。他们的活动地是王峰打造的"大地秀场"，这是个简易的木制舞台，搭在农田里，天空、村居、麦浪就是舞台的天然装饰。在这里设下的"村上野宴"，把饮食和传统文化结合，根据"二十四节气"变化，奉上古镇的时令菜，比如在白露节气，就提供当地传统菜色"十样白"。

曾有朋友同王峰开玩笑："你是不是去乡下'躺平'？"在王峰看来，自己不过是换了个赛道"飙车"。这些立足本土的文化活动，成为新南村向外宣传的一个窗口。"要让农村活起来，内容很关键。文化艺术提供了一条选择路径，不需要大拆大建，低成本也能助力乡村振兴。"

2022-01-02

5 超大城市乡村
如何"量身定制"社区生活圈

来源 ◎ 解放日报

在沪郊乡村,一个个"圈"正在形成。2016年,《上海市15分钟社区生活圈规划导则(试行)》发布,明确要"在15分钟步行范围内,配备生活所需的基本服务功能和公共活动空间"。如今,"社区生活圈"的理念延伸至沪郊地区——去年12月,《上海乡村社区生活圈规划导则(试行)》(简称"导则")正式发布,目前已在青浦重固章堰村、浦东惠南海沈村进行试点。

乡村是上海作为超大城市的稀缺资源,是提升城市能级和核心竞争力的战略空间。在乡村建设社区生活圈,有助于激活城市"有机生命体"的基层"细胞",让城市更具活力和魅力。乡村新近形成的"圈",和城市社区生活圈有何异同点?打造过程中有何难点?一份"导则"可让沪郊乡村出现哪些变化?

需求与服务:如何看到真实的乡村

"生活圈",指以人的生活需求为核心,确保一定时间可达的空间单元。这不是新概念,上海2035总体规划中就曾提到,要"按照慢行可达的空间范围,结合行政村边界划定乡村社区生活圈,合理配置公共服务和生产服务设施"。

针对人的需求提供有针对性的服务,是打造社区生活圈的关键,乡村也不例外。

"乡村社区和城市社区在空间尺度、人口密度、设施配置等方面差异较大,人的需求是不能'想当然'的,只能实打实地调查。"市规划和自然资源局乡村处副处长田峰告诉记者,"导则"编制工作启动自2020年6月,这之后的一年半时间里,市规划和自然资源局、市城市规划设计研究院等部门多次围绕"需求"这一关键词开展田野调查,真实的上海乡村样貌渐渐立体起来。

比如,商店、公厕、公共停车场等设施对城市社区来说比较重要,但根据调查,这些设施在乡村的使用频率却较低,人们更频繁使用的是医疗、文体、污水处理类设施。又如，在多数城市人的想象中，村民对自然生态、绿化环境的呼声会比较高，但其实由于乡村地区建成度较低，整体自然环境较好，人们在这方面的满意度已很高，超过六成的受访者认为自己所在的乡村属于"环境优美"。

另外，打造乡村社区生活圈，也远不只是在村部造几个漂亮的活动室那么简单。"根据调研，生活在村里的人们喜欢在沿河、沿路及周边广场活动，而非固定场所。活动室的使用频率往往不高。"田峰说。

还有个"冷知识"是，网购一般不会提高乡村社区生活圈的便利程度，而卖肉的小店却可以。不少老年人无法熟练使用智能手机，蔬菜尚可以在自留地"自产自销"，但要吃肉就只能去集市买。调研中，有37%的受访老年村民在"最需要增加的设施"一栏勾选了"肉菜小店"。

复旦大学国土资源经济研究中心主任刘平养认为，乡村社区生活圈的提出，是城乡一体化思维下的产物，有助于乡村公共服务水平提升。"需要注意的是，在乡村推广'社区生活圈'，更需要有问题导向、需求导向。与城市社区相比，乡村中人的需求往往更隐蔽、更易被忽视。"

针对真实需求提供精细化服务，沪郊乡村已有行动。傍水而居、小桥流水，地处青浦区重固镇西北角的章堰村是上海古文化发源地，也是上海乡村社区生活圈试点村

之一。章堰村党支部副书记陈秋燕告诉记者，章堰村以往经济较薄弱，公共服务设施水平不高，百姓呼声最高的是看病、交通两项，如今这两个问题都已得到解决。

"这里有个'健康云'机器，可以查电子医疗档案！"新近建成的章堰村幸福社区中心总建筑面积约1 500平方米，提供医疗、就餐、健身、青少年活动等多种功能，让村民不出村就能享受便捷服务，受到村民欢迎。家住章堰村248号的徐关兴今年76岁，以往交通不便时他的活动范围基本不出村组，后来家门口原本宽五六米的村道被改造成宽三四十米的山周公路，45分钟一班的重固2路公交车直通家门口，沿线有卫生院、菜场。徐关兴说："现在出门看病、买肉都很方便，还能经常去镇上、城区兜兜风，生活比以前滋润多了。"

圆心与半径：乡村的"圈"究竟在哪

从数学上说，确定一个"圈"只需要两个参数，即圆心和半径。对于城市社区生活圈来说，这两个参数都很明确，圆心是家、是居住社区本身，半径是步行15分钟的范围。乡村呢？仅从半径来看，乡村和城市的社区生活圈就存在字面上的区别："导则"中并没有"15分钟"字样。

"这不是疏漏，而是刻意弱化的。"田峰告诉记者，考虑到城市的居住密度、建筑密度、设施密度，"15分钟"是个合理的生活圈尺度，但在乡村不能简单套用。目前上海各区行政村的规模平均约400公顷，自然村规模平均为20多公顷，村域面积较大。此外，沪郊不少乡村为条状，从一头走到另一头用时往往远超15分钟。"在这种尺度上，让村东头的人到村西头去享受公共服务是不现实的，乡村规划应注重在慢行可达的范围内做好基本服务。"

重固镇规划建设和生态环境办公室主任沈磊清表示，乡村地区人们居住比较分散，如果片面强调"15分钟"，"服务浓度"就会大打折扣。不过，通过公共交通乃至电瓶车、自行车等交通方式进行串联，乡村社区生活圈的半径可大幅拓展，村民可享周边村落和镇区的服务，打造多村联动的社区生活圈。

这方面，浦东惠南海沈村已进行了探索。乘坐轨交16号线至惠南东站下，不远处便是"网红村"海沈村，这是上海为数不多的地铁直达村之一。轨交出口，一座弧形木质心愿桥是城市到乡村的过渡地带，桥的另一头停着可供租借的自行车——该村是奥运冠军钟天使的家乡，这些年泥泞小路变成了宽敞平整的柏油路，每天都有不少游客在村里骑行游玩。

惠南镇设计了"桥北—海沈—远东"三村联动的骑行线路，贯通了8千米骑行道，以海沈为核心，北至远东村沪南公路，南至桥北村大治河。根据相关规划，三村将针对有限的乡村空间资源进行统筹配置，涵盖行政服务、文化休闲、医疗卫生、养老幼托、生产培训等领域。目前，三村已成功打造出"沪乡记忆""花细草手作""屋里厢咖啡""乡间花坊"等一批乡村振兴优秀项目。

从圆心上看，乡村社区生活圈并不完全依赖现有农宅而设立。"导则"明确，乡村社区生活圈应以复合与集约为原则，"在时间和空间上进行功能整合与共享，鼓励各类公共服务设施综合设置，尽可能利用存量建筑或场地承载新产业和新需求"。

沈磊清告诉记者，如果纯粹以农宅为圆心配置公共服务，就要新造很多设施，这不符合集约原则。多数情况下，应以行政村村部、村组中心为圆心来进行设施布点。"以章堰村为例，我们在村部配置了幸福社区中心，全村三个片区都配置了村民驿站，导入相关服务功能，这样的格局就能满足全村11个村民小组、2 500多位常住人口的需求。"考虑到集约原则，章堰村243号附近的村民驿站就由村里的老仓库改建而成。

田峰说，"分级配置"对乡村社区生活圈来说非常重要，即按照行政村、自然村两个村级分级配置公共设施,强调弹性配置、灵活配置。"高能级的服务设施可以选配,可联动周边三四个行政村,比如规模较大的养老院、农技站等。"

现实与未来:乡村社区更具"少年感"

未来沪郊乡村将有较大规模人口流动,打造社区生活圈要考虑这种流动和成熟、稳定的城市社区相比,乡村社区更具"少年感",具有无限的成长空间。从时间尺度来看,乡村社区的流动性、成长性比城市社区更强。乡村社区生活圈的建设,应尊重这种流动性和成长性。

说起青浦赵巷的中步村,当地人往往会提到"中步无贼"四个字。在公共安全方面,架设在村里的高空摄像头成为风雨无阻的"哨兵",它们实时采集街道画面影像,通过5G网络回传至村委会指挥中心的智慧大屏上。工作人员只需轻松点击鼠标,就可随时切换至所需画面进行核查。村里还给老人免费发放了基于5G技术的智能手环,帮助子女随时了解家里老人的出行情况和健康状态。

中步村是上海首个5G乡村,5G技术为乡村智慧治理提供了支撑。智慧治理是"导则"提出的八类不同主题功能的社区场景之一,其他七类分别是睦邻友好、健康养老、自然生态、创新生产、未来创业、艺术文创、旅游休闲。

"可以看到,这些场景中有些是基础场景,比如睦邻友好、健康养老、自然生态;也有些是高配的未来场景,比如创新生产、智慧治理等。这八个场景的提出,一方面体现了乡村的多样性,另一方面也兼顾了乡村的成长性。通过场景设置,赋予乡村社区广阔的、富有诗意的、引人遐想的发展空间。乡村社区可以根据自身资源禀赋,依托这些场景确定发展路径。"田峰说。

此外,目前沪郊乡村中,有的是保留保护村,有的则是撤并村。结合农民相对集中居住工作的推进,未来沪郊乡村将有较大规模的人口流动。打造乡村社区生活圈,不能不事先考虑这种流动。

"导则"明确,对农村集中归并点要确保必配设施到位,面积达标,选配设施要体现功能特色;对农村保留居住点要挖掘可利用的闲置资源,优先补齐必配设施,面积尽量达标。针对2022年前撤并的村庄,应挖潜利用现有建筑空间,满足必配功能,不允许新扩建造成资源浪费;针对2022年后撤并的村庄,应保障一站式家门口服务综合体建设,允许新增建筑面积,不宜新增建设用地。

"结合乡村动态更新趋势，我们对农民集中归并点和农村保留居住点进行分类引导，根据实际情况选配设施。"市规资局相关负责人表示，比如青浦金泽莲湖村结合郊野公园设置游客服务中心，松江泖港腰泾村设立乡村创客空间，浦东张江新丰村设立乡村人才公寓。

刘平养说，所谓"导则"，其实是通过描绘几类场景，引导基层村镇在做相应规划时有长远目标。"'导则'是对未来规划建设行为的引导，而不是就当下的具体建设行为设立严格标准，更不能变成涂脂抹粉的形象工程。通过'导则'的发布，城乡公共服务将进一步均等化，沪郊乡村社区生活圈未来有无限可能。"

2022-01-19

6 传统农业数字化转型，上海出现丰富应用场景

来源◎解放日报

今天，互联网和现代技术正在重塑人类的生产和生活，而农业也无可避免地身处变革之中。

前不久，国务院印发《"十四五"数字经济发展规划》，对大力提升农业数字化水平提出新要求，尤其聚焦传统农业向数字化转型。这虽不是我国第一次提出将农业作为数字化的关键改革领域，但揭开了新的重要序幕——未来5年，国内一定会有大量数字农业应用场景相继出现。

上海作为全国数字化转型走在前端的城市，既有领先的数字化技术供给，又有丰富的应用场景，能否在这一轮发展中率先找到突破口？记者以浦东新区为样本，展开了一番调查。

用好数字技术一骑绝尘

绝大多数传统农企数字化转型苦于找不到合适的商业模式，是"为转而转"还是"转出生机"，有待更多实际探索

2021年2月28日，70头国内顶级育种级种公猪"乘坐"特制专车，从位于浦东新区的上海祥欣畜禽有限公司出发，历经25小时长途跋涉，到达山西某公猪站。这被称为当地种猪引种史上一个里程碑式的突破。因为育种级种公猪在选育优良种猪的"金字塔"体系中处于"塔尖"地位，以往养殖公司是不会轻易让它们"出场"的。而今，祥欣之所以可以把种猪送到全国各地，进一步扩大生猪产业规模，主要得益于一套强大的数字化管理体系。

依托这套系统，祥欣可以在任何地方实现公猪采精、检测、猪精制作、生产罐装、包装物流、销售、结算售后的全流程、远程数字化管理。工作人员坐在办公室里，可

以对千里之外的猪舍环境进行实时监测，也可以将各地的生产状态、销售状况汇总到后台，实现"一屏观天下"。

祥欣总经理韩雪峻告诉记者，公司的数字化布局并非一蹴而就。早在 2013 年，祥欣从美国引进 865 头种猪。为了让这批种猪最大程度发挥效能，打破过去种猪"引进—退化—再引进—再退化"的高成本商业模式，祥欣决定和国外展开合作育种。然而在当时，合作育种的成本非常高，国内绝大多数生猪养殖公司不愿意支付这样一笔合作费用。祥欣率先走出这一步，并在和美国国家种猪登记协会合作过程中，见证了大数据的魅力。"美国人的数据平台非常庞大，有近 2 000 万种猪基因。我们每月支付的 4 万美元合作费用，实际上就是为了对接数据库，帮助我们筛选具有更优遗传性能的种猪。"

祥欣一边学习一边成长。经过数年时间，祥欣的种源在美国国家种猪登记协会数据库中的权重越来越高，并逐步形成自己的数据体系和运算逻辑，更培养出 20 余位生猪领域的 IT 工程师。今年上半年，祥欣与浙江大学合作、创新研发的育种软件将上线，这标志着我国生猪育种行业进一步走向独立自主。

可以说，是数字化帮助祥欣打了个翻身仗。"但并不是所有的农业企业都这么'幸运'。"浦东新区农业农村委综合处工作人员倪嘉宁说，根据她的观察，绝大多数传统农企在数字化转型过程中，仍苦于找不到合适的商业模式。换言之，转型究竟是"为转而转"还是可以"转出生机"，还有待更多的实际探索。

农业数字化转型成本高

呼吁更多数字企业关心农业发展。农业数字化服务方式增加，反过来会影响农民生产方式选择，提高自主转型意愿

去年，国内知名龙头农企"清美"在浦东新区宣桥镇腰路村打造了国内首个全智能数字水稻种植示范区。示范区由人工智能系统自主管理，采用一体化监测杆实时监测田间微气象和水稻表型，再以 5G 技术实现高通量数据传输。

清美绿色食品（集团）有限公司农业总经理李立说，数字化管理后，稻田的生长过程可以被全流程监测。"人工智能算法还可以准确预测出病虫害的发生强度和发展趋势，以及每块农田水稻的水分和氮素情况，从而帮助我们选择最佳的灌溉、施肥方

案。"此外,今后面对虫害、气候变化,乃至台风、洪水等特大灾害,也可以通过提前干预稻田的生长周期进行避险。更重要的是,数字化技术让农业所需的人工降到最低点,平均500亩稻田只需2名人工管养人员。不过李立也表示,农场数字化改造的成本并不低,尤其是要实现全面智慧管理。"如果要让技术完全取代人工,成本很可能会是现在的数倍乃至十倍。"

而这样的改变在现阶段的许多合作社、家庭农场看来,既不现实,也非必要。倪嘉宁说,近年来,在浦东推广最有效的智能化设备是"水肥一体机",除此以外,其他的数字方案还没有得到普遍接纳,原因就在成本上。"如果某种数字化改造可以帮助老百姓大大节约人力,又不费钱,那么推广起来相对容易,反之就会困难很多。"

在合庆火龙果智能示范基地,5G技术和传感技术帮助实现大棚的全自动控制。通过土壤、温度、湿度、水质等各种传感器的安装,工作人员可以实时掌握大棚里的信息,从而决定下一步操作。就连大棚的透明顶棚,也可以通过远程系统一键开关。不过,基地相关负责人告诉记者,大棚里虽然有全自动设施,但更多时候,工作人员还是采取"半自动模式"。一来因为监测和传输数据的传感器精度还不够高,常常用个一年半载就需要调试,或直接损坏;二来传感器的安装费用较高,光是土壤监测,就需要同时安装监测氮、钾以及各类重金属的多个传感器，合庆火龙果智能示范基地近20个大棚，仅有个别安装了相应的传感设备。

数字化改造的价格和效能，很大程度上由市场决定。在浦东新区农业农村委综合监管事务中心综合监管科王笑看来，尽管上海的数字企业面广量大，但普遍还是在为工业领域提供数字化解决方案，真正聚焦农业应用场景的寥寥可数，相关的创新研发成果就更少了。

"我们呼吁更多数字企业可以关心农业发展，为上海乃至全国农业数字化转型提供更低成本、更具推广价值的支持性服务。"王笑说，农业数字化服务方式的增加，也可以反过来影响农民生产方式的选择，提高农民自主转型的意愿。

前不久，"清美"的"穴盘苗菜无人化应用场景"正式投入使用。该技术可以实现绿叶菜生产无人化，从播种到采收，全部通过物联网、大数据分析技术实现。而这项技术的提供者是位于上海杨浦区的农业科技公司国兴农。"我们期待未来上海还能出现更多'清美'和'国兴农'，使得产业升级走上一条良性循环之路。"王笑说。

数字化解决精细化问题

"靠天吃饭"的特点似乎告诉人们农业天然存在不确定性。但数字化手段的出现，给农业发展带来了更多"确定性"

一个产业的发展，离不开头部市场主体的带动，更离不开全行业的健康有序发展。然而，过去很长一段时间，针对农业行业的监管和市场引导都存在困难。一来是因为农村面广，农业用地规模庞大，单靠人力管理力不从心；二来农业"靠天吃饭"的特点长期存在于人们的观念之中，似乎农业天然就存在不确定性。

数字化手段的出现，解决了很多行业精细化管理的问题，同样也给农业发展带来更多"确定性"。近年来，浦东新区农业农村委着重在农村集体"三资"管理、农村管理、农田管理、长江口禁捕等多个长期存在监管难点问题上布局数字化治理，在治理效能上有了立竿见影的变化。

在浦东新区"城市大脑"农业管理的大屏前，王笑对一条"违法捕捞"船只进行实时处置。长江口禁捕范围涉及浦东的板块约在800平方千米。过去，仅依靠渔政的3艘船进行巡查，很难防住违禁捕捞者。如今，通过开发相应的管理模块，并在海岸线上安装鹰眼系统,只要有船只在禁捕范围内出现异常停留,都会第一时间得到系统的数据捕捉和研判。一旦判定某船只"航速过低疑似违法捕捞",工作人员会在后台收到推送,第一时间进行处置。

"监管是一方面,更重要的是,通过数据收集、分析过程,我们对全域的主体画像有了清楚的认识,彻底摸清底数,掌握近年来一些政策传导的实际效能。"王笑说。

以浦东的土壤情况为例,每个区域的酸碱度如何、有机质含量如何,以往并不能完全掌握。通过前期大量的数据采集、归集、分析,如今,大屏前可以随时调取示意图,究竟哪块农用地的种植价值更高、哪块农用地适合种植什么作物,一目了然。此外,通过对过去10年浦东种植情况的测算,还可以帮助决策者看清不同品种种植和收益情况的变化,以及在国家相关补贴政策激励下,不同经营模式、种植模式的结构变化,从而给下一步的政策制定提供系统、客观的参考。

未来的农业发展必然离不开数字化。然而,如何进一步用好数字化手段,则需要政府、市场、社会等各方共同努力。

2022-02-10

7 分红啦！
上海村级集体经济探索增值新机制

来源◎解放日报

"过来领红包啦！"春节前的一天，崇明区建设镇虹桥村顾伯伯民宿群会议室里一片喜庆，30位村民领到了沉甸甸的红包，最多的为4万多元，最少的也有4 000多元。他们既是民宿业主，也是顾伯伯民宿群拥有的"涛涛叫"农业专业合作社股东。2021年崇明民宿发展迅速，"涛涛叫"合作社实现销售额130万元，纯利润36万元，除了留出30%作为来年的抗风险基金，其余均按比例给股东及业主分红。

无独有偶，前不久上海安亭联投经济发展有限公司也召开了年度股东会，安亭镇19个经济薄弱村都领到了315万元分红。另一个好消息也从股东会上传出：全镇其余23个行政村各出资1 043万元，加上安亭实业公司和联投公司的资金共3亿元注册成立了新项目公司，已争取到三家优质企业的股权投资权，其中有的项目投后估值已翻了一倍。

这些喜气洋洋的分红、投资景象，是上海村级集体经济不断壮大的缩影——目前，上海共有1 600多个村级集体经济组织，集体经济总资产达6 300多亿元。近年来，上海的村级集体经济组织积极拓宽发展路径，努力探索新的集体经济增值机制，让"钱袋子"越来越鼓。

在全市生产总值突破4万亿元大关、"稳增长"成为重中之重的城市发展大背景下，占上海85%陆域面积的乡村如何进一步念好"致富经"？一轮又一轮的市级乡村振兴示范村建设，使许多乡村换了新貌，"好风景"能否带来"好收成"？发展村级集体经济如何破解模式单一等难题？

从"输血"到"造血"

本市开展多轮农村综合帮扶，不少经济薄弱村也自行组团，创新集体经济资产的增值机制记者了解到，虽然本市农村集体经济总量较大，但由于区位、资源禀赋等方面的差异，镇与镇、村与村之间差异较大，如今仍有一定数量的经济薄弱村。为这些行政村"输血"、帮助其集体经济自主"造血"，至关重要。

今年1月举行的市人代会上，市人大代表、上海永胜瓜果专业合作社理事长、来自青浦白鹤的"草莓姑娘"周瑜提交了一份建议，聚焦农村集体经济可持续发展。建议直陈，一些经济薄弱村资源不足、发展空间窄、经营性物业少，但人员经费、公益事业费、福利支出等逐年增加，缺口部分主要靠上级财政补助。

"其实村子和人一样：囊中羞涩的时候，就算有资产增值的想法，也会因为没有足够的'本钱'，很难承担试错的成本，导致长期处于经济薄弱的地位。"周瑜坦言。

最近，上海财经大学三农研究院以2020年为样本年，对全市集体经济的收益分配情况进行调查。根据调查报告，2020年全市有637家村级集体经济组织、19家镇级集体经济组织进行了收益分配，共分配23.3亿元，惠及成员248.6万人。参与分配的村级集体经济组织数量、金额还有较大提升空间。

经济薄弱村资金有限，加上缺乏投资渠道、信息不畅等原因，通过资产收购、股权投资等方式增收几无可能，往往只能将结余资金存入银行，长此以往必然"坐吃山空"。如何帮助"单兵作战"的经济薄弱村壮大经济实力？抱团取暖，为"穷村"输血并帮助"穷村"造血，是可行路径。

记者从市农业农村委了解到，近年来，本市开展了多轮农村综合帮扶工作，新一轮农村综合帮扶（2018—2022年）中，由市级财政预算安排农村综合帮扶资金用于支持崇明、金山、奉贤、青浦和松江五个受援区的相关项目建设。目前，这五个区的经济薄弱村都已共同成立区级平台公司，遴选安全可靠、收益稳健的帮扶项目。

除了依靠市级资金帮助"造血"，不少郊区的经济薄弱村也在自行组团，探索集体经济资产增值新机制。早在2013年，奉贤就探索成立百村公司、百村创业园，通过区级层面统筹资源建立村级集体经济联合体的方式，破解因缺乏经营性资产等原因导致村级集体经济发展滞缓的问题。

在安亭，几年前镇里通过"五违四必"环境整治，拆除了违法建造的厂房、小作坊等。环境变好了，可村集体收入明显少了一块。对此，安亭由镇实业公司、经济薄弱村共同出资成立上海安亭联投经济发展有限公司，采用组合式、多元化投资方式，实现村级资产增值。

"联投公司成立后动作频频，在资源收储、土地盘活、项目定建等方面亮点频出。"

上海安亭联投经济发展有限公司总经理钱军告诉记者。比如去年,联投公司通过承租澳思生物位于众百路448号的86亩集体土地,为李宁公司定建国际电商总部,面积达9.4万余平方米。电商总部建成投产后,预计税收将达到1.5亿元。

联投公司的成立,让经济薄弱村完成了从依靠"输血"到自主"造血"的转身。有村支书对记者感慨:"原先各村就像一条条断头河,缺乏水动力;联投公司将这些断头河一一打通,支流汇成大河,豁然开朗。"

从"美丽"到"美好"

"村财镇理"、市场化运作和投资方式等探索,让美丽乡村"好风景"转化成了"好收成"

上海不少乡村近年来借助村庄改造、美丽乡村建设等机遇,依靠上级奖补资金,一改昔日面貌,有了"好风景",也打响了品牌,村级集体经济也有了增值的本钱,却找不到好的管账和"钱生钱"机制。乡村,如何从"美丽"升级为"美好",也是一个课题。

近日,记者来到青浦朱家角张马村党支部书记朱惠根的办公室,听他唠唠村里一年的"账"。张马村,是个声名远播的网红村——获得上海市美丽乡村、全国文明村等荣誉,是上海市乡村振兴示范村,村里核心区已成为4A级景区。

"土地租金460多万元,4A级景区房屋租金收入30多万元,招商引资收入50万元,托底保障资金120万元,以奖代拨资金45万元,加上停车场租金等,村里一年收入有720多万元。"这是张马村的"进"账。"村民土地分配资金400万元,办公经费44万元出头,村干部薪资79万元,条线人员薪资51万元,各项村民福利支出56万多元,卫生奖励60万元,一年支出差不多要680多万元。"这是张马村的"出"账。

由此可见,张马村一年的结余资金仅有40万元左右。忙碌一年却没多少"收成",这是沪郊乡村的通病。为什么存不了钱?朱惠根说,"节流"方面不容小觑:以往村里的道路保洁、河道养护都交给第三方公司管理,专业性是有保证了,但资金成本不低。

针对这个问题,张马村尝试将大部分地面、河道、绿化等统一管理,实行村民自治,村民保洁员的工资直接从村经济合作社的账上划扣,这样村里一年可节约50万元左右开销。"节约下来这笔钱,村里就可以干点别的事,比如增绿补绿、村民分红等。"

张马村遇到的问题,是沪郊乡村面临的共性问题。精细化管账,"开源"与"节流"一样重要。在这方面,嘉定区也已有探索。

"有的村并不是没钱,而是一时没有好的管钱办法。有的村里因集体资产动迁得到了补偿金,但苦于找不到好的投资方向,钱只能躺在账上'睡觉'。村级集体资金攥在手里就像夏天拿冰棍,如果不能保值增值,就只能不断'融化'。"在一篇调研日志中,嘉定区外冈镇经管中心负责人王海青这样写道。

对此,外冈镇从盘活农村"沉睡资金"入手,探索"村财镇理":搭建镇、村联投平台"联鑫企业发展有限公司",将原先闲散在各村的集体资金统筹管理运营。目前,嘉定区其他街镇也已借鉴这种"村财镇理"模式,寻找村级经济发展壮大的途径。

另一方面,要让乡村"好风景"转化为"新经济",还需积极探索体制机制创新,通过市场化运作机制和投资方式,推进高能级产业进入乡村。

在这方面,崇明区竖新镇前卫村的案例值得借鉴。"前卫村诞生了上海第一个农家乐,不过,以前的农家乐主要为分散式经营,村民各干各的,大量游客涌入后增加的管理成本都落在村级集体经济上,修路、治水花销不少,村里渐渐入不敷出,'穷庙富和尚'现象明显,明星村一度成为负债村。另外,为了管理村内公共景点,村里专门成立了旅游公司,公司运营成本也成了集体经济的负担。"竖新镇宣传委员朱永康告诉记者,2010年后,上海长江大桥通车的热闹劲渐渐消退,前卫村农家乐的发展逐渐进入瓶颈期。

如何改变这种情况?后来,前卫村把集体经济组织和旅游公司分离,引入第三方企业盛政集团对旅游公司和村内旅游景点进行市场化托管。"让专业人做专业事,市场化公司经营景点,按市场标准管理收费,村集体专注于民生服务;另外,第三方企业也为村里带来了新的优质项目。"朱永康告诉记者,盛政集团入驻以来,累计投资8亿元,规划并建设"前卫花岛"项目,将打造集花卉种植、花卉研学和花卉观光为一体的度假园区。

从"数量"到"质量"

如今要的不是统计学意义上的"亿元村",而是引入新兴产业发展势头,培育"乡村独角兽"

钱本身固然是一般等价物,但同样数额资金的后续效益却大不一样。在上海发展村级集体经济,关注"数量"的同时更应该关注"质量",让更多村级集体经济进入良性可持续的发展轨道。

说到村级集体经济，很容易让人想到一个词语：亿元村。对"亿元村"关注度、关注点的变化，折射了上海村级集体经济发展从"数量"到"质量"之变。

以往，上海是很"介意"亿元村的有无和多少的。《浦东史诗》一书里曾讲过一个故事：20世纪80年代的一个春节，一位上海领导出席苏南乡镇企业"亿元村"先进表彰会，因上海当时没有"亿元村"，结果被安排坐"冷板凳"，这让不少人耿耿于怀。

2005年，上海市"亿元村"有428个，占全市行政村总数的22.8%。不过，在之后很长一段时间里，人们对"亿元村"的关注度有所下降。在上海市统计局官网搜索"亿元村"，如今只有7条结果，且都是2006年以前的信息。

"纯粹的'亿元村'不难打造——引入环境不友好但经济效益好、产税快的项目，甚至让村子合并，都可以快速达到'亿元村'的目标。这些年，人们对'亿元村'的追求也在变化：要的并不是纯粹统计学意义上的'亿元村'，而是有可持续发展能力、有广阔发展潜力的'亿元村'。"市农业农村委相关负责人告诉记者。

国家也在鼓励这种变化。在农业农村部"2020年全国乡村特色产业亿元村名单"中一共有136个村子入选，其中宝山罗店天平村成为上海唯一获评的特色产业亿元村。到2021年，这份名单里的村子增至251个，上海有5个入选，分别为浦东宣桥新安村、浦东老港大河村、金山廊下勇敢村、松江叶榭井凌桥村和宝山罗店天平村。在"亿元村"前加上"特色产业"的定语并加以表彰，反映了特色产业对村级集体经济的重要性。

以天平村和勇敢村为例，这两个村都以菌菇产业为特色。天平村里的上海永大菌业年产食用菌1万吨以上，全年产值1.5亿元；勇敢村2021年菌菇产值达1.12亿元。菌菇产业不仅效益好，而且能消化吸收乡村地区的农业废弃物和森林绿化废弃物，门槛也不高，可带动村民共同致富，发展潜力无限。

"壮大村级集体经济，除了让'穷村'抱团突围、让'富村'的集体资产稳定保值增值，更重要的是将新兴产业发展的势头引入乡村，培育一些现在规模不一定大，但潜力无限的'乡村独角兽'。"周瑜告诉记者。

在崇明区庙镇永乐村，一个"乡村独角兽"正在逐渐成形。藏红花（又叫西红花）主产地并不是西藏而是崇明，其中永乐村有500多户西红花种植户，占全村总户数的四成，西红花种植面积超过700亩，年产值2000余万元。

永乐村党总支第一书记王正刚告诉记者,永乐村以前是远近闻名的穷村,如今依托西红花产业,村里用市场化、公司化方式运作村级经济。2020年11月,由庙镇资产经营有限公司、永乐村集体经济合作社共同出资注册的上海花红永乐农业发展有限公司正式成立。

"花红永乐公司成立后,公司将村里房屋和土地统一租赁、流转给优质项目,比如将房屋集体资产出租给东方国际集团,并推动村民将自家房屋和土地流转给民宿项目'东方G20花岛宿集'和生态旅游项目'五洲四季花海'。打响品牌也更规范,村里大力推动藏红花产业链开发,藏红花面膜、藏红花精油等衍生品销售渐成规模。"王正刚说。

此外,花红永乐公司的成立让村里实现了盈利分红周期化,除了房屋土地租金、对外销售盈利外,村集体将基础设施和配套资源等资产作价入股,每年还能从藏红花、民宿等项目中获取固定比例收益回报。"这些收入都用于永乐村的持续发展,让村民切实感受到村集体经济发展的红利。"

2022-02-18

8 重启直播，借农场自有"粉丝"和流量，一解周边农户燃眉之急

来源◎解放日报

这一次的疫情保供，对于沪郊农企来说，几乎都是大姑娘上轿头一回。从传统的批发销售转向点对点的社区团购，我们农场的工作量一下倍增。近一个月来，为上海近千个社区配送农产品，单日配送蔬菜最高达到十几吨。从分拣、包装，到物流、售后等各个环节，大家都是拼了命干。最忙的时候，每天只能睡两三个小时。

我们的压力是在繁重的保供任务上，农场周边农户却在发愁"没活儿干"。他们很多是种植散户，并不归属合作社，也没有车辆和通行证。以往在农产品上市的时节，商贩们会上门收购，或者由农户自己运往批发市场售卖。近期因为物流阻滞、销售渠道打乱等原因，他们地里的农产品面临滞销的风险。

几天前，浦东新区农业技术推广中心食用菌科的领导跟我说起了菇农朱大哥的困难。这是位入行20多年的老菇农，家里有60个蘑菇大棚，眼看着蘑菇一茬接一茬的成熟却运不出去，家里的两个冷库也快存放不下了。

假如把蘑菇加入我们农场的蔬菜礼包，数量其实有限。是否可以用更加快捷的方式来解决？思考一番后我们决定，不如开启助农直播。

农人开直播，这两年不算稀奇。对于这一形式，我也并不陌生。从去年开始，为了打造家庭农场IP，同时抢占互联网零售市场，我们聘请专门的制作团队，制作农产品短视频，有时也会进行直播。之前因疫情的缘故，直播暂停了一个多月。这次重启，希望借农场自有的粉丝和流量，一解农户的燃眉之急，让新鲜农产品早日到达市民的手中。

在完成当天的保供任务后，我和团队晚上赶到了朱大哥的菇棚，爬上三层高的架子，通过镜头向网友介绍刚刚采摘的双孢蘑菇。因为日常事务多，没有那么多时间准备稿子，我就即兴发挥，跟大家说说蘑菇怎么做比较好吃，等等。虽然直播技巧无法

和专业主播相比，但是我们有真诚帮助农民的心，尽最大努力把农产品展示出来。

令人开心的是，这一场直播吸引了不少"团长"下单，短短两小时内帮助朱大哥销售了近千斤蘑菇。新鲜的产品收获了社区居民的好评，之后我们还把蘑菇加入了蔬菜礼包。这样一来，朱大哥的产品几乎都消化掉了。

在这之后，我们基本每隔一天就会开启一场直播，农产品类型不一，有番茄、卷心菜，等等。不仅要推广，还要承担物流、售后等环节的工作，等于是在日常忙碌之外又多了一份压力。

有时，直播是"突发"的。大概四五天前，我接到一个求助电话。一家湖北的龙虾养殖户，将某平台订购的龙虾运往上海。由于晚到两个小时，对方拒绝收货。这让他急坏了，活龙虾经不起拖延，短时间没有销路就意味着大量的损失。当夜我立刻组织团队，先简单地进行直播预告。龙虾运输车辆晚上9点多抵达农场，10点半我们开始直播，以现场烹饪龙虾的方式吸引大家购买。一场直播下来，5 000斤全都卖完了。

现在还有很多农户打电话给我，希望帮忙解决农产品滞销的难题。我们也正在想办法沟通更多的渠道，减少农户们的损失。

2022-05-03

9 上海近 13 年补充耕地超 220 平方千米

来源◎解放日报

一批藏于幕后的上海农企因疫情保供走到台前。廊下叮咚买菜农场结合用户偏好，在 46.7 公顷土地上种植各种绿叶菜，每天有超 2 万份蔬菜被分拣、包装，全程冷链送往社区附近的前置仓，等待人们抢单配送；趁着水稻"空档期"，上海臻岛禾粮食种植专业合作社种植基地选取 37.3 公顷土地抢种蔬菜，小青菜、杭白菜等速生绿叶菜从这里源源不断流向市民餐桌；上海金源果蔬种植专业合作社每天保障供应 3 吨蔬菜、1000 只鸡、1 吨鸡蛋、5 吨大米、400 只鸽子，还帮助周边小农户销售滞销蔬菜……本地农企火力全开，让不少人感到惊讶：一座现代化大都市，哪来这么多农田和农产品？

上海耕地规模逐年扩增

很多人关注到，在上海这座现代化都市，天际线和产业能级年年攀升，却忽略了一点：耕地规模也在逐年扩增。上海市建设用地和土地整理事务中心负责人介绍，从 2010 年以来，上海累计补充耕地超 220 平方千米，特别是 2014 年之后，通过低效建设用地减量化复垦了 90 平方千米。

疫情期间挑起保供大梁的本地蔬菜，有不少来自这些复垦土地。上海臻岛禾粮食种植专业合作社种植基地所在的崇明区三星镇协进村，通过土地整治新增耕地 12.92 公顷。"三星镇已经引进两期市级土地整治项目，耕地数量、质量和生态都有所提升，农业增效，农民也增收。"镇长陆华说。

同样尝到甜头的还有奉贤区庄行镇渔沥村，通过土地整治新增耕地 13.5 公顷，一批优质企业落地生根。疫情期间，诸如上海金源果蔬种植专业合作社这样的规模化农企还带动零散农户，通过统一包装、集中销售方式，在一定程度上缓解农产品滞销难题，保障了农户经济收入。

通过这次疫情大考，许多人意识到耕地对于上海的重要性。从长远来看，保护耕地的意义绝不局限于疫情应急保供。无论是从全国严守18亿亩耕地保护红线的战略角度，还是从大都市基于资源禀赋和社会发展的需求来看，上海耕地保护工作都迫在眉睫。

上海长年受困于耕地资源有限且零星破碎、人地矛盾突出等问题，《上海市城市总体规划（2017—2035年）》中，上海立足未来提出耕地和永久基本农田保护目标，同时建立了"永久基本农田—永久基本农田储备地块—规划耕地保护空间"的耕地分级保护体系，实现耕地数量和空间双锁定。

耕地保护共同责任机制

上海城市空间接近饱和，为了增加耕地的数量和质量，相关部门挖空心思，在存量资源中做文章。一方面，清退环境不友好、低效率的建设用地，把它们复垦为耕地，还把闲置耕地重新盘活；另一方面，借助种种措施恢复耕地的生态和质量。在试点的17个市级土地综合整治项目中，区域里的田、水、路、林、村、厂被打包起来，统筹

综合整治，乡村生产、生活、生态品质得到整体提升。

在本轮疫情保供中扮演重要角色的金山廊下镇，很早就通过土地整治走在全市农业转型升级前列。2016年，金山廊下镇5个行政村引入市级土地整治项目，涉及范围936公顷，新增耕地22公顷。2020年，廊下镇继续开展全域土地综合整治试点，采用"淘汰一批、提升一批、新增一批"的方式，进一步节约集约用地，引进许多高效率的优质农业企业，包括叮咚买菜农场这样的生鲜电商平台分支，以及金开（上海）农业科技公司这样的数字化农业先行者。

土地整治给农企提供了巨大的发挥空间。疫情期间，廊下镇不仅实现自给自足，而且还向周边村镇、金山区乃至全市供应农产品，仅蔬菜供应就达9 209吨、鲜奶5 385.7吨。辖区内的上海鑫博海农副产品加工有限公司除了日常供应，还为多家方舱医院提供保障服务。

这几年在都市潮人中兴起的精致露营、骑行交友活动大多地处郊区。这些被人们反复"打卡"的乡野网红地，很多都是依托于土地整治项目，背后折射的是上海坚持探索具有大都市特色的耕地保护之路。由于空间资源紧缺，上海耕地功能不局限于农业生产本身，还承接了大都市核心区的溢出功能，如生态保育、景观休闲、文化教育。在这个背景下，8个以农用地尤其是耕地为主要基底的郊野公园诞生，不仅锚固全市重要生态空间节点，而且满足了市民休闲游憩需求，如长兴岛郊野公园就成为精致露营的首选地。

扩大耕地规模的同时，上海还严格遏制耕地"非农化""非粮化"。上海在全国率先出台全域全要素全过程国土空间用途管制制度，用信息化思维记全地类可追溯"一本帐"成为亮点，严格规范耕地"占补平衡"和"进出平衡"。市规划资源局、市农业农村委、市绿化市容局、市水务局等多部门协同配合，指导各区落实，构建耕地保护共同责任机制。

自然资源高质量发展

第三次全国国土调查数据显示，截至2020年底，上海现状耕地面积为243万亩（16.2万公顷），质量主要为5～7等（在全国耕地评定中为"高等地"），布局集中在远郊。业内专家坦言，上海耕地数量极其有限且后备资源严重不足，各类用地矛盾依然突出。

面对严峻的耕地保护形势，相关部门已研究储备、制定落地一系列政策。"这5年，上海通过规划引领、制度完善，严格落实耕地'占补平衡'和'进出平衡'，大力推进土地综合整治，已取得了一定成效。"上海市规划资源局副局长王训国说，下一步，上海还将从深入探索实行市、区、镇（乡）三级耕地保护党政同责机制、大力推进全域土地综合整治行动、规范乡村规划建设管理、持续加大违法违规处置和监督监管力度等方面，进一步加强用途管制，切实守牢耕地保护红线，推动自然资源高质量发展。

正在推进的郊野公园功能提升三年行动计划（2021—2023年），使得郊野公园正在从市民休闲的"新去处"向"好去处"迈进。此外，上海通过农用地整治、高标准农田建设、农业综合开发等方式，不断改善农田基础设施条件，在耕地保护、生态文明建设、促进区域发展等方面都取得了显著成效。

今年，上海还印发了《关于实施全域土地综合整治的意见》，探索在全域范围内实施田水路林村厂综合整治，优化乡村空间布局，提升新时代超大城市乡村发展能级和人居环境品质，助力乡村全面振兴。

2022-06-27

10 "农业+"活起来，带动乡村火起来

来源◎解放日报

稻田十里泛金黄，如浪摇波透远香。昨天，以"庆丰收、迎盛会"为主题的2022中国农民丰收节上海主会场活动在奉贤区庄行镇浦秀村"糖梨花泽"正式拉开大幕。

放眼全国，上海农业的体量并不大，但是农人们在这一欢庆节日的心情，就和丰收节晴朗的天气一样，热闹欢腾。地产优质农产品一一摆上桌，新品种新技术新品牌数量众多，让人不禁感叹：农业，真的很有"花头"！

释放"农业+"潜力

在现场，地产农产品的衍生品收获不少关注。它们都在昭示：上海农业的高质量发展，不仅仅表现在农产品的生产，还延伸至二三产业，通过释放"农业+"的潜力，为城市人提供多层次的体验，也带动乡村活起来、火起来。

奉贤黄桃就是其中之一。在现场展台上，黄桃汽水、黄桃橄榄油洁面皂、黄桃棒棒糖、黄桃啤酒等新产品，造型包装青春有趣，充满活力。

"打造区域品牌，首先要保证黄桃本身的独特口感。"现场相关负责人告诉记者，以前的黄桃产业面临着"地老、树老、人老"的难题。从2018年开始，相关方面启动桃树更新、品种布局优化等工作，破解了"走下坡路"的迷局。"一般来说，新桃树要栽种4～5年时间才能量产。到了明年，作为奉贤黄桃主产区，青村镇产量将会明显提高。"

经过一番脱胎换骨的改造，奉贤黄桃在地产瓜果品种里表现不俗。今年，在市农业农村委举办的上海地产黄桃品鉴评优活动上，来自青村镇的黄桃"选手"包揽了金银奖。"接下来，我们将继续拓展销售路径，除了'盒马鲜生''来伊份'等现有渠道，明年还将在品牌连锁便利店上架，让更多城市消费者品尝到地道黄桃味。"

基于优质的产品，上海思尔腾科技集团与青村镇吴房村开启合作，通过农产品深加工以及文创的探索，提高产业的附加值。在吴房村的田心农创市集店，已经囊括吃、喝、百货、IP文创、儿童相关、服饰、田心手作、田心精选等八大品类。2021年11月10日，吴房村（黄桃）入选第十一批全国"一村一品"示范村镇。

这样的发展模式，四团镇渔墩村也跃跃欲试。在现场的展位上，当地特色无花果不仅被打包成精致的礼盒，还有更多新潮加工产品一同出现，比如无花果雪媚娘、无花果冰淇淋、无花果干等。"在村集体的带动下，小部分农户今年开始试点无花果副产品，之后会针对产品特性，继续加大开发力度。"现场负责人介绍。

在粮食生产上，上海近年来注重延伸产业链条，推进从"卖稻谷"向"卖大米"的转变。多家合作社负责人带来了自家生产的明星大米，有沪上主要种植品种"松早香1号"，也有奉贤区研究选育出的"美谷1号""美谷2号"。同时，现场还举行了"穗优行动"优粮产业联盟签约仪式，强化"粮食安全""五优联动"等理念，助推粮食产业实现高质量发展。

生态为经济"加分"

对于上海这样的超大型城市来说，农业的体量不占优势，真正的亮点在于，通过推动新品种新技术新品牌落地，让更多高质量产品满足大都市居民的更高期待。

在现场，记者感受最深的，是生态有机种植的推广度正逐步提高。在水稻种植领域，涉农区合作社不少都开辟出生态有机种植核心区，不打农药化肥，采用稻鱼、稻鸭、稻鳖共作等方式，满足上海市民对健康产品日益增长的需求。

上海腾达兔业专业合作社自主摸索出一套生态种养模式，将养兔、养羊、养蚯蚓、种草、种水稻融为一体。这里有目前上海地区唯一的标准化养兔场，兔粪混合粉碎二次发酵后可养殖蚯蚓，再用蚯蚓粪作为有机肥料种植水稻。水稻收割后，利用水稻茬口间隙，种植兔子、羊爱吃的苜蓿草和黑麦草。这样的生产模式，收益比单一养兔要高出许多。

上海谷满香粮食种植专业合作社经过三年过渡期，今年顺利获得了有机产品认证。"有机认证不仅仅对产品本身高要求，还包括对周边空气、水等环境的监测。这几年来，上海乡村环境越来越好了，农村垃圾、污水少了，为有机产品生产创造了条件。"合作社负责人曹引娣说。

良好的生态正在为乡村经济"加分"。它不仅仅是发展的目标，同样也是释放乡村活力的动能。此次活动的主办地也是真实的写照。浦秀村地处奉贤农艺公园和庄行镇郊野公园核心区，曾经在村民眼里又"破"又"锈"，如今却是田成块、林成网、水成系、路成环、宅成景。

近年来，村子大力发展总部经济，创新试点"三园一总部"，通过实施宅基地旧房更新再建设，打造生态商务庭院办公群落。凭借实用又新颖的功能设计，以及有力的招商，吸引一批企业入驻，除了租金，每年还反哺村集体65万元。

如今，农民丰收的概念已经不仅仅停留在农作物生产。对于上海来说，乡村作为一种稀缺资源，具有经济价值、生态价值、美学价值，逐渐成为城市核心功能的承载地。乡村，就像是一块留白的画布，有着巨大想象空间，等待绘就更美的画卷。

2022-09-24

11　村村"三堂一室""家门口"化解矛盾

来源◎解放日报

"一个国庆假期卖了2 500多元,相当于我一个月的退休金了。"国庆期间,位于朱泾镇待泾村的"花开海上"生态园宾客盈门,村民黄阿姨自留地里的菜也跟着"供不应求"。

这得感谢村里的几位"老法师"。国庆前夕,村里的几名"老农户"瞄准商机,开始在园子外物色好位置。村委会为确保假日期间的景区安全,提前与"花开海上"沟通,议题之一就是安排好农民的设摊问题,"老法师"们各抒己见,提出划定设摊范围、组织巡逻值守等提议。国庆期间,"老法师"们还成了临时市场的管理员。

眼下,"三堂一室"已成为朱泾11个村的标配,村民们商点子、共决议,"老法师"们驻村普法、解心结,让乡村变得更加和谐、幸福、有活力。

建言堂：村民事村民议

"看！我们这条埭漂亮哇！住在这里感觉非常幸福。"在待泾村蔡家楼埭,村民陈阿婆高兴地说。作为朱泾镇首批"三堂一室"微自治模式试点村,"网红村"待泾村经过一年多试点,已推动村民从"旁观者"变为"参与者",实现村民的事村民说了算。

针对村民反映蔡家楼埭环境"脏乱差"的问题,待泾村召集村民到村民建言堂共同商议,提出10余条优化人居环境的建议,并形成埭头公约,最后通过村民会议形成《待泾村人居环境整治积分制实施方案》。

如今,蔡家楼埭按照埭头公约,实行村民"一户一周"的轮岗值日制度,环境焕然一新。根据积分方案,在环境卫生、垃圾分类等五个方面均拿满分的村户,可获得月度与年度奖励,如此大大提升村民自治的积极性。

"在建言堂里,村民可以畅所欲言,大家有了实实在在的参与感。"待泾村党总支书记、村委会主任彭雷辉表示,村民建言堂不仅实现"村民事、村民议、村民理",

也让乡村治理由过去村干部单打独斗转变成村民群策群力。

议事堂：碰出"金点子"

朱泾镇在 11 个村均建立"乡贤议事堂"，邀请能人贤士参与乡村治理，共同商议出有利于村集体发展的"金点子""新路子"，营造乡贤参与、共建共治的良好氛围。

温河村新民小区由村北部 30 万伏高压项目迁建而来，因为规划原因，小区内农户的自留地都不多。随着土地减量化工作推进，新民小区东侧恰好有了一块面积约 8 亩的闲置土地，小区内的村民纷纷提出是否可以划为自留地，但对于如何划分，大家拿不定主意。

退休村干部杨再水提议，用抽签的方式解决划地问题。根据商议，整块闲置土地被划分成 60 余块，每块地标上数字，每户派一位村民进行抽签，抽到哪个数字就选哪块地，最终顺利解决问题。

无独有偶。在最近的人居环境整治工作中，五龙村也充分发挥乡贤力量。6 名有经验的老书记、老厂长、老会计坐镇"乡贤议事堂"，大家提议把原本违章建筑拆下来的砖头瓦片利用起来，既可以解决垃圾堆放问题，也让建筑废材换个地方变成新风景。"五龙 1 组那里新建成的亲水平台，在建设过程中就使用了许多建筑废材。"五龙村工作人员陆鑫磊表示，下一阶段，村里还打算用完整度较好的废弃砖瓦，对爱五路、吕新路两侧农户的"小三园"进行装饰。

法治讲堂：培养"明白人"

"现在生活水平高了，大家钱包也鼓起来了，骗子就盯上了一些老年人……"近日，在大茫村"惠泾彩"法治讲堂，一场题为"法律让我们有尊严地老去"的法治讲座正在进行中，金山区社区学校的老师杨正辉为村里的老人们作普法宣传。像这样的法治讲座，大茫村每隔一段时间都会办一场。

除了定期举行讲座，大茫村还利用小喇叭、电子屏、横幅、社区民警走访及村民微信群等方式，推进普法教育，延伸普法"最后一公里"。据统计，两年来，大茫村信访上访"零记录"、电信网络诈骗"零发案"、刑事案件"零发案"。村民自治水平和法治意识大幅提升，"幸福大茫"的理念逐渐深入每个村民心中。

朱泾司法所所长何伟介绍，近两年，法律顾问、法官等走入田间埭头，讲授宅基地纠纷、赡养老人、遗嘱公证等内容，对村民而言非常实用，希望可以培养更多"法律明白人"。

调解工作室：及时解决矛盾

日前，金山区朱泾镇新泾村一户村民翻建房屋时，不慎压坏另一村民家的自留地和农作物，两户村民因赔偿问题争吵不休。经"老法师"调解，建房的村民从自留地中暂时划出一块补偿给受损村民，待房屋翻建好后再归还，双方当场握手言和。

待泾村作为朱泾镇推行"三堂一室"微自治模式的先行村，仅"老法师"调解工作室，近一年里已成功调解各类矛盾纠纷近100例。"'老法师'调解工作室的调解员，多为村里威望高、善调解、懂法律、明村情的老干部、老党员等，深得村民尊重和爱戴。"朱泾镇综治工作中心党支部书记胡为民说。

朱泾镇有关负责人说，"三堂一室"微治理模式的运行，推动了乡村治理同乡村社会稳定有机结合，使农民真正成为乡村治理的主体。

2022-10-12

12 "浦江之首"探索上海乡村游新路

来源◎解放日报

地处上海母亲河黄浦江零公里处的"浦江之首"景区在松江区东夏村,多年来"藏在深闺人不识",今年国庆却热闹非凡。

转变如何发生?自去年初东夏村里多了一批年轻人开始,这个"老人村"重焕活力。年轻创客被东夏村的乡村振兴规划吸引,带着创意和想法回乡创业。剧本游、坐直升机、马术培训、露营等体验性游乐项目,如雨后春笋般在绿水青山间开展,让原本仅有美丽"背景板"的浦江之首生机勃勃。

合力破除政策壁垒

"浦江之首"是个小众景点。长期以来,以石湖荡镇、泖港镇等为代表的浦南地区地处黄浦江上游水资源保护区,承担着"水源保护、基本农田保护和生态环境保护"职责,难以进行大规模开发。一些像东夏村这样的乡村渐渐被"遗忘",村里老龄化程度严重,缺乏生机活力。

2019年,东夏村被纳入上海市第二批乡村振兴示范村。借助乡村振兴战略,松江区和石湖荡镇以农民集中居住为突破口,释放出土地等生产要素的活力。去年初,石湖荡镇与国盛集团展开以"浦江之首"为支点的乡村振兴深度合作,合资成立乡村振兴区域运营平台——思尔腾茸城科技服务有限公司,共同组建"浦江之首"乡村振兴开发项目团队,合力建设"浦江之首1800亩·生态人文乡旅融合社区",打造"荡里有米"IP和"荡里有米产业社区"。

在建设过程中,东夏村突破不少政策瓶颈。比如,荡里有米产业社区是景区配套设施,要在租赁的农宅内开设餐饮、米茶铺等业态,但按照相关要求,农宅不能破坏原有主体结构,餐饮资质需要层层审批。松江区市场监管局等职能部门通过实地走访餐厅,测量其厨房和提供餐饮服务的就餐面积,判定其符合申请中型餐饮食品经营许

可的要求，并对其厨房的动线布局、功能设置、设备设施安装等开展指导，使乡间餐厅顺利开张。

年轻人回乡创业做文旅

因地制宜，推动文旅融合发展，是乡村振兴的有效路径。但乡村文旅产业经营模式单一，易形成同质化竞争的问题。

如何出牌？在石湖荡镇党委书记翁雷均看来，要探索建设差异化、具有鲜明特色的文旅产业，持续释放乡村振兴带来的改革红利，用好"浦江之首"资源禀赋，走出一条新路。

路径确立后，关键在人。于是，一支平均年龄为"95后"的回乡创业创客团队，承担起重任。可不少村民对这批年轻创客是半信半疑的。

改变从租赁农宅开始。东夏村的村干部张建新经常组织村民开展活动，希望村里能热闹起来。在与年轻创客打交道过程中，张建新看到他们的努力。村子里多了一群想干事的年轻人，张建新打心眼里高兴。乡村创客清楚地记得，张建新凝视田头良久，转头说："房子给你们，造个家园给我们。"

之后，两方实现"双向奔赴"：年轻创客拜老农为师，听他们说道乡里的故事；村民从头学用智能手机，学习制作奶茶，当好服务员。

近两年时间，"浦江之首"在蹒跚中成长。今年国庆，荡里有米产业社区经营数据亮眼。国庆节前一周，有米餐厅营收超6万元；国庆期间，餐厅营收超16万元；有米农场268元套餐档火爆，仅箭道项目营收就有近29万元。

有米餐厅经营者陈健是一位返乡创业的新时代青年，2015年成为一名电商创业者，通过直播带货收获无数"妈妈粉"。2019年，从石湖荡镇东夏村走出去的他，看到逐渐老龄化、空心化的乡村现状后极为心痛，萌生出在家乡干一番事业的想法。

陈健带来了新的思路，除了主推新鲜绿色食材、土灶菜饭等特色，做好"传统农家乐"有米餐厅，还与同伴联手创立大米汽水、大米奶茶等新品类，延伸大米加工产业链。节假日期间，大米奶茶铺日均营业额超4 000元。

"五金"体系让村民得实惠

乡村振兴落脚点是村民得实惠。东夏村村民张建瑛原本在松江城区工作，如今选择搬回村里集中居住建的新宅，成为有米产业社区的一员。

像张建瑛这样的村里不在少数，已有29名东夏村村民就业挣到"酬金"，今年1到8月，总薪金收入达125万余元，岗位覆盖保洁、厨师、服务员、传菜员以及自主创业等，预计2023年带动村民就业创业超过100人。除了农民挣薪金，东夏村还形成"薪金+租金+股金+税金+公益金"的增收体系。租金指村民通过转让农宅使用权赚"租金"。现沈家浜有4户农民房屋出租企业，年租金收入12万余元。

股金指1 800亩文旅综合产业片区内的集体资产出租，年租金总收入近26万元。随着农民集中居住项目的建成，预计2023年初将会腾挪出大量闲置宅基地，村集体收入大幅提升。另外，运营方还要将每年营收的1.5%分红给东夏村集体经济组织，保障集体经济的良性发展。

税金指吸引创客入驻东夏村，实现招商引资，目前入驻企业覆盖电子商务、农旅团建、设计施工、文化文创、人力资源等多个行业，增强乡村产业"造血功能"。公益金指产业社区入驻企业逢年过节心系村民，为村里孤寡老人送上慰问品和慰问金。张建瑛说，住着崭新的集中居住小洋房，宅前屋后有自留地，左邻右舍是亲戚朋友，家庭收入节节高，内心充满获得感。

2022-10-15

13 | 体验丰收季乡村生活，沪郊田间多了新玩法

来源◎解放日报

近年来，上海大力发展乡村旅游，随着一大批文旅设施落地，乡村涌现出诸多新玩法。今年国庆假期，这些乡村客流爆棚。在有着"中国最美村镇"之称的崇明仙桥村，26家民宿齐聚，相继开出撸猫馆、咖啡吧吸引众多年轻人；在奥运会冠军钟天使的家乡浦东海沈村，餐饮、民宿、自行车租赁点、骑游线路一应俱全，游客在这里享受乡间骑行；在青浦东庄村，万亩良田、万亩茭白、万亩菌菇的特色农业，随着年轻人进村创业和民宿落地，成为游客眼中的独特风景……在文旅、体育、艺术等元素与农业的有机融合下，上海乡村的经济价值、生态价值和美学价值逐步显现。

仙桥村：村庄成大景区，农宅活起来了

骑着电瓶车穿梭在仙桥村的民宿、咖啡馆和游客服务中心，仙桥村村委会后备干部张英如数家珍："整个仙桥村是3A级旅游景区，村容村貌在附近数一数二，光民宿就有26家。"

张英是嫁到仙桥村的外来媳妇，也是仙桥村变化的见证者。早在2007年，仙桥村实施第一批社会主义新农村建设，在村党总支书记、村主任管仕忠的大力推进下，1700多个小粪坑被填埋，农户的破旧棚子也拆除了。此后两年，仙桥村又拓宽村内道路、安装太阳能路灯，对一批农户的围墙进行刷白改造。

村容村貌提升后，仙桥村引入同济大学教授设计打造的田埂民宿，以民宿+互动农场的方式吸引客流。但这仅仅是个引子。管仕忠坦言，自己早年曾想方设法给村里招商引资，却很难砸出什么水花。村庄面貌提升后，合作社、民宿投资者都愿意来了。

也是在这一年，中国台湾艺术家阿康来到仙桥村，租下一处老房子改造成艺术家驻村工作室。在这里，来自世界各地的艺术家会被邀请来住上一两个月，留下他们的绘画或雕塑类艺术作品，部分作品还被选送到同济大学展示。如今仙桥村的农宅墙面

上，还留着好几幅当时艺术家留下的绘画作品。

民宿、互动农场、艺术工作室的进驻，为仙桥村打开了知名度，来这里的游客越来越多，也为村民带来更多租金收入和就业机会。截至目前，村里已集合颐一、玖居、在田居、欣颐等多家外来投资者开办的民宿，每幢民宿为村民带来每年数万到十多万元不等的租金收入。

仙桥村居民老陈是民宿落户村里的受益者之一。前几年，他和另外几户村民的房子被租下，改造成颐一民宿，不仅一年多了好几万元租金收入，闲暇时还帮着民宿打理绿植。他种在老宅前的 30 余株桂花树，每到秋天香气袭人，一部分落下的桂花清洗后被制成桂花蜜，颇受民宿住客欢迎。

在仙桥村，玖居民宿投资团队也租下 9 套平房。这些平房散落在村中各处，粉墙黛瓦、木质走廊，被打造成花语、田野、四季等不同主题的民宿。今年国庆假期，9 套房子全部住满。最近，玖居投资团队又盘下村里另两处房子，准备扩大规模。

在外来民宿的带动下，一些村民也将闲置房子改造成民宿。民宿的聚集，盘活了仙桥村多处闲置农宅，也为仙桥村留下了过夜游客。

游客吸引来了，如何才能让他们在村里的活动更丰富、消费更多样？除了原有的农业采摘、土布馆，集合了咖吧、撸猫馆、茶室、市集、服装店等业态的均瀛乡村小镇应运而生，并在去年国庆假期迎客。这一由原来的村委会和仪表厂旧址改造而成的商业综合体，令仙桥村不仅有吃有住有玩，还多了购物空间。

如今，游客来到仙桥村，可以花一整天在村里休闲：在民宿吃完早饭，步行或租上一辆自行车逛逛田野；如果对崇明土布有兴趣，可以在对着大片稻田的木棉花开土布馆玩一次土布手作，孩子可以去博士农场的稻田课堂学习科普知识；午饭后，不妨逛逛均瀛乡村小镇，这里有游客服务中心、村民大食堂、仙桥市集、茶室、服装店、糕点铺、咖啡吧，足够打发大半天时间……记者抵达仙桥村Joyin咖吧时，是一个工作日的午后。在桂花飘香的庭院里，三五成群的年轻人正享受着香浓的咖啡和美味小食。庭院外，停着一批摩托车。原来，这个咖啡吧在机车爱好者群体中已小有名气，不时有摩托车发烧友前来打卡。

海沈村：骑行作为纽带，村民钱包鼓了

十多年前，当浦东海沈村村民陈志超还是一名远洋集装箱船上的厨师时，他不会想到，有一天会在自家房子里开出"又见老八样"餐馆，并能一天接待五六十桌客人。

这样的场景，在今年国庆长假出现。直到长假后的几个周末，来海沈村的游客仍络绎不绝。陈志超和家人常常要忙到午后近2时，才得片刻休息。

为什么这么多游客都喜欢来海沈村？原来，这里是奥运会场地自行车冠军钟天使的家乡，也被游客亲切地称为"冠军村"。以骑行运动为纽带，海沈村吸引了大批农文旅项目。这两年，不仅专业骑行人士喜欢来村里的钟天使荣誉室打卡，普通游客也喜欢来这儿租上一辆自行车，徜徉在碧绿菜畦和金色稻田环绕的乡间小道上。

在海沈村环行一圈，记者发现，村里旅游配套应有尽有。不仅有沪郊本土美食"又见老八样"、西式的"八百里牛排坊"、00后大学生创业的"屋里厢咖啡"，还有台湾手工匠人开出的"花细草工坊"。户外运动方面，一家集销售、租赁和修理于一身的捷安特专卖店已经开出，专卖店国庆期间举办的秋骑活动，吸引不少自行车爱好者前来感受丰收季的乡村生活。

负责海沈村旅游运营的云程乡匠运营公司执行总监阮林芳告诉记者，今年国庆长假期间，海沈村每天的游客消费人次达1.2万左右，不仅几家餐饮店忙得不可开交，村里核心区域的4家民宿、2处露营地也全部客满。

海沈村的人气也得益于与附近的桥北村、远东村的资源共享。早在规划之初,惠南镇就明确海沈村、桥北村、远东村三村联动发展格局:海沈村得益于轨交16号线的交通优势、"冠军村"的声誉优势等,率先在乡村振兴中脱颖而出;远东村有大片稻田,每年的秸秆节在此举办;桥北村盛产橘子,12月份这里将举办橘灯节。为了统筹资源配置,惠南镇农投公司作为大股东、三村及社会资本入股的云程乡匠运营公司于2018年成立,专门负责乡村旅游运营、推广和招商引资。多种业态在乡村集聚,吸引了包括陈志超在内的一大批村民回乡创业。在海沈村,民宿、咖啡馆创业者中都有当地人的身影。

来自浦东大团镇董村的董平,是一家一站式婚庆会馆的负责人。去年11月,董平接连考察了浦东连民村、新南村、海沈村等多个村庄,发现海沈村的交通、餐饮、休闲配套较为完善,当即决定在此投资民宿。今年国庆假期,这家只有6间房间、摩洛哥风格的那影民宿正式迎客,房间每天订满。"这套两层楼的房子我们租了15年,预计3~5年收回投资成本,出租房子的村民一年可增加数万元租金收入。"

乡村的发展,也带动了村民在家门口就业。在海沈村,多家民宿的前台和保洁阿姨都是当地人。维护村里河道清洁和日常管理的43人综合养护队成员,也主要是50岁以上的村民。

海沈村乡创空间前台工作人员周春红,是家门口就业的村民之一。周日下午,周春红刚忙完一批团队游客的茶歇接待,又移步旁边的台子前,仔细地给一批尤克里里毛坯完成初步组装。忙着手头的活,周春红脸上挂着微笑。她说,自己原来在康桥地区上班,每天来回路上就要3小时,实在太累。村里发展旅游业后,她应聘到乡创空间上班。"现在上班就在家门口,可以为家乡建设做些事,我也喜欢和人打交道,很珍惜这份工作。"

纷至沓来的游客,带动了乡村农副产品的销售。在海沈会客厅,除了拼图、丝巾、环保袋等文创产品,一个专门的村民互易平台格外引人注目。原来,这是专门为村民提供的农副产品售卖平台,村民家里吃不完的大米、南瓜、柿子等都可以放在这里寄售,收入归村民个人。

东庄村:青年进村创业,农文旅融合了

位于青浦区练塘镇的东庄村,是上海市乡村振兴示范村之一。不过,"80后"周

杰决定来东庄村创业时,打动他的却是东庄村原汁原味的乡村风貌。"在这里看到了小时候村庄的样子,很亲切。"

周杰是一名电商从业者,曾在上海市区工作多年。市区房租一年动辄十来万元,高额的生活成本,让他把目光投向了家乡。周杰在东庄村淘到的"宝贝",是一幢建于 20 世纪 70 年代的两层小楼。当时小楼已处于荒废状态,房前有株栽种了 40 多年的四季桂、一片四季常青的竹林,屋后是大片开阔的田野。经过设计和改造,原本破旧的小楼变为"厨见"电商工作室,工作室不仅常年通过短视频、直播等方式售卖当地农产品,也提供茭白叶编织、打年糕、挖红薯、多肉教室科普课等体验式文旅活动,如今已是村里的网红打卡点之一。

记者探访东庄村时,"厨见"迎来一群年轻人。他们一边听周杰介绍,一边问题不断:打年糕的材料是工作室自己准备吗?屋后这片田是谁在种……吃完一顿农家菜,这群年轻游客又回到"厨见"的多肉教室,为其中一位小伙伴过生日。在桂花飘香、鹧鸪啼鸣的前院,周杰细数"厨见"入驻东庄村以来从事电商的"战绩":每年售出 2.5 万~5 万千克青浦大米、2 500 千克以上菌菇,今年上半年更是爆发性地售出 10 万千克茭白……"万亩良田、万亩茭白、万亩菌菇",正是东庄村着力打造的新兴产业。

电商创业团队进村,不仅带动当地农副产品的销售,也加强了供应方和需求方的沟通。"直播带货的时候,很多顾客会评论互动,我们会根据顾客的偏好把这些意见和建议给供应方。"

周杰举例说,当地出产的炱糕寓意"步步高升",逢年过节必吃,是青浦地区非物质文化遗产。之前直播带货出售的炱糕多为纸盒包装,比较原始。根据消费者的喜好,周杰提出让供货商改进炱糕的颜值和功能性。于是有了根据不同节日和季节定制的炱糕,部分精致包装的炱糕也适合作为伴手礼。

"厨见"落户东庄村,也吸引一批年轻人来此共同创业。如今落户东庄村的东庄吉咖啡、黄健版画工作室、以场地租赁为主的阿神学长等,创始人几乎都是周杰的"发小"或前同事。

在东庄村,由衡山宾馆投资的恋塘三赏民宿,也与"厨见"在一定程度上实现文旅活动和客源共享,双方会互相推荐游客参与对方的活动。东庄村原有的上海彭世菇业原以蘑菇种植、生产加工为主,年营业额达六七千万元。去年3月,彭世菇业启动以"蘑幻森林"为主题的亲子研学农旅项目,运营一年多来已接待游客5万余人次,创收近百万元,其客流同样与"厨见"和恋塘三赏实现共享。至此,原本以农业为主的东庄村汇集了更多文旅元素,成为练塘的热门打卡地。

2022-11-09

14 布局生态农业，果农蟹农增收

来源◎解放日报

横沙岛的郊野大地金黄一片，田头地尾尽是缀满果实的橘树。穿过橘林，一处平平无奇的温室大棚大门敞开。步入温室，数百株橘树生机盎然。因不堪其重，树枝多被压弯，条条束带从棚顶牵引而下，将果实如灯笼般悬挂半空。

这是横沙集中引进高端柑橘品种的"实验室"。果园中最瞩目的莫过于橘橙类杂交品种"红美人"。相比正处于采摘末期的传统"宫川"柑橘，"红美人"汁水丰盈、瓤嫩筋细的特征让它的价格远胜前者十倍。"红美人"的栽种，标志着横沙柑橘产业开辟高端化、差异化路线。即便现有产品的市场表现依旧强势，横沙人却已在布局未来，力争提升横沙农业的核心竞争力，推动生态农业提质升级、长远发展。

看到高端柑橘巨大潜能

沿主路进入"红美人"基地的日光温室大棚，两侧枝繁叶茂的橘树整齐排开。宽行密植技术的采用不仅便于机械化种植，使施肥机、打药机可自由穿梭在一排排橘树之间，也让大棚更为规整有序，便于管理。

温室里，技术负责人李锦怀正展示新鲜采摘的"红美人"，只瞧他手剥新橘，豁然而出的果肉吹弹可破，握住柑橘的手掌稍一用力，浓郁又清新的汁水喷涌。"今年是基地产果的第三年，虽然个头较去年减小，但甜度更高。"

横沙乡农技中心主任顾卫华告诉记者，这片科技感满满的温室大棚，曾是一片凌乱无序的传统柑橘林。2019年，为提升柑橘种植效益，推动横沙柑橘产业开辟高端化路线，农林公司经过考察，引进一批"红美人"柑橘成树。如今，这批果树已初步适应海岛水土，稳定产果。目前，横沙"红美人"在市面上相当抢手，统一采用高端礼盒形式售卖。

果园的高端化转型，使得柑橘在亩产量不变甚至略减的情况下，实现了产值大幅

提升。顾卫华说："'红美人'的零售价至少是'宫川'的十倍，极大提高了产值，有利于农民增收。"他还提到，传统柑橘的丰收期在9月至11月下旬，"红美人"则从11月才开始成熟，果期可持续至元旦，不仅品质和单价更高，彼此上市时间也不冲突，总体效益提升显著。基地打响示范效应后，更多社会主体参与其中，助力横沙柑橘产业结构从扁平走向立体。据介绍，除基地以外，还有两个合作社也引进了"红美人"等高端柑橘，目前横沙全乡有1000亩左右除传统"宫川"柑橘之外的高端柑橘品种。"不少原先种传统'宫川'柑橘的果农，现在也种上几亩'红美人'，大家都看到了高端柑橘巨大的潜能。"

"栽种高端柑橘的技术成熟后，我们会将其推广到全乡，让更多果农看到效益，通过调整产业结构带动果农增收。"顾卫华说。

钓蟹项目火爆，一杆难求

除了在柑橘种类上下功夫，横沙也尝试向外拓展，积极引进其他果种，避免产业过度单一，探索新的经营方式。记者了解到，采摘商品果橘树的黄金经济树龄在30年左右，随时间推移，橘树的抗冻性、抗病性均会下降，如何处理老龄柑橘林，也是横沙农业提质升级的挑战之一。据介绍，近年来，横沙已尝试将部分老旧橘林转型为专门种植翠冠梨的基地，并在园区内辅以观光、采摘、品鉴等游客互动项目。实践下来，翠冠梨园商旅结合带来的产值已高于传统柑橘一倍，既能发展多样果业，又带动农民增收。

在横沙，此类提质升级、商旅结合的项目并不少见。距离"红美人"基地不远处，南菁蟹园里人头攒动，波光粼粼的蟹塘边围满钓蟹的游客。防逃网上，一只硕大肥壮

的"江海21号"蟹正张牙舞爪,奋力挣扎半晌后,无奈滑落水中。同样"越狱"失败的还有蟹园观光区内的土拨鼠,两只小爪攥紧铁笼,试图用短小的牙齿将其啃断,一番努力最终白费。

鲜为人知的是,眼下这一方整洁有序、设施齐备、游玩项目多样的蟹园在不久之前还是废弃砖厂中泥泞低产的蟹塘。南菁蟹园负责人黄建峰告诉记者,早期,这片养殖基地以饲养扣蟹为主,不仅会对生态环境造成破坏,还因扣蟹成活率低、产值低,只能勉强维持收支平衡,有时还会入不敷出。通过与上海海洋大学合作,蟹塘引进大名鼎鼎的"江海21号",自此开始养殖成蟹。今年是投入养殖第二年,目前蟹塘产值提高近50%。

不仅换了养殖方向,南菁蟹园还换了打法。基地升级基础设施,开发"钓蟹盲盒"项目,甚至还开辟了一方神奇动物园,将小香猪、土拨鼠、黑天鹅、柯尔鸭一并引入供游客观赏,蟹塘在承担生产本职外,又被赋予多样的文旅功能。顾卫华说,每逢节假日,蟹园中的游客络绎不绝,钓蟹项目更是火爆到一竿难求,蟹园的产值随之上涨。"南菁蟹园在横沙已成了一个打卡景点,商旅结合的形式提升了蟹塘的附加值,希望横沙有更多这样的项目出现。"

2022-12-02

15 | 让乡村美成为城市底色，
让农民振兴路上更有奔头

来源◎文汇报

如果诗意生活有具象轮廓，都市人或许会给出这样一种描述：在城市郊野的别墅小想，推门见山见水，坐观鱼戏莲叶。

三年前，都市人的这份念想成为崇明区中兴镇红星村农民印刘琼的现实生活。少年时，她铆着劲念书，为的是父母的叮嘱："去城里。"如今，经营着6栋端庄雅致的乡村民宿，她甚至把孩子从市中心接回来，"专心留下经营民宿"。

印刘琼的选择，来源于四个字：乡村振兴。乡村振兴，上海始终以"三园工程"为重要抓手持续推进，尤其是被列入民心工程后，更被赋予"加速度"。在2021年建成32个乡村振兴示范村的基础上，全市将于2022年再新建19个乡村示范村；在2021年推动1.4万户农民相对集中居住的基础上，2022年再推动1万户农民相对集中居住，实现5万户集中居住目标。

"我现在的生活，大概是不少城里人羡慕的活法。"印刘琼说。

农 宅

故事另有开端。

20多年前，崇明岛的泥巴地上，当印刘琼淋着雨走了一个多小时才赶到学校时，心里只有一个想法："一定要离开这里。"后来她离家打拼，人在市区，却鲜少回家，直到长江隧桥将崇明与市区陆路相连。

再回家时，道路齐整了，村貌入眼了，乡村振兴蓄势待发。好风景与好政策让印刘琼产生了经营乡村民宿的念头。听闻政府鼓励市场主体参与乡村休闲旅游项目，她以宅基地使用权流转的方式与附近村民签订租房协议，将包括自家老宅在内的6栋闲置农宅改造成五星级乡村民宿。

三年前，她成为民宿经营者，收获了乡村旅游的红利。而出租农宅的村民在收取租金的同时，通过提供打扫卫生等服务获得收益。闲置的农宅盘活了，农民的收入也增长了，还捎带消化了劳动力。政策对此多赢局面的扶持也是实打实的真金白银：区级政府对高星级评定的乡村民宿给予定补助，中兴镇在区层面补助的基础上也叠加奖励。

颇为巧合的是，金山区张堰镇百家村的一名民宿经营者也是因为一眼相中了当地好风景，租下2栋农宅改造成民宿。不同的是，百家村用作民宿的农宅属于村集体资产，由第三方运营。百家村通过收取租金的方式，为集体经济收益添砖加瓦。如今，这名来自东北的经营者携父母在张堰安家，原因就是此处"难得一见的人文地理"。

坚持以生态优先、绿色发展为导向，上海在实施乡村振兴战略过程中一以贯之。也正基于此，成就了一个个美丽家园。同时，闲置的农宅通过乡村民宿盘活，实现农民个体增收、集体经济壮大。成就提振信心。《上海市乡村振兴"十四五"规划》提出，围绕旅游古镇、特色村落、乡村民宿等，打造一批特色村镇休闲区；到2025年，年接待游客量2500万人次，农民就业岗位数超过3万个。

产 业

好风景引来好经济。

近期，位于青浦金泽镇的华为青浦研发中心项目主体结构封顶，"森林小镇"形态初现。这背后，折射的是乡村振兴的核心要素——产业。

坐落于浦东新区泥城镇的特斯拉上海超级工厂，不仅增加了就业、税收，各类技术人才也源源不断输入，有力带动了当地发展。

泥城的成功案例在前，金泽的农民也有同样期许：以前村里人出去打工，以后人们要来村里打工。

优势产业布局需要天时地利人和，城乡联动为产业发展给出了探路方向。

奉贤区青村镇吴房村，村支书秦瑛列举，2020年村集体通过税收获益410万元。何以成就？她说，村集体向村民租赁闲置的宅基房，通过规划、设计、改造后，再引入名人工作室、民宿、企业等业态。部分集体经济收益以分红方式发放给全村农户。

吴房村是奉贤区"三园一总部"项目的缩影：依托农村宅基地、农用地、集体建设用地"三块地"，引入社会资本，从而壮大农村集体经济、促进产业兴旺、反哺农民收益。目前，吴房村已有超过130家注册企业，2021年吸引投资1085万元，核心区形成每年超20万游客的接待能力。

吴房村也是本市乡村振兴画卷中的生动一幕。《上海市乡村振兴"十四五"规划》提出，到2025年，建设150个以上的乡村振兴示范村和300个以上的市级美丽乡村示范村。

人 才

21 世纪什么最珍贵？人才。

上海实施乡村振兴战略需要大量人才。优势产业自然是吸引人才最为高效的方式之一，政策支持亦是留人之道。

金山区山阳镇山阳田园，以咖啡为主题的民宿收益亮眼，其营收是市场平均水平的 5 倍之多。经营者李东一曾在徐汇区上海交大校区经营咖啡馆，因为想种咖啡树来到金山，打造出包括咖啡品鉴、主题民宿以及咖啡师短期培训在内的综合体运作产业链。言及咖啡博物馆的进展速度之快，他说："想做什么就能马上实现，获益于当地政府的高效率和政策扶持。"

陈伟也有着相似感受。7 月，在崇明岛攻克陆地养虾技术难关的陈伟及其团队冲上社交媒体热搜。谈到政策扶持，他说，"相关部门常来考察调研，我们初到时周边水渠条件不是很便利，政府部门及园区跨前一步帮我们解决问题。"

筑巢引凤，有硬件亦有软件。8 月 27 日，《上海市乡村振兴促进条例》经市人大常委会会议表决通过，将助力上海在全国实施乡村振兴战略中走在前列。立法解决问题、政策鼓励人心。多方合力，盘活各种要素，让乡村之美成为城市亮点和底色，让农民在振兴之路上越走越有奔头。

2022-09-03

16 村庄变美后，迎回思乡客，引来投资人

来源◎文汇报

井凌桥村将打造上海（松江）长三角花卉科创产业园，实现花卉产业深度开发。

屋前林地一片，屋后清水一湾。在松江区车墩镇打铁桥村，这样浸染着江南山水韵味的景致就在庭前屋后铺展着。村民费凌云说，这真正让他感觉到"村在景中，人在画中"。像打铁桥村这样美丽的乡村，在松江区已越来越多。过去几年，"农村人居环境村庄清洁行动"在全区 84 个村实现全覆盖。治理生活垃圾和污水的同时，各村庄还广泛开展道路、河道等的改造提质，全面实现美农宅、美庭院、美农田、美路网、美河道"五美"目标。因治理有力，松江区近日入选由农业农村部、国家乡村振兴局评出的"全国村庄清洁行动先进县"，市民群众的获得感、幸福感、安全感显著提升。

更美家乡容下更多乡愁

和村里其他年轻人一样，费凌云也在多年前进入城区工作。从城区回乡车程不到半小时，但以往，在费凌云心里这段距离却很远，最大的"拦路虎"就是乡村环境："村里杂草遍地、垃圾成堆，一到夏天，屋前臭水沟气味难闻。"如今，开展人居环境整治后，家乡真的发生了"蝶变"，再加上公共基础配套的完善，村庄终于告别了当年的"脏乱差"，迎来了美丽宜居的新貌。

实际上，农村人居环境村庄清洁行动改变了许多村、许多人。自 2019 年以来，全区共创建农村生活垃圾分类示范村 22 个，累积清理垃圾 15.75 万吨，推动农村生活污水设施覆盖率达到 100%。同时，改建村内破损道路 42.64 千米、破损桥梁 22 座，完成 330 多千米的农村公路提档升级，轮疏河道 66.9 千米。随着农宅、庭院、路网、河道这些乡村元素越来越美，家乡也迎回了许多走出去的人。

好环境也能变成生产力

除了牵动游子心中的牵挂外，农村人居环境整治更为乡村振兴打下坚实基础。田畴变绿，村庄变美，好环境也变成村里实实在在的生产力。

井凌桥村是远近闻名的花卉村，村内有松江区最大的花卉种植基地——浦南花卉基地。村党总支书记封洁告诉记者，依托人居环境整治等项目，下一步，他们将着力推动完善公共服务配套，让村民更好参与产业发展。同时，借政策东风，这里将打造上海（松江）长三角花卉科创产业园。

人居环境的改善，也为乡村旅游等新产业的发展创造了契机。近来，因为人居环境项目的推进，长楼村吸引了上海科技影视衍生品开发基地落户，村委委员姜丽娜透露，该项目还盘活了闲置农房，重新装修后将成为文创产品线下体验点，既能增加农民的财产性收入，也可带动村级集体经济进一步做强。

人人参与乡村基层治理

为推进人居环境整治，松江区过去3年投入了许多精力，区里先后制定发布了一系列推进村庄清洁行动的政策文件，同时加大财政投入，累计投入近30亿元。

除了政府引领，也离不开村民的主动参与，"自上而下"与"自下而上"的结合，也成为基层社会治理的一道风景。

打铁桥村党总支书记孙炜介绍，为调动农民群众的参与积极性，他们组织村里的老党员和村民代表到其他先进村参观学习，激发村民建设美丽乡村的热情。之后，村里发起成立助力人居环境整治的"乡贤"队伍，充分调动群众积极性、主动性和创造性。

为放大基层的治理活力，区级层面也出台激励政策，制定人居环境整治农户考核奖励办法，同时广泛开展"最美庭院""人居环境整治红黑榜"等评选，营造出人人参与、户户参与、共建美丽乡村的氛围。

奖补承诺到位的同时，考核也动了真格。松江区组建了区级"啄木鸟"督导队，形成"周周有检查、定期有督查、年度有考核"机制，并公开通报结果，做到及时发现问题，闭环整改。

2022-02-12

17 农创路演
让"有颜有才"新品种加速"出圈"

来源◎文汇报

可以吃的油菜、爆米花味的大米、口感酷似石榴的水果玉米这些令人食指大动的农业新品种有望加速走向市民餐桌。

日前,枫泾科创小镇举行了一场上海粮油作物种业科技成果路演,11位来自上海市农业科学院的专家带着自己培育的农业新产品上台"吆喝",吸引了一批来自长三角的农业企业、合作社负责人和风投基金前来"寻宝"。一番举牌、洽谈和对接后,六个品种当场签约,成交金额超400万元。

"农创路演"是这几年在上海农业创投领域兴起的一种推介模式,它直接对接了供需双方,缩短了农产品从实验室走上餐桌的距离,让一批外有"颜值"内有"才华"的农业新品种加速"出圈"。

值得一提的是,此次签订的所有合同中,除了一次性的成果转让费,双方还约定了后期一定比例的销售提成。这是市农科院在科技成果转化上的首次探索,意味着种子销售不再是"一锤子买卖",新品种的市场接受度越高,科研人员获得的收益也越高。

"我是上海市农科院作物所研究员杨立勇,今天我给大家介绍一种可以吃的油菜,去年它刚拿到国家品种认证。"杨立勇是农创路演讲台上的常客,这次他带来了双低油菜"沪油杂19号"和彩色油菜"沪白1号"。前者不仅稳产、高产,还能大幅减少种植人工成本,后者的绿菜蔓中蛋白质含量超过25%,维生素C含量与柑橘相当。

一番推介,台下纷纷亮起了号码牌,一场农业新品种成果转化由此迅速开启。"我们早就对'沪白1号',感兴趣了。"农科种子种苗有限公司负责人说。过去几年,这种花色如雪的油菜成了各地"赏花经济"中"主力花旦"。当得知它不仅能观赏,还有超高的食用价值后,种苗公司眼前一亮:何不仿效草莓采摘游,在观赏之余赋予油菜新的附加值？

　　一直以来，农业科技"落地"面临两难：一方面，由于缺乏高效的转化平台，相当部分农科成果不为市场所知；另一方面，业界和投资者也苦于难以找到好项目。位于金山区的枫泾小镇抓住"痛点"，带头搞起了农创项目路演，为农科成果供需双方提供资本、技术及相关政策等的对接服务，激活农创产业活力，并吸引"长三角农创路演中心"落户，定期举办农创专场路演活动。

　　农业新品种的产业化路径通畅了，科研人员的创新动力更足了。杨立勇透露，近三年来通过"路演中心"，农科院作物所平均每年完成成果转化六七项，转化效率比之前"提速"一倍。

　　为进一步以产业需求为导向，培育经得起市场考验的新品种，农科院成立了沪上农科技术转移转化中心，着眼种源关键技术攻关，提升品种转化率。

　　100万转让费用加销售提成，是此次路演中玉米新品种"申科甜811"收获的"身价"。该品种去年通过了上海市品种审定，目前正参加国家北方统一区域试验及国家东南区域试验。

　　市农科院作物所玉米中心副研究员王慧表示，该品种市场用途多、适应性广，具有成为全国大品种的潜力。

　　"提成模式鼓励科研人员把品种做大做强。"市农科院作物所副研究员白建江说，此次他的团队研发的"沪稻香软34"被光明种业有限公司相中，获得了"60万＋提成"的转化收益。据悉，光明种业计划明年将该品种种植面积扩大到20万亩，以此计算，科研人员一年的提成费用将达60万元，极大提高了新品种研发和成果转化的积极性。

2022-02-23

18 "汗水农业"变身"智慧农业"

来源 ◎ 新民晚报

大雪节气刚过，崇明岛上的光明农业发展集团崇明基地一片恬静。田间地头，今年的冬小麦赶在11月中旬前已全部播种完毕。一棵棵翠绿的麦苗破土而出，展现出勃勃生机。别看地里见不到人影，田间管理却不松懈，一台无人机低空飞过，就把农情数据传回后台。办公室里，年轻的农技人员成为"指挥员"，在线分析农情、调度农事。

党的二十大报告强调，要加快建设农业强国，牢牢守住18亿亩耕地红线，确保中国人的饭碗牢牢端在自己手中。如何建设农业强国？科技是第一生产力。在光明农业发展集团的发展蓝图中，数字化应用遍地开花，无人智慧农场描绘出一幅现代农业新场景。

办公室里遥控种田

上午9时不到，光明农发集团长江农业副总经理张强走进办公室，第一件事就是打开电脑，查看最新的农情数据。与此同时，几架极飞无人机正"嗡嗡"鸣响，按照既定的路线，飞翔在农场的田垄之上。

"冬小麦播种之后，近期我们主要的工作就是田间管理，掌握麦苗的长势，及时调整种植技术。"这些工作由谁来做？除了农技人员，还有火眼金睛的"无人机"作为帮手，让田间管理变得更便捷、更智慧。

"以一条1千米长的条田为例，无人机飞一次只要3分钟，就能知道麦苗长得有多高，密度如何，土地是否平整，杂草和害虫出现在哪里，甚至还能识别出杂草的种类。而同样的工作如果交给人力来做，边走边看差不多要花1小时。"

张强告诉记者，无人机巡田能够建立起作物生命周期情报站，采用"空天地"一体化大田监测技术，即利用高分遥感技术、农业物联网检测、低空无人机遥感等技术，

对作物生长进行实时的全维度全周期监控，降低对劳动力的依赖，巡田效率可以提高20倍。

"2010年，我从扬州大学毕业后，就来到了长江农业，当时还跟着老师傅天天在田里跑，背着农药箱下地，但现在的工作场景已经有了天壤之别。"他说，如今无论是病虫害调查，还是作物长势，都可以通过技术手段来掌握，坐在办公室里的技术团队分析数据、集中决策，再决定是否要给麦苗施肥或打药，而具体执行就能交给无人机。

只要对施肥、施药的区域规划好航线，并进行起飞设置后，无人机就会按照既定路线自动飞行作业。与此同时，工作人员能在后台实时监测飞行轨迹、速度和喷洒量等，实现植保、施肥的时间、匀度和轨迹的精准化，提高粮食全生育期病虫草害的防治效率和质量，降低农机作业对作物的碾压，根据测算，土地利用率可提高5%，亩产增加25千克。

模式可复制可推广

作为上海的"农业航母"，光明农发集团不仅是保障粮食供应的"压舱石"，也是夯实数字农业发展基础的主力军。

近年来，围绕农业生产过程中的农田、农时、农机、农艺、农管、农资和农事七个关键因素，光明农发集团依托物联网、云计算、大数据、人工智能等技术，实现了农情全方位监测、农机自动驾驶及智能调度、智能灌溉、智能设备自主作业等关键场景的无人化、智能化管理。

光明农发集团信息中心总经理骆静表示："从推进粮食种植在耕、种、管、收的各环节向减人化模式迈进，到构建起全方面的数字化、智能化和智慧化农业生产场景，光明农发集团正在塑造数字农业生产技术新体系，形成智慧农场标准和模式，现已建成一套易操作、高效率、可复制推广的无人农场'光明'模式。"

"不仅是田间管理，在农忙季节，智能灌溉、无人农机等技术都已在无人农场应用。"他说，通过北斗高精度定向定位天线和差分技术，后台能够监测到无人农机的实时位置信息和方向信息，再结合控制算法模型，实现农机的自动驾驶，从机库到田间，实现粮食生产耕种管收全流程无人化作业。

"'面朝黄土背朝天'是大家对种田的传统看法，但在无人农场里，这样的场景已经很少了，'汗水农业'变成了'智慧农业'。"骆静告诉记者，目前这套数字化、智能化的农业生产场景已在集团域外农场试点2万亩，实践证明可节约劳动力80%、节水节电20%、减少化肥使用10%，实现粮食增产5%的目标。接下来将在崇明继续试点推广，力求建成一个全国领先的万亩无人农场数字化转型示范标杆。

2022-12-09

19 上海：
构建智慧认证体系，服务绿色农业发展

来源◎农民日报

上海，有效期内绿色食品企业共944家，绿色产品增加到1760个，获证产量超过123万吨。农业规模并不大的上海，绿色食品企业数量和产品数量跻身全国前十，绿色农产品认证率则高居全国榜首。

对城乡居民而言，消费绿色农产品是追求生活品质的重要方式；于农民来说，经营绿色食品是实现优质优价的重要途径；之于生态环境，绿色农业是公认的能够兼顾经济效益和生态效益的产业模式。可想而知，如果不能把好绿色食品"身份证"的认证环节，绿色食品认证很容易陷于"四面楚歌"，即消费者不信任，生产者没有积极性，生态环境得不到保护，政府的公信力被贬损。

"5年来，上海市、区、镇三级农产品质量安全工作人员以服务效率激发经营者的积极性，以产品优质赢得消费者的信任。"上海市农产品质量安全中心主任丰东升说。

构建智慧管理平台实现高效许可管理

2018年底，丰东升走上上海市农产品质量安全中心主任岗位不到4个月，他遇到了一件尴尬的事，500多页绿色食品认证材料等着他签字，等他按照要求硬着头皮签完，手都举不起来了。那一刻，丰东升忍不住在心里为自己的"低效辛苦"而叫屈，也为中心的同事们来回搬这么重的材料而鸣不平。随即，他的眼前浮现出2018年初颁布的《上海市都市现代绿色农业发展三年行动计划（2018—2020年）》，紧接着，他的脑子里生出了一个大大的问号：数字时代，上海的绿色食品标志许可管理工作将何去何从？

那段时间，丰东升耳边回旋着上海都市现代绿色农业发展的鼓角争鸣，同时，他预见到了未来许可管理工作量的急剧增加，如果不能用智慧管理系统提高效率，不仅是他个人不能很好尽责，中心和中心的全体工作人员以及区、镇相关工作人员的形象

都会因此受损。

构建绿色食品标志许可智慧管理平台的想法逐渐厘清了思路。

丰东升的设想得到上海市农业农村委员会和相关专家们的高度认同,《上海绿色优质农产品全程智能化管理系统》项目因此得到了 2019 年上海市科技兴农项目的鼎力支持。

记者了解到,借助于智能化管理系统提高绿色食品许可管理效率不是上海首创,但是,如今已全面投入应用的《上海市绿色食品标志许可管理平台》得到中国绿色食品发展中心的高度认可,这样的成效,得归功于平台建设的策略——边开发边使用小步快走。

和类似于 OA 性质的管理平台不同,上海的许可管理平台充分体现了市、区、镇三级在全流程中各负其责的制度,并通过计划表管理、受理审核、现场检查、预审和省级初审这些模块实现效率。因为有年度计划表管理,企业申报前就对基础材料做了过滤,为企业进入申报环节打下了很好的基础,也就是说,这个平台做到了从源头把关,接着通过层层把关,让企业感受到一鼓作气的成就感和自豪感。

2022 年春天,上海遭遇新冠肺炎疫情。得益于 2021 年 4 月正式上线的上海市绿色食品标志许可管理平台,上海市、区、镇三级认证工作基本正常。

上海市农产品质量安全中心副主任张维谊告诉记者,今年是绿色食品续转大年,续转企业近300家,如果没有管理平台,认证审核就无法开展。

组建市、区、镇三级队伍提升服务效率

三年行动计划结束的2020年,上海绿色认证率提高了近12%,达到25%,今年将如期完成绿色食品认证率30%的目标。这个成绩归功于数字化管理平台,更归于市、区、镇三级队伍的建设和完善。

传统的认证程序是企业直接向省市级农产品质量安全中心提供认证材料。因此,如果不改革,源头材料不规范导致的认证效率低下将持续下去,"四面楚歌"状况也将继续。针对这个情况,上海自2018年开始就提出了市级工作人员走出去,为上海绿色食品认证监管的高效率打下了人力资源基础。

市级工作人员走出去一方面是为绿色食品企业提供直接的服务,另一方面是实施6年培训计划。据了解,上海把6年培训计划分成前3年和后3年两个阶段,第一阶段培训区级机构工作人员,第二阶段市、区两级机构工作人员培训镇级机构工作人

员,即通过对区级机构绿色食品监管员、检查员的资质培训,加快获得高级绿色食品检查员资质的速度,对区、镇拿到证的检查员开展业务能力提升培训。与此同时,针对企业内部检查人的培训则延伸到企业负责人。

世界级生态岛崇明区的绿色现代农业发展承载了时代责任。2022年上半年的数据显示,崇明区获证企业和产品数分别达到253家、467个,绿色食品产量达到45.9万吨,占上海市绿色食品总量的34.8%,稳居上海9个涉农区第一名。据此,崇明区农业质量安全中心主任施惠国认为,如果崇明区没能完善区、镇机构工作人员队伍,即便崇明区的绿色食品在那里,认证速度也跟不上,因为线上线下的审核认定工作都得靠专业的人去做。

上海是较早建设绿色食品推广队伍的省市。如今,除了崇明区组建了一支62人的区、镇队伍,上海其他涉农区也都形成了各自的队伍,上海市、区、镇3支队伍专职总人数超过200人,兼职人数超过500人,这是了不起的进步。

记者通过上海市农产品质量安全中心了解到,因为队伍完善,审核、监督的效率质量都高了,2022年上海获得了部级综合审查资格下放试点,上海也开启了审核权向区、镇下放的探索之旅。

为绿色食品提质保量增效"站台"

考虑到上海农业产业规模和环境限制,30%的绿色食品认证率已经做到了极限,在拥有智慧管理平台和市、区、镇三级机构队伍的情况下,上海还将开展哪些方面的工作?

上海市农业农村委员会相关负责人表示,上海各级农产品质量安全中心已经达成了一致,继续提高认证监管效率的同时,为绿色食品提质保量站好台,为不断体现绿色食品效益而搭好台。

记者采访得知,未来,上海都市现代绿色农业建设将着重围绕绿色食品和地标农产品展开,这就意味着上海不仅要维持粮食和蔬菜的绿色产量,还将拓展畜禽、水产等品类的绿色食品产量,因此,仍需要改造升级现有的上海市绿色食品标志许可管理平台,服务好绿色食品的提质保量和经营效益。对此,上海的做法有二:持续完善农产品质量安全监管市、区、镇、村四级网络,完善跨区年检督查;为绿色食品搭建展示展销的平台,推动绿色食品进社区常态化。

"松林"牌大米和猪肉在中国绿色食品博览会和中国国际有机食品博览会上屡获金奖。松林大米是上海唯一的大米类地理标志产品,松江大米中的强势品牌大米,松林猪肉则是上海第一个也是目前唯一获得绿色食品许可的猪肉产品。上海松林食品(集团)有限公司董事长王龙钦对上海农产品质量安全中心的服务和效率赞不绝口,他说:"我们公司构建了田园鲜猪肉和绿色有机大米两条闭环产业链,目的是要做百年老店,必须不断追求绿色产品的品质、产量和效益,如果在认证环节、展示展销环节得不到支持,企业经营会很被动。"

王龙钦的话代表了上海经营绿色食品的企业主们的心愿和感受。正是因为有市、区、镇三级机构的高效服务,企业围绕绿色发展的热情始终不减,上海绿色企业、产品的数量才能稳定在一个高水平。

近年来,上海农口各级部门服务绿色农业发展的创新实践风生水起。2022年,在"春风万里绿食有你"绿色食品宣传月(上海站)主题活动期间,又开展了首届上海市绿色食品宣传标语征集大赛、寻找上海市最美绿色食品企业等活动。这是上海农产品质量安全中心创新实践的又一个展示传播活动。

"让更多消费者了解上海绿色食品,就抓住了服务好上海绿色农业发展的本质,绿色食品的质量、产量和效益就有了市场保证。"丰东升说。

2022-9-27

20 亿元村里"菇"事多
——记上海两个菌菇特色产业亿元村

来源◎农民日报

2021年上海5个村入选全国乡村特色产业亿元村,其中以菌菇产业为特色的宝山区罗店镇天平村和金山区廊下镇勇敢村同时入选。过去两年两个村实现逆势高速增长,村里的"菇"事肯定不少。近日,记者走进这两个新晋的特色产业亿元村,聆听"菇"事,寻找"致富经"。

亿元村"菇"事背后

产业从无到有、做大做强的故事是改革开放后长三角一带乡村发展历程中少不了的情节,宝山区罗店镇天平村的"菇"事,是其中之一。

上海是中国菌菇工厂化栽培理念推广的旗帜、实践的标杆。2000年,上海开始力推工厂化菌菇栽培理念,有着12年菌菇生产贸易经验的黄国标选定天平村作为菌菇事业的新起点,目标直指工厂化。

因为决策层意见不统一,工厂化菌菇事业很长时间里没有起色,直到2008年,宝山区发力新农村建设,黄国标和他的上海永大菌业有限公司迎来了时代契机,工厂化菌菇栽培项目快速落地。从此以后,黄国标和他的团队开启了引进国外新品种、新技术、新设施并实现本土化发展壮大的征程。

"2020年公司经营额首次超过亿元,达到1.2亿元,去年经营额为1.5亿元。"黄国标说,未来还有继续高速增长的潜力。

通过多年科技攻关,永大菌业突破了木腐菌草腐化,通过增加基质料秸秆的配方比例,不仅消化了宝山区的秸秆等农业废弃物,还解决了木腐菌原材料紧缺的难题。所有这一切,都为永大菌业未来发展打下了坚实基础,天平村菌菇特色产业的未来前途光明。

勇敢村的"菇"事和天平村不同。菌菇是廊下镇的传统产业,去年年底,廊下蘑菇被农业农村部农产品质量安全中心评定为全国名特优新农产品，这个过程中，勇敢村的"菇"事起起伏伏，先后经历了粗放式、标准化和工厂化蘑菇栽培的产业发展道路。

2018年，廊下镇开展食用菌企业帮扶菌菇栽培农户转型做大做强廊下蘑菇产业的行动，在廊下镇政府和上海联中食用菌专业合作社的帮扶下，勇敢村8家蘑菇专业合作社实现了原料、技术、加工、销售、价格、品牌统一的经营模式，8家蘑菇专业合作社一跃而成为江南草菇菌企业化生产规模第一的成员，搭上了双孢菇品类附加值最高的品牌"联中1号"的高速发展列车。

一致看好"内循环为主、外循环为辅"

"从地产双孢菇来讲，'联中1号'品牌双孢菇在上海市场占有率超过97%，从上海市场总的需求量讲，'联中1号'品牌的占有率不到20%，提升产能满足上海市场需求是我们的主要任务。"上海联中食用菌专业合作社理事长陈林根说。

据陈林根介绍，合作社已经基本完成新设备的安装调试工作，预计今年5月投产，到那时，"联中1号"品牌双孢菇的市场占有率将超过20%。另外，陈林根已经着手准备草菇菌基质原料的出口业务，确保合作社跟上以内循环为主、外循环为辅的市

场形势。

和陈林根不同，黄国标已经构建了以内循环为主、外循环为辅的企业经营格局。2020年，永大菌业在美国加利福尼亚州的两个食用菌基地开始运营……

去年，继永大菌业被农业农村部认定为2021年农业国际贸易高质量发展基地后，培植出的优质产品舞茸上榜2021中国优质农产品秋季榜单，永大菌业以"内循环为主、外循环为辅"的经营成效可见一斑。

振兴乡村头部品牌实至名归

近日，上海大学中国城乡融合发展研究所的"上海十大乡村振兴头部品牌（涉农民企）创建模式研究"课题取得实质性进展，通过企业自主报名，专家根据农业企业品牌价值评估模型打分，遴选出了上海涉农民企十大乡村振兴头部品牌，永大菌业"珍菇园"品牌和"联中"品牌双双入选。

为什么同为菌菇行业的"珍菇园"品牌和"联中"品牌能够同时入选？"这个课题是针对引领乡村振兴农业企业品牌的创建模式实证研究，为中国农业企业做强提供品牌建设智慧和经验的同时，品牌引领乡村振兴的成色也是重要考量因素。"上海大学中国城乡融合发展研究所执行所长朱明原道出原委。

勇敢村党总支书记何叶华告诉记者，2019年勇敢村菌菇产值3 000万元，而2021年就达到了1.12亿元，增速之快得益于联中以品牌统一为核心标志的帮扶。

记者还了解到，在帮扶勇敢村的基础上，联中为金山区85个经济薄弱村的村集体资金开源，总计高达1.648亿元的资金投入联中，年返利息高达6.2%。

那么，在近郊工业化城镇化高度发达的乡村，永大"珍菇园"品牌发挥了怎样的引领作用？

"永大在助力天平村和周边镇村振兴方面全面展示了文化软实力和市场竞争硬实力，企业就是村镇的金名片，企业又是绿色发展的代言人。"天平村党总支书记严云龙说，天平村是近郊农业大村，也是宝山区乡村振兴示范村，永大的作用有目共睹，特别是在塑造乡村形象和高质量绿色发展这两个方面。

过去几年，永大菌业消化吸收了宝山区绝大部分乡村的农业废弃物和森林绿化废弃物，成为上海各涉农区竞相学习的样板；2021年，永大获得上海市高新技术企业和上海市科技进步一等奖，被农业农村部认定为2021年农业国际贸易高质量发展基地和全国农村创业创新典型企业，企业和黄国标个人被评为上海市乡村振兴先进集体和先进个人，黄国标还被推选为宝山区农业产业发展联合会会长。这些荣誉，是永大菌业在新农村建设和乡村振兴过程中奋斗出来的，在宝山区建设上海科创中心主阵地的时代，永大"珍菇园"贡献了不可或缺的农业科创价值。

2022-02-10

21 | 这条稻米价值链连上了稻乡与都市

来源◎农民日报

上海市金山区现代农业特点是多品类经济作物和稻米产业互补共生，朱泾镇新泾村除了少量种植西甜瓜、蔬菜，30个家庭农场都"清一色"从事绿色水稻生产。2021年新泾村以"稻香新泾"的主题获得了创建上海市第四批乡村振兴示范村的机会，并被赋予朱泾镇乡村振兴连片示范区"中间一环"的重任，不少以水稻为主要产业的上海都市乡村因此备受鼓舞，对一条稻米价值链如何连起稻乡与都市产生了浓厚兴趣。

乡村资源、业态有效对接城市生活生产生态是乡村振兴的"不二法门"，承载着稻作文明的现代绿色水稻产业如果能与都市需求对接上，稻花香里的乡村便有了振兴的路径。"稻香新泾"是如何做到这一点的呢？

多举措发展区域特色经济

新泾村以水稻种植为主，创建以"稻香新泾"为主题的乡村振兴示范村实属不易。要站在5 000亩绿色水稻田里做好振兴的文章，至少要做成以下三件事，缺一不可。首先要实现绿色稻米的优质优价，这是基础；其次要通过农旅结合延伸产业链、服务链，培育挖掘水稻价值链、品牌链；再者要和周边的产业互动叠加，形成区域特色经济。

朱泾镇党委、政府在确定新泾村以"稻香新泾"为主题竞争上海市乡村振兴示范村创建机会前就考虑到了这三个方面，顺势而为推出了"稻花湾"区域公用品牌建设。顾名思义，这个区域公用品牌展示了"花海待泾、稻香新泾、幸福大茫"乡村振兴连片示范区的差异化定位和未来愿景，即通过待泾村的芳香产业、新泾村的稻香产业共振形成区域特色产业，和大茫村一起奔向幸福的未来。

通过农旅结合延伸产品链、服务链，培育挖掘水稻产业附加值的规划也在一步步落实中。目前,新泾村已经建构了"龙头企业＋家庭农场＋农户＋保险公司"的绿色稻米产业经营模式,和"稻花湾"品牌对应的绿色稻米价值链闭环雏形已出现。在这个产业链基础上,新泾村在完善大米、胚芽米、糙米等产品经营的同时,还开发了米昔、米糕、米茶等衍生品,其中,米昔一个品类就有8种口味可供选择。这些品牌产品除了在新泾本土电商平台"来金山白相"上架外,米昔产品已与花开海上生态园、木守、西溪等"芳香"小镇中的品牌经营主体合作销售,"稻香"与"芳香"产业链正在加速互联。

"新泾村老百姓对稻香新泾充满了期待,村'两委'和村民都有信心,因为我们村引进了成熟的稻米产业价值链。"新泾村党总支书记、村委会主任朱元峰说。

引企业打造绿色稻米产业链

不管是什么样的农业产业,如果拥有一条完整的产业价值链,就拥有了竞争力,在这个基础上培育拓展新业态、新价值就会更从容有效。稻米价值链的基础价值在于

绿色稻米的优质优价，单是这个基础价值就牵涉到从种植到销售的闭环，因此，引进稻米价值链绝非简单的事，引进一条成熟的稻米产业价值链，难度更大。

记者了解到，新泾村引进了正在申报国家级农业产业化龙头企业的上海盛致农副产品有限公司，也引进了以经营金山区中高端绿色稻米为核心业务的稻米价值链。

说到这条价值链，金山区居民可能并不了解，但说到"来金山白相"电商平台及"金山岛""忆谷粮芯"大米品牌，金山区群众大多熟悉，知道这个优质农产品电商平台和大米品牌的上海市民也不少。这是过去6年里岳桂元等人创新打造的农产品价值链，是金山区引进的新型职业农民为金山区特色农产品构建的价值闭环。

近日，记者来到新泾村乡村振兴核心区所在地一农5组。2011年盛致公司在新泾村注册，去年，盛致公司把这里定为经营总部。夏日的阳光下，气温超过了30摄氏度，6万吨绿色稻米加工项目工地上热火朝天。刚刚结束直播的水稻田一片深黑，其上的木栈道在阳光下泛着深红色的光。黑黑的稻田和远处一排排白墙黑瓦民居构成一幅夏日的田园画，虽不很精致却质朴可人。

上海盛致农副产品有限公司相关负责人岳桂元告诉记者，这一片3个村组是新泾村乡村振兴示范村的核心区，因为项目正在推进中，看上去有点乱，再过两三个月，这里将会是"稻香新泾"的展示地，稻米产品会通过公司渠道和"来金山白相"电商平台到达客户。

记者通过岳桂元了解到，过去6年，岳桂元和妻子潘海涛主要负责经营盛致公司，儿子陈建宇负责运营"来金山白相"电商平台和上海建宇水稻种植专业合作社，他一家所经营的产品都是金山区特色农产品。一个公司和一个电商平台基本满足了那些喜爱金山区优质大米、瓜果蔬菜等特色优质农产品的中高端客户需求。以加工大米和销售为主的公司和以示范种植优质大米为主的合作社，是金山区优质大米的闭环。在这个闭环里，今年金山区4万亩绿色水稻实现了优质优价的订单农业，包括朱泾镇域内的5 000亩和新泾村近3 000亩绿色水稻。

2021年，"来金山白相"电商平台销售额超过1 200万元，品牌大米营业额达到55%，盛致公司营业额达到1亿元，品牌大米销售额超过3 120万元，这条稻米价值链为金山优质大米实现优质优价贡献了4 320万元。新泾村"两委"和村民的判断是正确的，引进盛致公司就相当于引进了绿色稻米产业价值链，引进了上海市金山区唯一的稻米产加销价值链。

政研企合力提升品牌竞争力

盛致公司的价值链是市场化培育的结果，家庭农场、合作社通过这个价值链绿色水稻每亩至少增收150元，这对于达成"稻香新泾"主题目标是非常关键的价值基础，但盛致公司价值链的培育过程并不是这一家的奋斗成果，这条价值链汇聚了政研企三方智慧。

2016年陈建宇构建"来金山白相"电商平台时完全是市场化行为，但是，金山区各级政府特别是区农业农村委员会第一时间表示支持，由金山区农业联合会授权这个平台经营金山区特色瓜果、蔬菜。金山区在随后推出"金山味道""鑫品美"区域公用品牌时，虽然有相应的运营平台，仍然给予"来金山白相"电商平台使用相关品牌的资质。正是因为这个过程，"来金山白相"电商平台不仅做得早，还积累了不少中高端客户。朱泾镇在创建"稻花湾"品牌时也一脉相承，从一开始就把盛致公司和"来金山白相"电商平台、合作社视为品牌建设参与者、实践者。

在得知岳桂元一家致力于稻米新产品研发推广及农旅结合发展的想法之后，区级、镇级层面主动把连片示范区资源引导给企业，通过和"花开海上"等休闲旅游品牌的联动，延伸价值链，实现附加值。

除了政府的资源、力量为价值链注入附加值外，以上海市水稻产业技术体系首席

专家曹黎明为核心的上海市农科院水稻研发团队也加入了培育"稻花湾"品牌的队伍。2021年以来，在上海市农科院和金山区共建农业现代化先行区的时机下，该团队主动和上海建宇水稻种植专业合作社开展从新品种到新稻米产品的新产品链的合作研发，也就是说，通过新品种、新工艺、新产品形成新的品牌竞争格局，为现有的稻米价值链注入新价值。

经过6年成长，"来金山白相"电商平台已经成熟，员工由当时的6人扩大到10人，这两年团队已经把经营额稳定在了1 200万元左右，要实现3 000万元营业额的目标，陈建宇和他的同事们还需要寻找、培育更多新优产品。"我们合作社优质水稻基地有320亩，有了更多的金山特有的新品种，我们就能充分发挥团队的策划推广能力，新泾村绿色稻米的附加值也会水涨船高。"陈建宇说。

2022-07-02

22 乡村，不仅仅只是寄托乡愁
——上海农村调研手记

来源◎新华社

年末岁尾，记者走进上海农村。

上海还有农村吗？答案是：上海区域面积6 340.5平方千米，其中城市开发边界外的乡村地区占4 100多平方千米，拥有1 548个行政村，202万亩保护耕地，其中150万亩为永久基本农田。上海从2010年起不再新登记农业户口，目前上海农业户籍人口约121.5万人。

相比于农业大省，上海这些数据不算什么，也正因如此，上海作为超大城市，在中国最有条件重塑城乡关系、全面实现城乡一体化。

记者在上海农村，看得到乡愁，更能看到农业强国的上海实践。

年轻人为何愿意回农村

农村的活力在于青年。近年来上海远郊蓬勃发展的民宿市场，让一批年轻人从城市回到了农村。

3年前，康伟佳刚回到老家浦东新区书院镇洋溢村做民宿时，叫苦不迭：父母建成的房子，是那种俗称"假欧式"的农村自建房。康伟佳在城里做房地产，懂行，房子外形不能改，内部找了专业设计师大改：中央空调，地暖，直饮水……一应俱全。他给民宿取名"吾遇素月"，源自宋人陆游的词"纨扇婵娟素月"，在南汇方言中，"素月"又跟"书院"同音。一共7间客房，客房名来自《山海经》，都很古朴："乐游""招摇""青腰""琢苒"……周末和节假日，一房难求。住客以亲子游和单位团建为主，康伟佳给记者看了住客给"吾遇素月"的留言："细节上处处透露用心""窗外风景干净绿植环绕相当解压"。

日出江花红胜火，春来江水绿如蓝。能不忆江南？上海是一座在乡村中崛起的超大城市，民宿寄托了城市游客的乡愁。浦东新区、崇明岛、松江、青浦、嘉定……

记者一路走下来，看到各式民宿，虽然风格不一，但共同点都是内部设计精致、周边环境优美，推窗风来，或满眼葱茏，或小桥流水。浦东新区宣桥镇腰路村一家投资了600万元装修的民宿，客房巨大的圆窗外，就是一片广袤的稻田。收割完毕剩下的稻茬在阳光下金黄灿烂，与蓝天白云相衬，令人心醉神迷。

烟雨江南，属于农耕文明的美好记忆，这是城市难觅的乡村美学价值。"乡村美学的复兴顺应了当下的怀旧乡愁。"华东师范大学教授仲富兰说。仲富兰是土生土长的上海人，他从小生活在徐家汇老街，20世纪50年代，从徐家汇往西，过了凯旋路，就是稻田。如今这一块早已是上海中心城区了。半个世纪，沧海桑田。他说，城市化程度越高，乡村美学的价值便越是凸显。乡村美学包括自然美、物态美和人文美，在乡村，无论是原生态，还是人与自然的和谐共生，以及东方伦理型生活方式，都不断激起人们寻找自然精神家园的欲望。"区别于城市的'喧嚣'与'快节奏'，恬静、原真、非职业化的情感与生活，在乡村这般温淡如水的来来去去中，显得更加温情脉脉。"他说。

乡村美学的前提，当然是村容整洁。曾几何时，因为城乡二元结构，上海也存在农村卫生环境脏乱差的情况，如今这种现象越来越少见了。上海市农委主任冯志勇说，近年来，上海大力推动农村生态文明建设，全域实施农村人居环境整治，推进村容村貌提升、垃圾治理、农村生活污水处理、农村水环境整治、村内道路硬化等，尤其是重点完成了困扰农村环境的畜禽养殖整治任务，促进种养结合、生态循环，实施农药化肥减量化使用和农作物秸秆综合利用，有效改善了农业生态环境，既整洁有序，又保留了鸡鸣犬吠的乡村特色。各种民宿，如雨后春笋般涌现。

民宿经济对乡村的改变是显而易见的，一是提高了农民收入，土地增值，农民增收，崇明岛建设镇虹桥村形成了村落民宿群"顾伯伯农家乐"，加入其中的每户村民年均可增收7万~15万元。二是农民就地享受到了城市文明带来的便利，康伟佳说，乡亲们经常过来串门，喝喝咖啡看看书，或者直接取经，计划也做民宿。书院镇另一家热门民宿"童逸农庄"，老板蒋克斋是书院镇女婿，在城里打拼多年之后回乡做民宿，他喜欢音乐，在后院设计了集装箱酒吧"诗书酒茶"，村民也常来这里品酒唱歌。其三，民宿也倒逼村民增强环保意识，在崇明建设镇虹桥村，尝到民宿甜头的村民，主动配合美丽乡村建设，自觉进行垃圾分类，维护房前屋后水质清洁，将原来的鸡棚羊棚清理掉，种上"小菜园""小花园"，家家户户门口挂上家风家训，村容村貌焕然一新。

如何让土地更有价值

大米饱满晶莹,米饭油亮清香。

2022年12月15日,上海松江一年一度的优质中晚熟大米"松香粳1018"评比品鉴会在泖港镇举行。这是松江大米的"华山论剑",由来自上海市农科院、市农技推广中心、上海交通大学以及松江区农技中心等单位的7名专家组成的评审团,现场认真品鉴。最终,上海松林米业有限公司脱颖而出,一举夺得"最佳品质奖"和"金奖"两座奖杯。这也是种养结合的"松林模式"的胜利——近年来,松林集团布局"养猪""种稻"两条全产业链,借助养猪场产生的猪粪尿,发酵加工成有机肥还至稻田,这样的生态循环体系不仅减少了化肥用量,种植出的大米品质也更优。

发展现代农业以使有限的土地产生更高的价值,是上海农业发展的方向。2021年,上海启动实施《推进农业高质量发展行动方案(2021—2025年)》,明确以推进农业绿色发展为核心,努力实现高品质生产、高科技装备、高水平经营、高值化利用、高效益产出。记者看到,高科技加上"精细"的上海文化特征,让上海乡村呈现众多

新景象。

　　上海最大的农村地区崇明岛，全区水稻种植规模超 27 万亩，正在探索"两无化"：水稻种植全程不用化学肥料和化学农药；嘉定区外冈镇，"数字化无人农场"种植水稻，农场的日常运行管理可以在可视化智慧平台以及人机交互界面上进行；浦东新区宣桥镇腰路村建成了上海首个 5G 全智能数字水稻种植示范区，从地上"长"出来的 5G 智能杆，实时将田间管理有关的光照、温度、湿度、风速、降雨等数据采集、传输到云端，通过人工智能算法，结合生长模型，进行播种、施肥、灌溉、收割的全流程智能化管控，200 亩水稻田里所有的飞防植保工作，一个人就能搞定。

　　浦东新区老港镇，地处东海之滨，拥有除崇明外全上海最大连片的农业土地资源，近年来致力于种源农业，镇内企业祥欣种猪、弘辉种稻都是行业翘楚。全国每 10 头上市的商品猪，就有 1 头含有祥欣种猪基因。后者弘辉是全国著名的杂交水稻制种基地。老港镇镇长谭志恒自信地说，高端种源农业直接关系着国家农业安全，老港镇将推动更多高质量种源农业企业落户老港，形成高端种源矩阵。

　　传统农业的弊病是小而散，实现规模化经营的农业合作社、家庭农场正成为上海农业发展的主流。金山区枫泾镇下坊村，今年稻谷丰收，南粳 46 稻谷的收购价是 1.69 元每斤，"沪软 1212"的成品米售价是每斤 3.5 元，而"90 后新农人"尤杰的"上师大 19 号"成品米售价达到了每斤 8 元。当地农民都惊呆了："怎么会有人买这么贵的米吃？"事实上，8元一斤的米卖得很好。"上师大19号"是由上海师范大学生命科学学院植物种质资源开发中心在金山区首个成功选育的长粒型香型软米，成品米粒晶莹剔透，煮饭香、软、弹、滑，冷饭不发硬，尤其适合做手卷寿司，受到了一众年轻家庭的欢迎。2020年底，尤杰来到下坊村创立农产品专业合作社，看中的就是绿色生态农产品的广阔空间："吃饭，人们的需求正从'吃饱'转向'吃好'。"

像尤杰这样投身农业的年轻人越来越多。2014年，崇明庙镇人樊尧辞去城里工作，回岛上承包了近300亩土地，运用先进栽培技术种植火龙果等热带作物。他就住在大棚旁边的简屋里，皮肤晒得黝黑，终于成功种出了"红水晶"火龙果。表皮皱皱巴巴，但果肉饱满圆润，一咬爆汁，今年产量4万斤。但樊尧不仅仅卖水果——他还输出种植技术服务，为市区一些学校做屋顶农场，供学生实践，颇受欢迎。

二三产如何导入乡村

浦东新区宣桥镇腰路村，村名有些奇特，因为一条细得像"腰"的五丰路贯穿全域，故得此名。村总支书记沈吉说，腰路村是农业保留村，过去日子不好过，村民以传统小农耕作方式为主，产出低，青年村民都外出务工了，村庄空心化、老龄化问题突出，村集体经济组织基本没有收入来源，依赖上级以奖代补资金维持日常运转。

但这是过去时了。记者看到，如今村庄如画，道路宽敞，多家民宿拔地而起，村里甚至有生鲜超市和餐厅，传统生活方式因此发生巨大变化，餐厅名叫"清美味道"，早餐有捞面、水饺、馄饨、熟食卤味、轻食果饮、盖浇饭等，一根油条仅售1元，早餐5元吃好，中晚餐10元吃饱。生鲜超市里，销售豆面制品、蔬菜、水果、肉类、禽蛋、水产、海鲜、粮油、轻食、乳制品等16大类近5 000多款自制鲜食，村民们因此结束了村里无处买菜买肉的历史。因为产品大多来自上海清美绿色食品（集团）有限公司（以下简称"清美集团"），减少了流通环节，价格较普通菜场便宜10%～20%。33岁的倪丽是超市店长。她说，自己下班时就在店里买菜带回家，"实惠，附近村里的人都过来买"。

清美集团是国家农业产业化重点龙头企业，2021年投资4 300万元参与腰路村乡村振兴示范项目建设，通过村企共建、三产融合的发展模式，建成并获评上海市乡村振兴优秀案例，为企业参与乡村振兴提供了诸多启示。清美集团董事长沈建华介绍说，企业参与乡村振兴，不能只是输血。清美集团除了建超市、餐厅服务村民之外，还在腰路村建了数字化的高标准蔬菜和水稻基地，以及蔬菜分拣中心，企业发展了，也带动了村民就业。记者在腰路村的清美数字化蔬菜基地碰到60岁的张新菊，她负责把通过自动播种机的格栅归拢，工作日每天干两三个小时，每月收入1 200元。张新菊说："我干完活，就回家做饭、带孩子。每个月多笔收入，真不错。"

村里闲置的民房还被清美集团租下，统一装修改造后，作为"清美公寓"供集团职工使用，村民又增加一笔收入，村容村貌也有了相当改观。

"我们最有成就感的就是用现代企业标准、现代农业科技，不用化肥、农药，提高亩产量，改变农民生产方式。"沈建华说。他举例，原来浦东农民种鸡毛菜，一年种3茬，运用高科技后，一年能种12茬，很多种菜高手佩服得不行。

如今，很多浦东农民加入了清美蔬菜产业联合体。联合体由"清美集团＋清美农业公司（包括自建蔬菜基地）＋农民合作社＋家庭农场＋农户"构成，几乎涵盖了所有类型的农业经营主体。清美为联合体成员提供物资、种子、种苗等生产资料及技术，提高他们的种植水平；种植户按照清美的标准进行科学种植，以保证农产品的品质；集团按签约价收购，既确保了农民利益，又保证了蔬菜原料品质的稳定可靠。

事实上，将总部设在乡村的清美集团，已将这一块打造成了"清美小镇"。浦东农委主任冯锦山说，农村要实现高质量发展，导入二三产非常关键。在国外，一家企业或一个产业改变一片农村区域的案例非常多，1个世纪前，硅谷就曾是一片果园。

上海鼓励企业参与乡村振兴，青浦区章堰村引入中建八局，遵循历史的发展脉络，以"生长、生存、新生"的理念将1 000多年的古村落、古建筑翻新复活，投资5亿元打造128亩项目核心区，建设滨水街区、咖啡书店、时尚餐厅、特色民宿等商业业态和休闲空间，再现章堰繁华景象。奉贤区沈陆村以镇、村、社会资本合作的方式成立招商平台，统一流转农民的闲置宅基地、房屋，打造符合企业需求的乡村人才公寓，形成了"一栋房屋一家企业、一栋房屋一群创客"的局面。

在浦东新区书院镇，由于中芯国际项目的进入，镇里加快引进上下游集成电路配套企业，着力打造集成电路全产业链生态圈。记者在书院镇外灶村看到，乡村总部基地已准备就绪，镇里还引进了咖啡品牌"一亩花园"，放眼望去，稻田小河，树林农舍，充满野趣。书院镇党委书记姚建安说，集成电路企业落户后，外溢效应已经显现，现在不少配套企业都来村里租房子，民宿非节假日的生意也红火起来。有一家省级商会还主动找上门来，在村里租房子当办事处。"在国外，企业把总部放在农村的很多，

我希望企业员工,在繁忙的工作之后,到优美的乡村中转一转,放松身心,也能帮助工作找到灵感!"

地铁如何改变一个村庄

"清晨,当你在地铁 16 号线上,经过惠南东站时往东方瞭望,碧水田林、黛瓦人家,一轮红日在远方冉冉升起,这如梦如幻的美丽画卷,就是惠南镇海沈村,一个可以搭着地铁来寻梦、创梦,宜居宜业宜游的田园综合体。"这是浦东新区惠南镇海沈村印在乡村旅游地图上的一段话,足见其自豪之情——海沈村,是上海第一家通地铁的行政村。

新民晚报高级记者、《沪乡记事》一书作者沈月明就是海沈村人,他对当年城乡之间漫长的路途记忆深刻。20 世纪 90 年代,沈月明在上海师范大学就读,周末回家,有一次整整花了 6 小时。"上海到乌鲁木齐的直飞时间是五个半小时,虽然那次回家花 6 小时是个例外，等车时间太久，但无论如何，回趟家需要太长时间。"沈月明回忆说。

因为路途遥远，沈月明上大学前，只到过一次浦西城里，还是小学春游组织去西郊动物园。那时上海远郊农民进城，都说"去上海"。沈月明说："遥远的距离确实影响了上海农村人对城市的认同。"

16 号地铁通车之后，从海沈村到龙阳路站，只需要 40 分钟。沈月明年过七旬的母亲常常背着菜，乘地铁去儿子家。

地铁彻底改变了海沈村，村里进行了专业规划，持续提升人居环境，引进投资打造"乡村 CBD"，还借助从海沈村走出去的两届奥运冠军钟天使的影响，培养乡村骑行文化，成为远近闻名的"网红村"，许多年轻人回来创业、就业，或把自建房改成民宿，或开饭店、搞旅游。村党总支书记庄平说，这在以前不可想象，以前村里"脏乱差"，尤其是夏天，蚊虫扑面，鸡屎猪粪臭得要死。如今，村民在家门口就能享受城市生活，牛排、咖啡与村里传统农家菜"老八样"融为一体，"屋里厢咖啡"已成为网红打卡点。庄平以前一直喜欢喝咖啡，但在农村只能喝速溶咖啡。当他在家门口

喝到咖啡豆现磨冲泡出来的一杯拿铁后，长久回味、无限慨叹。

沈月明在美国工作过，也游历过世界上不少国家。他说，"要致富，先修路"，农村要发展，交通设施建设太重要了，汽车带动了美国城乡一体化，新干线带动了日本城乡一体化，广阔覆盖的农村交通基础设施网，将给农村带来可以预期的变化。

这些年来，上海城乡一体化迈出新步伐，出台了一系列新举措，居民养老保险、医疗保险、低保等保障制度实现城乡统一。《上海市乡村振兴"十四五"规划》中明确写道，要不断提升农村基础设施水平，包括加强农村交通设施建设、推动市政公用基础设施建设向农村地区延伸、提升农村信息化水平，此外，还要在教育、卫生、社保、养老等方面持续提升城乡公共服务均等化水平。

上海的农村，不仅仅寄托着乡愁，更承载着这片土地振兴的实践和希望。冯志勇说，乡村振兴任重道远，通过持续努力，农村终将成为我们的绿色田园、美丽家园、幸福乐园。

2022-12-30

23 徐俊雄：弃商从农攻难关，立志种出上海最好吃的橘子

来源◎东方城乡报

"种植出全上海最好吃的橘子"，这是上海橘王徐俊雄十多年前立下的目标。

隆冬时节，我们在上海市金山区金山卫镇横召村的现代化设施大棚里遇见了正在忙碌的老徐。老徐六十开外，皮肤黝黑，是个农民；戴着眼镜，是个知识型农民。这是老徐给我们的第一印象。

老徐介绍，2012年，他50岁，弃商从农，成立了上海锦雄果蔬专业合作社，"开发金山蜜橘，拓展金色产业"，这一干就是十来年。这些年来，有苦也有甜，他始终如一，乐在其中，乐此不疲。

甜蜜的事业

1963年，徐俊雄出生在浙江省丽水市缙云县，母亲是一位老师，父亲在政府单位上班。虽然生活在农村，但他却从未做过农活。

2002年，徐俊雄来到了上海，在松江区与朋友合伙买下一个五金市场，光做股东年收入就有100多万元，日子过得蛮滋润。

2010年，徐俊雄和妻子一起在日本旅游时，在超市看到了一种橘子，折合人民币54元一个。

什么橘子能卖这么贵？老徐说，"我这个人最大的爱好就是吃，于是就买了几个柑橘尝尝，柑橘入口的瞬间就把我的味蕾'俘虏'了。"他仔细查看了包装袋，发现这种橘子叫"爱媛28"。

回国以后，"爱媛28"令徐俊雄念念不忘，如此高端的水果在上海这座大都市一定有广阔市场。他打听到浙江象山种植了该品种，名叫"红美人"，售价30元一斤。

从地理位置上来看，上海金山与浙江象山都是临海型，土壤、pH值、酸碱度均合适，这让他信心十足。

在橘子的大类中，徐俊雄通过几番寻觅，最终瞄准了以"红美人"为首的几个新品种，准备通过试种，筛选出种植管理上、市场反馈上最具优势的品种。

老徐坦言，刚开始时曲折很多，当时的农业部门领导并不支持他搞橘子种植，理由是橘子在上海郊区算不上是有竞争力的品种，而且崇明的柑橘种植面积相当大了，效益又不好。

后来，老徐用实际行动消除了这个顾虑。十年来，老徐的园艺场一年比一年红火。我们在采风时，老徐的手机就响个不停，打来的都是要订购"红美人"的老客户。老徐介绍，今年合作社130亩"红美人"投产面积100亩，平均亩产1 000千克，销售均价每千克40元，销售额400多万元。目前为止，合作社已先后引进了"红美人""甘平""春香""明日见""黄美人""阳光一号"等10多个品种。其中，"红美人""卫美人"已具有一定的知名度，合作社已成为上海"红美人"栽种最具影响力的基地之一。他指着身边那一排排现代化设施大棚，意气风发，底气十足。

"这个200亩的果园，我们自己投了1 000多万元，再加上政府支持，总投资差不多有2 400万元。目前，已建了160亩现代化设施大棚，包括水肥一体化都做好了。做农业虽苦，但我还是喜欢做农业。"老徐说，他要将这项甜蜜的事业长长久久地干下去。

有志者事竟成

投资农业确实并不是一件容易的事。选对品种后，老徐遭遇了"九九八十一难"，攻克了一道又一道难关。

老徐坦言，与其他水果品种相比，"红美人"的种植难度相当高。其中，第一大特点就是不耐低温。2016年1月，金山地区遭遇了百年一遇的严寒，最低温度甚至达到-11℃。而当时，他的基地还没有搭建大棚，"红美人"扛不过去是必然的。如今，在他的基地里，"红美人"果树都生长在了大棚里，基本不受严寒天气影响。

"红美人"的另一特点是易衰退。果树容易生病死掉，老徐说"红美人"十分娇气，水多了不行，少了也不行，肥料也是如此。因此，他专门投资了水肥一体化的滴灌系统，实行精细化的施肥和浇灌。

"红美人"还有个特点，是怕雨涝灾害。2021年夏天，受台风"烟花"影响，基地"红美人"大树死亡40%，减产近50%。

面对突如其来的灾害，老徐和他的家人不屈不挠，并没有就此"躺平"，而是推倒重来，修堤坝、挖死树、育新苗，引进新品种，增加新设施……讲到动情处，老徐眼中含着泪花，但眼神始终坚定。

老徐热情地让我们品尝"红美人"。与普通橘子相比，这款橘中"爱马仕"果皮极薄，果肉上囊衣如糯米纸，其口感类似果冻，入口细嫩无渣。酸甜可口的味道以及丰富的汁水，受到不少消费者的欢迎。老徐介绍，他家种植的"红美人"之所以风味上乘，关键在于他擅长在绿色生态种植上做足文章。

早在2017年，基地就获得了国家绿色食品认证。他在基地使用天敌、杀虫灯、性诱剂等生物和物理防治，减少化学投入品使用，使产品更加安全优质。

老徐的第一个秘诀，是"重施有机肥"。每年每亩土地要施5吨有机肥，而且是以腐熟牛粪为主的有机肥。这样，土壤有机质中微量元素丰富了"红美人"的口感，橘子的风味更好了。

第二个秘诀，是"生草栽培"。在果树下种上草头，让其自然枯烂在土壤里，变成肥料，营造生物多样性，有利于果园保温保湿和蚯蚓的生长，而蚯蚓肥又成了不花钱的上好有机肥。因此，老徐家的果树下，土壤里的野生蚯蚓要比别处多得多，揭开草皮就能看见一条条的蚯蚓。

第三个秘诀，是"整枝修剪"。基地形成了一整套既有利于长树又利于结果的独特修剪方法，及时做好吊枝疏果，提升柑橘树势，让数量服从质量。

第四个秘诀，是"巧过飞鸟关"。老徐笑着说，鸟儿们都知道他家的橘子又香又甜，都成群结队地过来叼啄橘子。他在大棚内花了6万多元全面架设了防鸟网，这才有效减少了鸟类的危害。

老徐介绍，上海地区传统方式种植柑橘挂树采摘期只有三四个月，未来的日子里，他将通过优良品种引选，多品种搭配，改进栽培模式，延长柑橘成熟采摘期，实现优良柑橘周年有8个月可以采摘。同时，他还要继续开展优良柑橘绿色生态化研究，进一步减少农药化肥使用，生产出更多更好的优质品种。老徐说，眼下正是晚熟品种"甘平"的上市高峰，"甘平"果型好、汁水多、甜度高，品质丝毫不输"红美人"。

瞧这一家子

老徐介绍，眼下他的妻子和亲家公均在基地帮忙。特别是贤内助发朋友圈搞营销，忙得不亦乐乎。27 岁的二儿子也在 2018 年放弃服装店的生意，子承父业，来到基地扎扎实实地学习种植技术。学习工商管理的儿媳妇，放弃了外文教师的优厚待遇，从浙江缙云来到了上海金山，搞起了直播带货，使果园的销售更加多元化。更让老徐引以为豪的是，他家的三儿子考上了农林学院，属于专业对口，是未来一家子中最有力的生力军。

有了家人的支持，老徐干劲更加十足。除了硬件投入更新外，他更注重品种的更新迭代。

"种植出全上海最好吃的橘子"，老徐已实现了十多年前给自己定的目标。他表示，到 2025 年，合作社 200 亩柑橘年产量达 30 万千克，年产值突破 1 000 万元，高效农业、精品农业真是大有可为。说完，精神饱满的老徐又要到基地里面从头到尾巡查一遍，这可是他每天必做的功课。

夕阳照在老徐的身上，我们看他真是帅极了。

2023-01-13

24 全力做好高端制造业发展和农业农村现代化的大文章

来源◎上海发布

市委书记陈吉宁今天（11月24日）在松江区、金山区调研时指出，要深入学习贯彻党的二十大和习近平总书记考察上海重要讲话精神，以落实国家重大战略任务为牵引，更好扬优势、强策源、提能级、促转型，全力做好高端制造业发展和农业农村现代化的大文章，为探索走出一条现代化大都市城乡融合发展的新路子作出更大贡献。

松江区泖港镇黄桥村是上海首批乡村振兴示范村之一，村庄通过整体规划设计，建起了村民大食堂、幸福老人村等公共服务设施，新建农居粉墙黛瓦，一派江南水乡

面貌。陈吉宁走进社区服务中心,与工作人员亲切交流,翻阅台账记录,了解村民办事需求和服务供给情况。在村民新居,陈吉宁详细了解村民对于居住条件改善和农业农村发展的想法建议。他说,要紧密结合区域资源禀赋和基础条件,谋划好、推进好超大城市乡村振兴工作。要深化改革创新、用好科技手段,更好适应现代化农业发展需要,推动农业与现代服务业深度融合,促进集体经济组织发展壮大,拓展农民就业增收渠道,更好实现农业高质高效、农村宜居宜业、农民富裕富足。

金山区以"三个百里"重要指示为指引,坚持农业农村优先发展,持续提升农业的经济功能、生态功能和服务功能。陈吉宁来到吕巷镇和平村,了解该村落实推进"百里花园、百里果园、百里菜园"建设的最新进展。村里遍植蟠桃、葡萄等经济作物。陈吉宁一路察看,走进"巷邻坊"党群服务点,听取"毗邻党建"、田园五镇建设情况汇报。陈吉宁说,上海的农村是大都市的农村,拥有市场、科技、资金等诸多优势,加快农业农村现代化更有条件,要立足自身优势和产业特点,提升农业设施现代化水平,更加注重标准品质,强化科技赋能,大力发展精品农业、品牌农业,使农业更强、农村更美、农民更富。实施乡村振兴战略,需要农村基层党组织带头抓推动抓落实。要通过党建引领,整合各类资源,凝聚各方力量,进一步提升组织、服务和"造血"能力,共建共享宜居宜业和美乡村。

2022-11-24

25 | 深化细化"施工图",创造性地抓好战略任务落实见效

来源◎上海发布

今天(2022年12月20日),市委书记陈吉宁在奉贤区、闵行区调研时指出,2023年是全面贯彻落实党的二十大精神开局之年,要深入学习贯彻习近平总书记考察上海重要讲话精神,按照中央经济工作会议要求,结合区域实际深化细化"施工图",创造性地抓好各项战略任务的落实见效,在高质量发展上展现新气象、担当新作为,更好统筹疫情防控和经济社会发展,为加快建设具有世界影响力的社会主义现代化国际大都市作出更大贡献。

因地制宜、因村施策,在做强农村集体经济、做好农民就业增收、做实民生兜底保障上持续用力

奉贤区青村镇吴房村是上海首批乡村振兴示范村之一,以黄桃、花卉和现代农业为特色,积极开拓乡村文创和旅游业。陈吉宁沿着乡间小道一路察看村容村貌,传统

江南村居里开出一家家特色民宿、文创公司。

在听取奉贤区乡村振兴工作汇报后,陈吉宁指出,要立足上海乡村的特色禀赋,前瞻性制定乡村规划,要着力提高服务能级、提升村居品质,让老百姓有实实在在的获得感。要因地制宜、因村施策,在做强农村集体经济、做好农民就业增收、做实民生兜底保障上持续用力,进一步挖掘乡村潜力、壮大发展活力、激发农民动力,更好展现超大城市乡村振兴"实景图"。

> 按照独立的综合性节点城市定位要求,高起点、高标准、高质量规划建设,坚持整体把握、战略留白,科学统筹产城融合、职住平衡、生态宜居等功能

近年来,奉贤区大力推进"四新四大",融入新片区,建设新城市,发展新农村,壮大新经济;构建大生态,完善大交通,提升大民生,用好大数据。陈吉宁来到奉贤区规划资源展示馆,听取奉贤概况和新城总体规划建设进展汇报,就新城建设导则、区域设计指引等作了具体了解。陈吉宁指出,"五个新城"是上海优化城市空间新格局的重大战略部署。要按照独立的综合性节点城市定位要求,高起点、高标准、高质量规划建设,坚持整体把握、战略留白,科学统筹产城融合、职住平衡、生态宜居等功能,注重对新城布局、建筑风格、区域色彩等统一规划、设计和管控,更好彰显特色优势,让人们在新城感受美好生活,吸引更多人才选择新城创新创业。

2022-12-20

26 夯实绿色底色、筑牢生态底盘

来源◎上海发布

今天（2022年12月24日）全天，市委书记陈吉宁在崇明区调研时指出，要深入学习贯彻党的二十大和习近平总书记考察上海重要讲话精神，牢牢把握中国式现代化是人与自然和谐共生的现代化，按照十二届市委二次全会部署要求，进一步深化认识，找准定位，把优势做优、把特色做特，夯实绿色底色、筑牢生态底盘，坚持科技与改革双轮驱动，更高起点推进世界级生态岛建设，大力推动农业农村现代化，奋力谱写高质量发展新篇章。

近年来，崇明区紧扣世界级生态岛目标定位，持续增强绿色发展新优势，全力展现乡村振兴新图景。港沿镇园艺村是上海首批乡村振兴示范村之一，这里河清岸绿、江南民居错落、处处美景环绕。陈吉宁在村子里一路察看村舍河道、黄杨种植以及服务站点，与黄杨种植的"老把式"施鹤生亲切交流，了解他的种植技艺和传帮带情况，祝村民们日子越过越红火。村干部告诉市领导，全村超过四分之三的农户从事黄杨种植，依靠黄杨这棵"致富树"，村里规划建设更有底气。陈吉宁说，产业振兴是乡村振兴的重中之重，要基于一方水土、突出区域特色、开发乡土资源，做好产业兴旺这篇大文章。要着眼农业农村现代化，科学谋划乡村布局，共建共享宜居宜业和美乡村，让农民有更多获得感、幸福感、安全感。

在由由中荷农业创新园，陈吉宁先后察看了蔬菜自动化包装生产线和温室车间。半封闭智能玻璃温室里，果蔬种植通过雨水收集、水肥一体循环利用系统以及环境集中控制系统，实现全程智能化控制。听取园区负责人情况介绍后，陈吉宁说，设施农业大有可为。要坚持高科技、高品质、高附加值方向，强化农产品规模化、集约化、标准化生产，为进一步丰富上海市民菜篮子提供优质、新鲜的果蔬产品供给。坚持科技创新与制度创新并举，加快提升农业科技水平，探索创新现代农业组织和生产方

式，在农业现代化发展上树标杆、走在前。

在横沙岛东滩，陈吉宁实地了解上海现代农业产业园规划建设进展。他说，要落实"共抓大保护、不搞大开发"要求，坚持山水林田湖草沙一体化保护和系统治理，进一步深化对园区定位内涵的认识，把握生态环境资源禀赋，着眼生态绿色农业方向，大力发展高端农业、精品农业、品牌农业，加快构建符合超大城市特色的现代农业发展制度体系。要提升生态空间综合效益，实现发展和保护相统一，更好地将生态优势转化为发展胜势。

2022-12-24

信息交流篇

XINXI
JIAOLIUPIAN

上海实施
乡村振兴战略的探索与实践

1 松江区创新"1+5+X"结对帮扶机制，助力经济薄弱村走出乡村振兴新路径

为有效统筹各领域帮扶资源，推动各类优质资源和要素向经济薄弱村集聚，2019年以来，松江创新推出"1+5+X"结对帮扶机制，指导全区经济薄弱村与各类基层党组织开展共建。两年来，通过全方位、多层次的结对共建，松江区进一步盘活了区域化党建优势资源，完成帮扶村级产业发展资金83万，互派干部挂职实践32人次，切实为经济薄弱村实现乡村振兴注入了强大动力。

一、搭建平台、系统谋划，开辟党建共建新路子

1. 创新"1+5+X"结对模式。"1"是指1个经济薄弱村，"5"是指机关、企业、社区、科教文卫类、社会组织（律所）等5个不同类型领域，"X"是指X个各有特色的党组织。开展结对共建以来，松江区42个经济薄弱村已与179个各类党组织开展结对并达成170个合作项目。

2. 落实"十个一"举措。松江区要求结对共建单位签订一份结对帮扶协议、制订一份具体工作方案、落实经济薄弱村一名驻村指导员（挂村联系员）、梳理一份需求、资源、项目清单、联合开展一次主题党日、协助解决一个老百姓急难愁盼问题、开展一次党员联训、落实经济薄弱村与一批党组织结对、开展机关党员每月驻村一日、每半年至少开展一次走访慰问，以制度机制保障促进组织联建、党员联育、活动联搞、资源联用、服务联做"五联创建"。

3. 健全两项机制。一是考核监督机制，把结对帮扶工作纳入书记抓基层党建述职评议考核以及乡村振兴工作考核，推动"纸面协议"成为"行动指南"，做到启动有目标任务、年度有对照检查、结束有成效评估。二是宣传推广机制，建立全区结对共建项目库并保持动态更新，总结一批共建效果好、党员参与强、群众受益多的结对项目，通过广泛宣传引导，形成示范带动效应。

二、整合资源、因村制宜，推动精准结对得实效

1. 党建结对凝聚组织活力。叶榭镇堰泾村利用浦南毗邻党建资源，联合5家党组织，打造"红色堰泾"党建文化宣传长廊，并依托幸福老人村、"八十八亩田""家绿"合作社等，开创首条"红色旅游"路线，在"玩转上海""上海三农"等平台宣传推广。泖港镇腰泾村分别与企业、科教文卫单位等9家党组织结对，通过结对帮扶、送医送学，联合开展农耕体验、兴办白鹭大讲堂等，组建乡村党建联盟，实现资源互通、抱团共建。

2. 产业结对助力强村富民。新浜镇文华村坚持村校企结对，与上海对外经贸大学以及羚跑家园众创空间三方联合成立"校村企党建联动实践基地"，开办"三农电商直播间"，并成功举办上海（松江）新浜镇农耕文化云直播系列之"我在松江有块田"，和"三个书记带货"首播活动。首场直播众筹有机水稻25.8亩，合计销量19万元。石湖荡镇泖新村先后与乡贤企业申源公司、上海地江集团等13家党组织开展结对，针对大米销售难，逐步从基础1.0版本迈入借力专业优势的3.0版本，打造了"红泖路"品牌，切实拓宽了农民销售渠道。

3. 生态结对建设宜居家园。泖港镇新龚村依托区市容环境卫生管理中心,通过"环境整治,垃圾分类"结对项目,以"自治+共治"方式联防联治,有效实现了村民垃圾分类从"嫌麻烦""分不好"到"分得清""愿意分"的良好转变,人居环境质量得到切实改善。石湖荡镇金胜村与苏州河整治项目党支部等7家党组织开展结对,利用水利设计单位专业优势,将长期困扰村民的臭水沟打造成集亲水体验、健身步道等于一体的大型休闲新地标,获得了村民的一致好评。

三、经验与启示

1. 凝聚共识是做好结对共建的基础。松江区鼓励经济薄弱村拓展党组织的"朋友圈",通过联建互动、互助互学,进一步激发了党组织活力,推动了城乡基层党组织的共同进步,党组织凝聚群众、服务群众的能力不断增强。

2. 创新方法是做好结对共建的关键。松江区深化结对共建机制和载体,不断拓展结对共建的广度和深度,切实把组织优势、人才优势、资源优势转化为推进乡村振兴的发展优势,形成了"1+1>2"的良好成效。

3. 提升实效是做好结对共建的根本。松江区坚持专业结对、精准结对,通过聚焦聚力、因村施策,解决了一批百姓"急难愁盼"问题,群众的获得感、幸福感、安全感得到显著提升。

2 奉贤区在全市首推农村人居环境整治"以工代赈"

自2021年以来,奉贤区通过明确实施主体、资金来源、监管措施,在全市首先开展农村人居环境整治"以工代赈"工作,巩固全区整治成果,解决里农村人居环境领域中存在的急难愁问题,在实施乡村振兴战略中充分体现了"人民城市人民建、人民城市为人民"的理念。

一、创新机制,强化制度保障

奉贤区在开展农村人居环境整治"以工代赈"工作中,研究制定了本区的指导意见,各涉农街镇根据指导意见按时编制农村人居环境整治"以工代赈"年度计划,优先安排经济薄弱村、规划保留保护村并兼顾部分撤并村实施农村人居环境整治"以工代赈"工作。同时,为充分调动农村居民参与农村人居环境优化、美化等工作,各涉农街镇因地制宜选择了一批投资规模较小、技术门槛较低、前期工作简单、务工技能要求不高的农业农村基础设施项目,比如开展村庄清洁行动、村内道路修缮、农田环境清理、管线序化、"小三园"建设,以及根据国家、市级要求开展的农村人居环境优化提升的相关建设内容。全区通过统筹1亿元村庄改造项目资金,2021年启动实施了以街镇、集团为单位的9个农村人居环境"以工代赈"补短板项目,总计107个村、4.8万户农户通过"以工代赈"的方式改善周围的人居环境。

二、惠及民生,保障农民权益

为充分发挥村民主体作用,激发农民群众"自己的事自己办"的自觉性,项目所在村根据各自的需求,通过村民自荐、村委遴选的方式组织本村具备劳动能力、有一定工作技能的农村居民组建相应的"以工代赈"工作队伍参与到具体项目实施中,通过劳动领取相应的报酬,促进农村居民增收。项目施工单位在项目施工协议或合同中

明确使用当地农村居民的数量和支付劳务报酬的数额，村委会每月将村民参与"以工代赈"工作的相关情况进行公示，公示内容包括参与人员名单，当月出工天数，施工地点，施工内容，报酬金额等。同时，为了保障村民在劳动过程中可能发生意外事故损失的情况，由街镇作为建设主体全面投保安信农保专题开发的"奉贤区'以工代赈'建工一切险"，把物质损失、第三者责任和施工人员意外险作为保险内容，保险费用为项目批复金额的千分之五。

三、加强监管，杜绝小微腐败

为确保"以工代赈"项目实施过程做到"公开、安全、规范、有序"，奉贤区用好"三把锁"：一是监管机制，区、镇定期对各村"以工代赈"项目开展"飞行检查"与"日常检查"，对日常发现的问题及时进行通报和限期整改，并做好绩效评价、跟踪整改等工作。二是公示制度，村委会在项目申报成功，及时公开以"项目名称、项目内容、总投资及资金来源、项目施工主体、监理单位及投诉电话"为主的相关信息，项目施工过程中做到每月将"材料采购、用人、出勤率、资金发放"等方面信息进行公示，自觉接受群众监督，预防小微腐败。如庄行镇芦泾村定期按照村民小组划分，张榜公示参与以工代赈项目人员用工、费用等明细情况。三是投资监理，通过有资质的第三方进行全程资金监管和相关合同确认，严格把关拨付资金、购买材料费用、村民工资标准的审核和工程量的确定等相关工作。在用好"三把锁"的同时，奉贤区还要求各涉农街镇、各村切实加强项目的档案管理工作，对项目审批、资金使用、劳务报酬发放以及后期竣工验收等相关材料做好归档保存，做到一档一项。

3 崇明区打造农业绿色发展样板，入选全国典型案例

崇明区历来重视发展绿色生态农业。2017年，崇明入选全国首批、上海首个农业绿色发展先行示范区，2018—2020年连续三年入选《中国农业绿色发展报告》十大农业绿色发展典型案例，2019—2020年连续两年农业绿色发展指数位列全国第一，农业绿色发展处于全国领先水平。近期，农业农村部公布2021年全国农业绿色发展典型案例，崇明区"科技创新引领产业升级建设都市现代绿色农业高地"案例再次入选。

一、以全域管控为抓手，优化绿色发展环境

1. 发挥政策导向作用。制定国内首份绿色农业发展负面行为清单，清退落后产能和不规范生产经营行为。出台促进都市现代绿色农业加快发展政策意见等文件，针对耕地质量保护、绿色投入品、绿色（有机）认证、秸秆综合利用等实施补贴。

2. 加强源头封闭管控。建立"1个总仓+16个涉农乡镇门店"的绿色农资供应体系，健全农产品质量安全监测多部门联合惩戒机制，实现绿色投入品实名制供应、一站式服务、全过程溯源、全域化管控。

3. 实施土地精细管理。推进整村制农村土地归并整合，引导土地从"规范有序"向"规模高效"转变。建立GIS农业地理信息监管系统，形成农业发展数据底板，全区土地规范流转率达93%。

二、以技术创新为突破，加快产业转型升级

1. 推广绿色种养模式。创新不使用化学肥料、化学农药的"两无化"种植模式，逐步推动"两无化"生产从水稻向蔬菜、林果等领域拓展，不断完善标准体系。鼓励农业经营主体探索"稻鱼""稻虾鳖"等立体种养模式，持续推动化肥农药减量，全区绿色食品认证面积比重达91.8%。

2. 构建生态循环体系。实施水稻秸秆机械化还田和离田利用，全区主要农作物秸秆综合利用率达97%。建立蔬菜杂草类废弃物回收处置"基地+村"模式，实现统一收运、智能堆肥、就近利用。构建"全粪+秸秆"新型生态循环链，畜禽粪污资源化利用全覆盖。

3. 强化科技创新支撑。组建崇明生态农业科创中心理事会，深化农业科技创新合作。引入专家技术团队，落地建设"中国农业绿色发展研究会崇明实验站""崇明农业科技小院""全国农业科技成果转移服务中心崇明分中心"等，开展农业科创项目应用型研究。

三、以项目建设为引擎，激发现代农业活力

1. 引培重大农业项目。持续深化全球农业招商，正大崇明300万羽蛋鸡场、由由崇明中荷现代农业创新园等14个重大农业项目落地建设，总投资超过40亿元。

2. 加快花卉产业发展。制定出台花卉产业扶持政策，围绕打造特色花卉研发中心、种源生产繁育中心、花卉交易中心和家庭园艺服务中心，加快引进优质花卉项目，全区特色花卉苗木种植总面积达10万亩。

3. 推进数字农业建设。探索"5G+智慧农业"，推进数字农场建设。建设国家农业绿色发展长期固定观测崇明试验站，启动指标监测，打造"数字模型"。持续推动"机器换人"，建设蔬菜耕种收全程机械化基地和翠冠梨数字农业基地，加快智慧农机融合应用。

4 闵行区创新发展模式，促进农村集体经济高质量发展

近年来，闵行区将巩固提升农村集体产权制度改革成果、发展壮大集体经济作为重要目标，勇于创新实践，灵活利用土地资源、巧妙盘活存量资金，以"联合经营、飞地抱团"等发展新模式，破解钱地矛盾等突出问题，推动农村集体经济高质量发展。截至 2022 年 5 月，闵行区农村集体总资产 1 329 亿元，经营性资产 795 亿元，净资产 309 亿元，收益分配 7 亿元，位居全市各涉农区前列。在多年的实践中，闵行区形成了多种发展模式。

一、联合经营，攻克"有地没钱"难题

在城市化进程中，闵行区农村集体经济抢占先机，形成了以租赁经济为主的楼宇经济模式。随着时间推移，新步入城市化进程的村子尽管有些集体建设用地，但资金要素对集体经济发展的支撑不足。对此，闵行区通过探索联合经营，盘活了土地资源，破解"有地没钱"这类发展难题，为发展集体经济找到突破口。例如，颛桥镇黄二村拥有集体建设用地 121 亩和存量厂房近 4 万平方米，但产业类型低端，环保、消防等问题突出。颛桥镇结合黄二村毗邻上海交通大学、华东师范大学和紫竹高新区的区位优势，于 2018 年底引入优质企业龙湖集团，成立由区资产公司、镇集体公司、黄二村和龙湖集团共同参与的合资公司，统筹负责黄二村厂房改造设计和企业招商，将存有安全、消防等隐患的建筑物拆除重建，新增停车场等配套设施，增加绿化等提升环境，使厂房的租赁价格从每天 1.0 元 / 米^2 提高到 2.2～2.5 元 / 米^2，租金收入翻了一番，签约 JAKA、术锐、图灵量子等 25 家头部企业，税收约 1 亿元。

二、飞地抱团，突破"没地有钱"瓶颈

闵行区一些靠近城市开发边界的行政村，在改革发展中积累了较为丰厚的"家

底",但自身能用于经济发展的土地较少。对此,一些村探索了村与村抱团跨区域购买物业的发展模式,用资金来撬动经济转型发展,突破"没地有钱"的发展瓶颈。例如,曾称"华东第一村"的马桥镇旗忠村和拥有墓园经济的马桥镇民主村积极探索转型蝶变之路,抓住虹桥商务区大发展的战略机遇,联手开展强强合作。2019 年通过自筹、向银行融资等方式投资 9.4 亿元购置了虹桥商务区的上海富力环球中心 6 号楼,建筑面积约 1.6 万平方米。该楼宇自用部分由马桥实业公司承租后开展市场化经营,打响旗忠村和马桥人工智能创新试验区的品牌;市场化招租部分,将引入优质企业,共享虹桥国际开放枢纽国家战略和马桥人工智能试验区溢出效应。

三、成本价回购,摆脱"没地没钱"困境

近年来,随着"五违四必"整治工作的推进,一些村子拆除了大量违章建筑,集体经济总收入有所减少。面对"地钱两空"的经营困境,闵行区探索以附条件出让土地的方式,让村集体以成本价回购项目物业,为集体增添收入来源,蹚出一条"生财"

之路。例如，华漕镇为扭转因南虹桥开发而引起的村集体经营性物业面积减少、收入下降等困局，抓住吴淞江生态廊道、前湾片区开发等建设机遇，通过产业规划、精准招商等举措，采取镇村联动模式，由镇级公司统筹、各村级组织按照农龄比例入股，共同注资成立紫昆公司，联合开发经营性物业，并以附条件出让土地的方式，让紫昆公司以开发成本价回购中骏物业项目，回购总价约 4 亿元，面积近 2 万平方米。目前，该项目已与温州医科大学附属眼视光医院确定租赁关系，日租金达 3 元 / 米^2，年租金收入 2 100 余万元。

四、代建代管，走出"有地有钱无项目"发展局限

为了不再走上农村集体经济通过土地出让的方式将资源变为资金，但集体仅仅获得一次性短期收益的老路，闵行区探索代建代管的方式，保障集体经济依托土地获取长远收益，破解发展局限。例如，虹桥镇新桥村以提供集体建设用地使用权的形式与香港利丰集团开展合作，对原有厂房进行改扩建，建成商务楼宇 8 万多平方米，村集体收取租金，并约定租金每 3 年递增 5%，使用期满后楼宇无偿交付给村集体。该项目已引进企业 41 家，年均利税 2.5 亿元，村集体获得租金收益 610 万元。颛桥镇中沟村以集体建设用地使用权的形式与星河湾集团合作，签订建设公共租赁房近 1.5 万平方米的代建代管协议。星河湾集团出资建造房屋，产权证做在村集体名下，约定房屋使用期满后产权无偿归还给中沟村，每年向村集体缴纳土地租金，租金每 5 年递增 5%，保障了村集体长远发展。

下一阶段，闵行将认真贯彻落实市政府出台的《关于进一步促进农村集体经济高质量发展的意见》，积极创新实践，进一步总结推广典型经验，继续推进农村集体经济高质量发展，促进城乡共同富裕。

5 | 金山区聚焦"五力"，促进乡村民宿高质量发展

金山区委、区政府历来重视扶持发展乡村民宿，全区迄今共认定备案民宿 38 家（其中市级五星级民宿 6 家，四星级民宿 9 家，三星级民宿 6 家），2021 全年接待游客超过 4 万人次，实现良好的规模、社会和生态效益多赢。为更好发挥乡村民宿在彰显乡村振兴"三个价值"的作用，2022 年 7 月，金山区又出台了促进乡村民宿高质量发展的《实施办法》，为本市促进乡村民宿高质量发展提供了金山样本。

一、规划引领，集聚发展有"助力"

金山区乡村民宿发展坚持以住宿业规划为引领，在旅游景区、旅游度假区内或周边，以及规划确定的保留村、乡村振兴示范村、乡村旅游重点村等区域，相对集中、有序发展乡村民宿。金山区现有备案民宿主要集中分布于南部滨海、中部生态圈、G320 农文旅连廊等区域，逐步形成了一定规模的民宿集聚区。为充分发挥农民的主体作用，支持社会资本、集体经济组织等参与乡村民宿发展，提升民宿品质及专业化运营管理水平，金山区对于总投资达到 300 万元的精品民宿，每间客房给予一次性补贴 2 万元；对总投资达到 500 万元，每间客房给予一次性补贴 3 万元；对同一主体投资民宿集聚区，总投资超过 500 万元的多个民宿，每间客房给予一次性补贴 1.5 万元。

二、文化植入，特色发展有"引力"

金山区坚持乡村民宿特色化发展，支持具有地域文化属性的主题民宿发展，鼓励将本地非遗、乡村民俗文化等文化体验主题植入民宿，突出上海地域特点和江南文化特色，打造具有金山本土文化属性、符合现代乡村休闲度假需求的特色民宿。例如，金山嘴渔村以"海渔文化"为特色，享渔情、寻渔忆、玩渔趣，集聚了 20 余家民宿；中部生态圈以"生态田园"为特色，集聚了 10 余家民宿，其中廊下江南莲湘民宿结

合市非物质文化"打莲湘"推出学一节莲湘舞、做一道农家点心等"八个一"体验活动；G320农文旅连廊结合乐高乐园、芳香小镇建设，新建成2家上海五星级民宿，并将开发旅游度假、休闲康养、乡村客创等经营模式。金山多数乡村民宿的客房价格在300～500元，五星级民宿的客房价格在500～1300元。为鼓励主体培育特色，开展等级认定，金山区对新评定为上海市四星级、五星级的乡村民宿，分别给予一次性奖励5万元和10万元；新评定为国家乙级、甲级的旅游民宿，分别给予一次性奖励10万元和20万元。

三、规范管理，品质发展有"实力"

为提升乡村民宿的内在品质，金山区围绕"三关"加强规范管理。一是严把"准入关"，要求民宿经营者需取得营业执照以及食品、卫生许可证，并安装旅馆业住宿登记系统后，方可备案从事民宿业经营活动。同时，实施动态退出机制，每两年对民宿资质进行复核，已清退不达标民宿1家。二是严守"行业规"，2018年成立区民宿发展交流中心，负责制定民宿标准规范、行业交流培训等。2021年，廊下区域内的10家民宿成立廊下民宿联盟，对价格标准、布草清洗、购买保险等实行统一管理，如规定节假日期间客房价格不得低于 580 元，推动当地民宿抱团发展、有序竞争。三是严格"质量关"，鼓励现有乡村民宿实施改扩建，提升品质和服务功能，对乡村民宿改造投资超过 100 万元，改造后民宿等级达到或保持上海市四星级或五星级乡村民宿的，按实际投资额的 5% 给予补贴。其中，四星级最高不超过 20 万元，五星级最高不超过 30 万元。

四、盘活资源，带动增收有"潜力"

金山区加强用地保障，深度盘活农村集体资源。通过农村土地综合整治、集体建设用地减量化等盘活的建设用地指标，优先用于休闲农业和乡村旅游（民宿）配套设施等建设。对乡村民宿必要的配套服务接待设施，可实行"点状供地"。以芳香小镇民宿为例，为提升"花开海上"景区的锁流能力，对于游客引得来、留得住，在区镇村企的合力推动下，朱泾镇在全市首创以农村集体土地直接作价入股与社会资本合作开发经营模式，成立了上海花泾建设发展有限公司，通过盘活农村闲置土地，确定了待泾村 99 宗零星分布地块、共 113 亩的点状用地作为配套建设用地，办理了不动产权证，属全国首创，待泾村村民也成了获得养老保障金、工资薪金、房屋土地租金、农产品销售现金和入股分红股金的"五金农民"。

五、服务保障，监督管理有"合力"

金山区主动跨前服务，部门联合，加强人才支撑和金融保障，成立区民宿发展协调领导小组。通过促进基层治理，强化日常监督管理工作；积极推动成立金山区民宿行业协会，引导乡村民宿规范、健康、高品质发展；通过加强市场监管，开展协同监管和联合执法，净化乡村民宿经营的市场环境，保护合规备案乡村民宿的合法权益；通过规范网络平台，依法宣传推介，维护行业公平；通过实施民宿复核，对达到民宿复核标准的，予以更新备案登记，对拒不整改或经多次整改仍难以达到复核标准的民宿不予更新备案登记。

6 浦东新区重视开展农业招商引资，取得初步成效

自2022年以来，浦东新区区委、区政府高度重视农业招商引资工作，2022年7月2日，新区首次成功举办了以"绘就浦东农业新蓝图、打造引领示范新标杆"为主题的现代农业发展招商发布会。发布招商项目22个，签约项目27个，先正达集团、中检集团、东方国际、卡尔斯、天谷生物等知名企业与区政府、区农发集团和相关涉农镇进行了战略合作签约，签约投资总额128亿元。

一、下好"先手棋"，高起点谋划招商

近年来，浦东全面实施乡村振兴战略，加速推进农村美、农业强、农民富。在发展现代农业过程中，获得了"全国农村一二三产融合发展先导区""全国县域数字农

业农村发展先进县""全国农村创业创新典型示范县"等国字号殊荣,打响了南汇水蜜桃、南汇8424西瓜等特色品牌,孕育了清美集团、祥欣、闽龙实业等一批农字号龙头企业,诞生了盒马鲜生、叮咚买菜等新兴企业。

当前,浦东正在按照上海市第十二次党代会提出的"立足超大城市特点,全面实施乡村振兴战略,彰显乡村经济价值、生态价值、美学价值"的目标要求,努力推进"城市的繁华与农村的繁荣交相辉映"。通过大规模、高层次的现代农业发展招商活动,进一步培育更融合的产业生态,以一产为基础向二三产延伸,大力发展都市农业、科技农业、种源农业、品牌农业、智慧农业、休闲农业和乡村旅游,持续促进农村产业兴旺。

二、树立"新标杆",高标准对接项目

为了做好本次现代农业招商活动,浦东着力聚焦重点领域开展宣传发动、合作洽谈,积极对接一流涉农企业落户浦东,引领浦东乡村产业整体提升。

1. 加强合作对接。在市、区领导的关心支持下,分管副区长牵头,主动与先正达集团对接,积极争取先正达中国创新研发中心落户浦东。同时,积极与卡尔斯、拜耳等跨国农企沟通洽谈,争取在浦东合作打造示范项目、示范基地。

2. 全面梳理资源。对照"十四五"乡村振兴规划和引领区现代农业发展"五高行动"计划，对土地、人才、政策等进行全面梳理，推动各类要素向乡村地区集聚、辐射，为乡村农业产业发展打下更坚实的基础。

3. 发挥平台作用。由区属国企浦东农业发展集团搭建招商平台，强化现代农业招商服务。注重科技引领，围绕种源农业、智慧农业等，与先正达集团共同推进花卉种源、MAP现代农业平台推广等项目，形成全国领先、世界一流的农业现代化引领区。注重产业融合，签约卡尔斯草莓园等一二三产融合项目，做好"农业+"文章，通过高质量产业融合项目，探索乡村振兴新概念、新模式、新路径、新业态。注重能级提升，重点推进清美四期等产能扩大、能级提升项目，提高农业生产经营的规模化、标准化、智能化水平。

三、打好"主动仗"，高效率推进项目

下一步，浦东将进一步完善工作机制、强化工作举措，高效推进现代农业招商项目落地见效。

1. 成立工作专班抓推进。由分管副区长挂帅，定期研究项目落地重点难点问题，将招商项目落地情况列入相关职能部门、镇、区属企业的年度工作考核指标。同时，对签约项目挂图作战、压茬推进，每周研究、每月通报。

2. 全面梳理政策强支持。为更好吸引优质农业企业落户浦东，对"十四五"期间农业扶持政策进行全面梳理，形成对现代农业产业全方位、多维度的政策支持体系。

3. 部门上下协同强服务。新区各职能部门、开发区管理局、国资公司以"事不避难、义不逃责"的勇气和担当，努力当好服务企业的金牌"店小二"，只设路标不设路障，全力推动签约项目早落地、早开工、早建成、早见效。各镇党委政府坚持"牢记政治账、能算经济账、做优民生账、夯实生态账、统筹社会账"，全力支持和吸引更多现代农业和高品质乡村产业项目、建设项目，加快推进浦东乡村振兴的步伐。

7 宝山区罗泾镇
用"小积分"焕新乡村治理"大气象"

为全面提升农村社会治理能力现代化水平,宝山区以创建全国乡村治理体系建设试点示范区为契机,在罗泾镇试点推行乡村治理积分制,通过将精神激励与物质奖励融入积分管理,9个保留保护村超97%的本地常住户籍家庭主动参与积分,村民"赚积分""比积分"热情高涨,主动参与疫情防控、美丽庭院创建的多了,主动配备消防设备的多了,租房信息主动登销比例基本达到全覆盖。不少过去"袖手看"的旁观者变成"动手干"的参与者,小小积分焕发乡村治理新气象。

一、量身定制标准,加减赋分导向鲜明

罗泾镇全面梳理各职能部门治理事项,针对实际工作中与村民自主性关系较大的事项,约定形成了《罗泾镇积分制管理分值指导标准(试行)》。内容聚焦治理重难点。

积分体系包含村民议事、平安建设、文明新风、美亮村宅 4 方面内容，细化为村民议事、房屋租赁、消防安全、移风易俗、志愿服务、垃圾分类等 13 类具体事项，使村民行为有了可量化标准。积分标准正负结合。打破"做好做坏一个样"的大锅饭局面。以加分为主体现正向激励，如，对宅前屋后及"小三园"保持整洁的每月加 20 分，对参加志愿服务的每人次每小时加 5 分，对房屋租赁信息做到及时登销的每年加 10 分，对农房内配置消防器材的每年加 20 分，对遵守本村红白喜事约定的每次加 60 分，激励村民爱护家园、崇德向善。设置扣分体现负面约束，如，对涉黑涉恶、黄赌毒等违法行为每人次扣 100 分，对新增违法建筑每处扣 100 分，提醒村民守底线、不逾矩。

二、搭建数字平台，积兑管理便捷高效

加快基层治理数字化转型，宝山区依托"社区通"平台开发"宝善治"乡村治理积分系统，率先在罗泾镇试点应用，实现村民积分管理高效便捷。村民端，村民可通过手机登录社区通"乡村积分"版块，在线查看积分规则、积分加减明细、村内排名和可兑换积分。村级端，村工作人员可通过手机或电脑端进行积分事项管理，在线审核村民申报的积分加分事项，同时可查看各家庭积分明细、排名等，分析各村民小组参与程度。镇级端，可查看各村积分制参与率及积分排名、全镇家庭积分榜等内容，直观了解全镇积分制推进情况。

三、优化资源整合，"17+X"兑换灵活多样

为持续调动村民参与村级事务管理热情，罗泾镇依托现有小卖部、村集体闲置用房等建设积分兑换超市。目前，开设镇级积分超市 1 家，可为全镇用户兑换物品，开设村级积分超市 3 家，方便所在村群众兑换商品。基础款保障日常需求，村民积分通过"宝善治"平台实时更新，1 积分对应 1 元人民币，可积累使用，兑换米面粮油、牙膏肥皂等 17 种实物商品。隐藏款侧重个性需求，3 家村级积分超市结合本村特色，积极推出"X"项隐藏款福利，如海星村与本村"星海"艺术工作室合作，提供未成年人艺术课程兑换；花红村增设了书籍、画材和运动器材兑换；塘湾村做到"按需点单"精准配送，兑换品类超 90 种。

四、协调多方参与，积分运行常态长效

罗泾镇多措并举，深化积分制长效运行保障。强化经费保障，按照"镇政府补贴为主、村集体经济组织补充、社会组织捐赠支撑"原则，罗泾镇在强化对原人居环境优化工程、村庄长效管理考核等奖补资金统筹的基础上，设立积分制专项预算，同时，各村安排资金，在积分超市筹备、兑换物资等方面提供支撑。此外，动员镇域内企业参与积分治理，如农商行罗泾支行对积分排名领先的家庭给予一次性礼品奖励，塘湾村餐饮公司为村内所有用户提供100分的等额奖励。试点金融授信。为扩大积分制成果应用，罗泾镇与上海农村商业银行达成合作，建立"宝善治"积分授信白名单，将全镇积分排名前50的家庭纳入白名单，名单内村民可在区内任一网点享受优先授信、突破年龄限制授信等业务办理的优先级，合理信贷资金将获得优先保障，借款申请快速审批，个人消费信用贷款利率比普通信用贷优惠8%以上。

8 奉贤区西渡街道创新"365"举措，引进农科英才助力乡村发展

为促进城乡科技、人才、创新等要素深度融合，2018年起，奉贤区西渡街道与市农科院携手实施"农科英才"项目，创新了"三联、六化、五维"的"365"合作举措，扩充人才"流量"，带动发展"增量"，成功孵化"消'蘑'时光"林下菌类示范基地、稻田画、樱花园等13个特色农业项目，助力书写西渡乡村振兴"新的春天的故事"。

一、理念引领，注重求实创新，"三联"机制把农科英才"引"进来

合作双方从区域实际出发，强化顶层设计，立足资源禀赋，精准打通人才使用流动渠道，致力构建"大党建、大农科"格局。一是供需联动。西渡街道全面排摸梳理2家事业单位以及8个行政村关于农业农村工作方面指导需求，并拟定专业技术岗位16个。市农科院则在此基础上，发动各所青年科研人才报名参与。经资格审查，最终选派农科英才13名。其中，硕士7人、博士6人。二是组织联建。突出党建引领，建立健全组织架构，成立由市农科院党委书记和街道党工委书记为第一责任人、派出单位及挂职单位主要负责同志为组员的领导小组，并明确职责分工。下设办公室于街道社区党建办，负责日常推进。三是决策联议。制定重大事项决策议事流程，前期就项目运作、人员管理、考核评价、目标任务等关键内容、关键环节，多次进行线上线下沟通协商。2021年，该项目在西渡乡村振兴前沿阵地之———淳之文化总部正式启动。

二、平台引领，注重务实发展，"六化"举措让农科英才"干"起来

西渡街道树牢过程意识，着力发挥本土优势，以"六化"举措拓展实践平台，让

农科英才大展身手、大有可为。一是调研制度化、常态化。坚持以调研开局实现调研开路，根据挂职单位需求，聚焦农业栽培技术、基层治理、乡村振兴、农业农村信息化等农业农村工作重点方向，开展调查研究。二是运作项目化、品牌化。在调研结果基础上，各挂职单位与农科英才共同确定项目申报课题，并以"1+X"特色项目方式运行，即"1"个重点项目、"X"个延伸项目。如，五宅村以原有大球盖菇种植基地为基础，引进红托竹荪、羊肚菌等高端菌菇品种，打造特色菌菇品牌体系。又如，发展村与灯塔村共同打造"沃野千里"项目，并结合鱼虾塘养殖点，推广休闲式农业点位。项目实施阶段，农科英才每周为挂职单位提供至少3次业务指导，帮助解决关键技术和生产阶段遇到的实际问题。三是试点阵地化、示范化。深入开展乡村振兴科技支撑行动，除了密切联系优质农民专业合作社外，择优设定南渡村城市果园葡萄种植基地和北新村稻鳝米试点基地为科技振兴示范基地，便于农科英才开展项目实践、理论指导等。

三、成效引领，注重落实落细，"五维"保障让农科英才"沉"下来

合作双方以人才为媒介，多维度强化激励保障，有力引导农科英才尽心履职、干事创业，确保特色项目开花结果。一是项目支持有力度。市农科院在项目审核、项目资金方面予以适当倾斜。除农科英才外，市农科院还以专家组团服务、惠民活动下沉等多重举措，全面盘活"资源池"，不断升级"项目库"，逐步实现知识漂流、科技引流、人才导流。二是日常保障有温度。坚持双向服务，各挂职单位在条件允许的情况下，全力保障农科英才1年挂职期内驻村办公、就餐、住宿等现实需要。三是中期督查有深度。农科英才依照《工作手册》，填写每季度项目进展及年度结项报告书，市农科院及街道党工委不定期以实地调研、个别访谈、座谈交流等方式，多途径跟踪联系挂职干部。四是考核评价有高度。以"1+X"特色项目完成情况为重要依据，参照项目报告、农技成果等实际，综合评审专家、派出单位、挂职单位等意见，高标准开展年度考核。五是宣传展示有广度。及时总结重要进展、经验做法、优秀案例等，多平台展示项目成果及人才形象。

9 松江区叶榭镇用好四色"画笔"，绘就现代乡村新"画卷"

近年来，松江区叶榭镇深入推进城乡融合绿色发展实践片区建设，以美丽乡村为画纸，将党建红、人才蓝、产业金、生态绿四色绘于其上，加快打造文旅融合示范镇、农产品流通样板镇、花卉产业特色镇，绘就一幅现代宜业、生态宜居、休闲宜游新叶榭的美丽"画卷"。

一、以"党建引领"绘出"一抹红"，为乡村振兴凝聚"本色"

1. **发挥镇党委牵头抓总作用**。一是成立乡村振兴工作领导小组，由镇党委书记和镇党委副书记、镇长任双组长，研究制订出台《叶榭镇推进乡村振兴战略实施方案暨绿色发展三年行动计划》《叶榭镇关于进一步推进农民相对集中居住工作的实施意见》等10余份政策文件，对"一轴三片"乡村振兴美好蓝图谋篇布局、挂图作战。二是打造由东向西的"1+6"乡村振兴党建示范链，以镇社区党群服务中心为源头，涵盖乡村旅游、农村养老、人才培育等领域，辐射全镇所有居村、机关事业单位、"两新"组织，不断推动党建引领推动乡村振兴走深走实。

2. **深化党建引领基层治理新模式**。一方面，将阵地建在农民身边，因地制宜开展党建活动，形成一批特色党建示范点：以"产销联盟"促进农民增收，凝聚绿色振兴力量的家绿农业合作社党群服务点；以学习工匠精神丰富内涵，筑牢党员党性基石的耀江公司党群服务点；以传承叶榭红色基因，激发干事创业精气神的堰泾红色文化长廊党群服务点等。另一方面，充分发挥党建资源和社会资源的聚集效应，在堰泾幸福老人村党群服务点成立党建乡村文化营，着力培育文明乡风；在"八十八亩田"党群服务点通过建立"米糕工坊""米糕文化体验室"，将活字印刷融入叶榭软糕制作，带动乡村产业兴旺；在大庙村、东勤村的客堂间党群服务点结合网格党建工作，进一步打通党员议事渠道，提升乡村治理水平。

二、以"人才培育"绘出"一抹蓝",为乡村振兴突显"亮色"

1. 加大政策扶持。成立人才工作协调小组,组建人才政策落实工作专班,进一步优化人才工作机制,形成工作合力。以优化营商环境为重点,开展政策宣讲会,切实提升人才政策的显示度和人才服务的便捷度。开展昌强"关键技术岗位工匠培育"项目、安谱"科技创新带头人"项目、耀江"党员+科创、人才双向培养"项目,通过树立"八十八亩田"朱燕、家绿张春辉、幸福老人村蒋秋燕等成功创业者案例,激励高校毕业生、返乡青年积极创业,投身叶榭绿色发展、乡村振兴事业中来。

2. 加强技能培训。组织开展农业技能培训、返乡创业就业培训和职业技术培训,培养有文化、懂技术、善经营、会管理的高素质农民和农村实用人才、创新创业带头人。结合发展实际开展各类互联网、直播销售等实用性培训,助推新农人拓展多元化销售渠道,培养一批直播销售人员。选送优秀农业人才参加乡村产业振兴带头人培育"头雁"项目和农业职业经理人培训项目等。截至目前,共培育家庭农场主225名、成功扶持企业创业213户、新增就业岗位4 827个。

三、以"产业发展"绘出"一抹金",为乡村振兴增添"成色"

1. *引进优质特色项目*。探索"国有企业+集体经济"产村融合发展,加快推进上蔬集团建设上海南郊国际农产品资源配置中心、东方童梦奇缘亲子乐园等重点项目落地。充分发挥井凌桥村花卉产业优势,打造长三角花卉科创产业园。

2. *推进农业品牌建设*。不断优化家庭农场、种养结合模式,提升"松江大米"、松林猪肉等农产品品质。积极发掘本土特色农产品,加大叶榭软糕、张泽羊肉等品牌的推广力度,做优做强"八十八亩田"品牌,传承发扬叶榭筘布、叶榭竹编等传统手工艺。

3. *探索发展乡村旅游*。依托江南园林建筑、乡村民宿、非遗体验、农耕文化等特有资源,大力发展休闲农业,培育发展休闲旅游行精品线路。其中"美丽乡村体验之旅"旅游线路入选"乡村是座博物馆"全国乡村旅游精品线路,"八十八亩田"和家绿彩虹农场获评休闲农业和乡村旅游四星级示范企业。

四、以"生态治理"绘出"一抹绿",为乡村振兴擦亮"底色"

1. *加大环境整治力度*。对镇内重点环境综合整治对象开展综合整治行动,多个职能部门进行联合执法,清退废品收购站、集装箱等存在安全隐患的主体,制止区域内的违法经营活动。开展"回头看"行动,巩固整治成果,杜绝出现返潮情况,消除区域环境安全隐患。同时,在全面消除劣Ⅴ类水体基础上,实现农村生活污水处理率达 98% 以上,农村水环境治理效果显著。

2. *开展农村容貌提档升级*。一是实施农村公路"路长制"管理,建立了镇、村、队三级职责分明的管理体系,成功创建上海市"四好农村路"示范镇,叶榭镇虹洋公路被评为上海十大最美乡村路。二是开展星级河道创建,清拆沿河违章搭建,清除河道底泥、增设河道护栏 4 538 米,新建滨河步道,改造提升道路两侧绿化,为村民休闲散步提供更多选择。

3. *示范引领打造特色乡村*。以市级乡村振兴示范村、美丽乡村示范村创建,农村人居环境优化提升工程等为抓手,统筹生产、生活、生态空间,持续推进全域整治,在坚持保留乡土风貌的原则上,结合各村实际建设"小三园",打造小微景观、口袋公园等,形成各具特色的"一村一品",提升村民的满意度和获得感。

10 嘉定区坚持打好"三张牌"，推进农村移风易俗工作

近年来，嘉定区把移风易俗工作作为精神文明建设的重要内容，在日常工作中多措并举，注重加强农村思想道德建设，传播主流价值，破除陈规陋习，倡导移风易俗，提升农民文明素养。

一、打好"基础牌"，健全机制滋养文明新风

1. 组建红白理事会。嘉定区试点组建了由村干部、村民组长和志愿者组成的自治组织——红白理事会，充分发挥红白理事会监督作用，召开工作培训会议，制定红白事简办标准，全程监督婚丧办事流程和餐饮卫生，统一调配人员，防止出现大操大办、攀比浪费的情况。理事会一方面从源头控制成本，另一方面提醒村民减少食品浪费。在村民前来咨询办席事宜时，理事会都会提醒村民将桌数控制在30桌以内，并在用餐过程中倡导光盘行动、剩菜打包。

2. 推进"老大人"工作。嘉定区挖掘了一批阅历丰富、热心公益、办事公道、德高望重的"长者"队伍，并赋予他们具有嘉定农村地区地方传统底蕴和文化的称呼——"老大人"。这些"老大人"分布在各个村居，能解百姓事、能说政策事、能传民情事，他们在引领主流价值、热心纠纷调解、参与社会治理、开展村居公益、带动乡村发展、绵延乡风民俗等方面发挥了积极作用。

3. 多元联动形成工作合力。联合区民政局、区地区办等倡议党员干部带头，减小婚丧活动规模。各村居通过村居议事会等形式讨论、规范基层红白事工作流程，杜绝大操大办、低俗趣味等不值得提倡的民间婚丧嫁娶习俗。完善村规民约，将婚事新办、丧事简办、喜事简办等内容编入村规民约中。

二、打好"榜样牌",塑造移风易俗全新样本

1. 强化文明实践引领。嘉定区依托新时代文明实践活动为载体,将志愿服务与移风易俗有机结合,以"身边人讲身边事,身边事教身边人"为突破口,将中华民族传统"修身"文化与家风家训、好人好事等有机融合,通过开展形式多样的市民修身行动、座谈讨论、学习宣讲、短视频传播等接地气、群众喜闻乐见的宣传教育志愿服务活动,进一步扩大群众参与面、覆盖面和影响力,带动形成崇尚节俭、文明向上的良好风气。

2. 强化党员干部以身作则。通过发动党组织的"毛细血管"、社会基层组织力量开展志愿引导,同时积极了解群众的"急难愁盼",做好调查研究、宣传引导、表率示范,充分争取群众的广泛理解和支持,引导大家抵制铺张浪费、大操大办、封建迷信等陈规陋习,倡导大家使用公勺公筷,形成摒弃陋习、共树新风的良好氛围。

3. 强化村民自治管理。为进一步融洽党群关系,发挥优秀典型人物的模范带头作用,发动村里有威望的村民参与移风易俗志愿活动,进一步延伸社会治理"触角",他们通过摆事实、讲道理,积极挖掘身边的优秀做法和人物典型进行宣传引导,让许多老一辈的村民也对婚丧喜事简办表示理解和支持,铺张浪费现象得到很大改善。

三、打好"宣传牌",推进文明风尚深入民心

1. 用好各类宣传载体做"加法"。利用宣讲团、"客堂汇"等多种形式,结合"与文明单位同创共建""践行新七不规范"和"村规民约"制定等工作,结合"学习乡贤精神,感悟道德力量"的乡贤教育活动,邀请基层群众熟悉并喜爱的"身边好人"来给大家讲述自己身边的故事,让村民在日常生活中受熏陶、受鼓舞、受教育。通过设立移风易俗、家风家训、村规民约等公益广告和宣传栏,将村规民约编写成"三字经"版,并以通俗易懂的图文设置在村民家门口的墙画中,在潜移默化中改变村民不合时宜的旧习俗,在润物无声中植入民淳俗厚的新风尚。

2. 开展好各类活动做"乘法"。通过各村新时代文明实践活动来宣传文明丧葬新风,大力推行厚养薄葬和文明治丧两大理念,培育和推广绿色文明简约环保的殡葬礼仪和治丧模式。组织宣讲团深入各村开展宣讲,用通俗易懂的语言就移风易俗、树立科学文明生活理念的意义进行讲解,鼓励大家喜事新办、丧事简办,不讲排场、不比阔气,养成科学健康文明的生活方式,大力破除封建陋习。充分发挥故事大王黄震良、安亭故事团、小巴拉子学沪语等传统文化品牌在农村的深远影响,创编《核心价值观·安亭三字经》,并编印成书,通过"编、学、写、传、唱、诵、展、演"等形式,在农村广为流传。开展广场舞、文艺演出,本土草根"民"星编创村规民约移风易俗快板作品等,不断丰富群众文体生活;依托修身讲堂、村民学堂等平台,将理论"送"进村民家中,使其在寓教于乐中形成文明风尚。

3. 引导好文明祭扫做"减法"。每年冬至、清明等集中祭扫高峰期间,利用报纸、网络、微信、志愿服务等多种渠道加大宣传力度,引导广大群众采取骨灰撒海、种植纪念树,倡导鲜花祭祀、网上祭扫等方式进行文明祭祀活动。联合区民政局指导各家墓园,在祭扫高峰期在门口醒目处展出文明祭扫宣传展板、开展鲜花换鞭炮等活动,同时还通过"道德讲堂"等载体,向社会各界宣传"厚养薄葬"的孝亲理念。

11 闵行区全域推广"农村人居环境+积分制",管理推动村庄环境再上新台阶

为有效破题闵行近郊城中村人口无序导入、公建配套设施超负荷严重、村庄环境管理难度大、社会治安隐患突出、乡村治理村民参与度低等问题,2019年起,闵行区由点及面不断推广积分制管理运用,至今已在75个行政村覆盖开展农村人居环境积分制管理工作,不断扩宽村民及来沪人员参与村级公共事务途径,充分调动群众自我管理的积极性、主动性和创造性,"由内而外"提升闵行乡村风貌和乡村治理能级。

一、引入积分,量化内容,迈出创新基层治理"新步伐"

为进一步提升村民群众参与基层自治的内生动力和能力水平,闵行以问题为导向探索将农村人居环境优化提升与积分制管理有机结合,制定《闵行区推广农村人居环境积分制管理实施方案》,要求各村以户为单位建立积分台账,将村民在日常生活中对农宅环境优化、田园环境保护、房屋出租管理、弘扬移风易俗等行为量化积分,细化为"垃圾分类规范准确、宅前屋后干净整洁、争创美丽庭院星级户、自留地种植有序、民房规范出租、家庭邻里关系融洽"等13个参考赋分项及3个一票否决扣分项。由街镇指导村级组织因地制宜制定"一村一方案",结合实际有针对地设置增减积分项目,适当调整赋分标准,建立动态管理、操作性强的积分制管理体系。通过运用"积分制"治理理念,将村民生产生活和村庄环境保护等行为纳入考核范围,实现"积分全要素融入、村民全员参与、成效全面突显"乡村新面貌。

二、配强队伍,加强监督,全面巩固积分管理"主阵地"

1. 健全工作机制。村两委作为农村人居环境积分制管理主体,充分发挥基层组织战斗堡垒作用,凝聚多方合力,分片组建以村干部、村民组长、党员、群众、第三方物业为成员的积分考核小组,通过小组自查、交叉检查及随机抽查等方式开展积分检

查,确保积分管理公平、公正,杜绝"人情分""关系分"。

2. **强化运行监督**。区镇两级依托"一网统管"平台,落实日常环境问题整改,同时将积分制管理运行情况、台账记录纳入村庄长效管理巡查范围,定期开展抽查打分等工作,将抽查结果与村委考评结果进行比对,并对各村积分制管理落实情况及问题进行通报。村级组织探索积分制纳入阳光村务平台,在村组村务信息公开栏及线上平台等地进行"一月一亮分",充分发挥"红黑榜"激励警示作用,不断提高群众参与环境管理的自觉性和主动性,实现从"要我积"到"我要积"的转变。

三、多元共商,正向激励,有效激活自治共治"内生力"

1. **充分征求意见,倡导全民参与**。围绕各村人居环境积分制管理内容,广泛征求村民、外来租户、小组长等多方意见,研究制定积分制方案,经村民代表大会表决通过后予以公开发布并严格执行。通过电子宣传栏及入户发放倡议书等形式,力求农村人居环境积分制管理"积"得好、"管"得实。

2. **强化资金支持,建立奖励机制**。根据村庄类型镇级安排500元、700元、900元/户的奖励资金,用于农户积分制差异化奖补,各村可结合自身经济实力做政策叠加。例如浦江镇革新村根据年度积分排名兑换1 000元家园自治金,充分调度村民参与热情;浦锦街道丁连村制作"丁连新风"星级门牌,农户可用积分兑换门牌上的星级指数,让积分亮在群众心中;吴泾镇每月对积分达80~100分的农户进行通报表扬,对全年考核积分达到优良(累计960分以上)的农户在每年年底发放物质奖励,对全村前三名给予现金奖励;马桥镇彭渡村结合美丽庭院创建,设立"积分兑换商城",村民可根据积分兑换庭院布置、园艺栽培等相关的奖品。

四、深化功效,真抓实干,全面彰显乡村环境"新效益"

1. **让乡村环境不断"加分",生态效益凸显**。以推动农村人居环境积分制管理这一契机,今年已累计清理村域内各类垃圾10 684吨,清理村内乱搭乱建886平方米,创建美丽庭院星级户2 127户,发动村民参与1.5万人次。同时全区各镇村因地制宜打造乡村公园、口袋公园,为村民提供茶余饭后休憩游乐和业余文化活动的绝佳场所;不断深化"红色物业"进乡村及封闭式小区化管理,通过组织带动、党员带头、网格管理、科技赋能、以房管人等方式，培育村民群众参与乡村治理意识，通过全民共建逐步实现乡村环境从"管不住"到"管到位"的可喜转变。

2. 让产业环境持续"得分"，经济效益初显。依托良好的环境，不少村因势引入新产业，盘活各类资源，为集体经济发展注入强劲动力。例如华漕镇王泥浜村对村内7处有证地块进行二次开发，拓宽集体经济增收渠道，引入蓝梦足球俱乐部、梧桐青年社区、圣唐国际饮品等企业，实现增收超3 000万；梅陇镇永联村成立村级物业公司，以"回租再出租"等方式盘活利用闲置宅基地并导入产业，在提升村民租金收益10%前提下，实现村集体增收200多万。

3. 让村民获得感"满分"，社会效益明显。闵行积极探索打造乡村生活圈，不断做优乡村公共服务，做实乡村发展文章。马桥镇将积分制引入"网格化+创新民房租赁"模式，实现人房登记率、准确率均在98%以上，村宅安全系数显著提升，全镇平安感满意度持续位列全区高位；同时根据新一轮农村人居环境优化工程项目建设方案，闵行区将持续投入强化农村公建配套设施提档升级；同时设立2 000元/户的一次性奖励资金用于表彰"美丽庭院"区级示范户的农户，进一步提升村民获得感、幸福感、安全感。

12 | 宝山区罗泾镇
汇聚新乡贤力量建设和美乡村

在实现乡村全面振兴的新征程中，宝山区罗泾镇把一批长期活跃在各村的"热心人""能干人"汇聚起来，打造"泾彩乡贤汇"品牌，通过落实"123"工作法，凝聚镇、村两级新乡贤83名，充分发挥他们的示范引领作用。2021年以来，罗泾镇组织乡贤开展活动180余场，服务农村群众10 000余人，带动了区域群众共同参与乡村治理，推动形成了有效治理良好局面。

一、成立一个智库，构建新乡贤参与大平台

1. 村级层面，团结一支热心村中事、善解村民忧的新乡贤队伍。以积分制考核、群众认可度等为主要参考依据，重点聚焦三类人，即德高望重老同志、返乡创业带头人等群众身边人，乡村医生、社区民警、法律顾问等各行专业人，具有较高学历的选调生、本土大学生等高知群体，挖掘热心村级事务的新乡贤，凝聚到村党组织周围。

2. 镇级层面，推动新乡贤从各自为政向集团作战转变。坚持"德才兼备、以德为先"原则，明确"五有"要求（有觉悟，思想素质高；有威望，道德素养好；有能力，专业能力强；有热情，热心公共事务；有精力，身体健康），通过"个人自荐、群众推荐、组织评议"相结合，加强对违法违纪行为和综合素质审查，精选组成一个以党员乡贤为核心的"乡贤智库"，首批入选15人，涵盖老校长、非遗传承人等对象。同时，为村级组织提供乡贤培育、交流培训等服务，提供资金保障，组织智库项目化运作，开发头雁领航、归雁返航、新雁启航等服务项目3个。

二、建立两大体系，激发新乡贤队伍活力

1. 构筑"镇工作室+基层工作坊"两级阵地。按照"有阵地、有载体"原则，建设镇、村二级工作室（坊），目前已设立工作室（坊）5家。镇级工作室设在镇政府，

主要负责组织乡贤智库成员交流，指导各村开展乡贤活动，定期组织乡贤培训；村级工作坊设在田间宅头，结合所在村的乡情底蕴、乡贤所长、乡民需求，在基本功能基础上突出个性化内容，如塘湾村"十字挑花"工作坊打好文化体验牌，洋桥村木工大师工作室打好青少年课外研学牌，海星村许燕婷星海艺术工作室打好艺术宣传牌。通过镇村两级联动，推动乡贤参与治理工作有阵地，带动群众开展自治有载体。

2. **健全"联络服务＋评贤励贤"制度体系**。勤沟通交流，建立镇村领导干部联系服务乡贤机制，运用微信、QQ等信息化手段，建立群策群议体系，定期交流沟通，团结乡贤群体。促经验推广，探索建立"乡贤微访谈"工作交流机制，促进乡贤间的交流，通过定期互学互鉴，提高乡贤工作效率，发现推广典型经验。树典型标杆，建立评贤励贤激励机制，利用"社区通""网罗泾彩"政务新媒体和"乡贤榜（墙）"开展"模范乡贤"宣传展示，并把乡贤身份和贡献度作为评选优秀党员、推荐"两代表一委员"的重要依据，激发乡贤参与治理的积极性。

三、聚焦三大主题，提升新乡贤服务效能

1. **聚焦乡风文明做移风易俗推手**。每月两次开展"乡村故事汇"理论宣讲，汇聚当地乡贤代表走村入户，在田间宅头开展面对面理论宣讲，创新党的理论传播方式，用百姓语言把乡村振兴大形势讲清楚、把环境整治等政策讲透彻、把移风易俗道理讲明白。鼓励乡贤们采取婉娥沪剧、嘎三胡等村民喜闻乐见的形式，以通俗乡音宣传政府政策、讲好慈孝故事，引导村民主动参与散埋乱葬整治、带头红白喜事简办、创建优美庭院、树立文明乡风。2021年以来，全镇共开展"乡村故事汇"活动90余次。此外，通过"四议两公开"工作流程，按照崇德尚法、为人正派、热心公益、处事公道、群众认可的标准，通过个人申请、村居推荐、群众评选的方式层层筛选，推选出"乡贤调解员"，利用新乡贤在群众中有威望、有人缘的优势，引导乡贤参与农村矛盾排查化解，当好"老娘舅"，在化解矛盾纠纷中营造和谐的氛围。

2. **聚焦协商议事做村级要务参谋**。在长江口"五村联动"片区，每月一次开展"一起下午茶"协商议事活动，邀请乡贤围绕乡村基础设施建设、拆违控违等乡村治理重点议题，围绕社情民意"提"事、结合自身专业"谋"事、监督村务实施"评"事。2021年以来，全镇共开展新乡贤村级议事活动50余场，在充分考虑各方意见、解决决策事项矛盾争议前提下，提出事关示范村建设、停车位划分等方面的多条较为妥善

的协商意见,为镇村集体科学决策提供有效助力,为形成河道"十不准"、外来人口管理、农家乐规范经营等方面的村规民约提供重要参考。

3. 聚焦为民便民做排忧解难帮手。结合"惠民直通车"民生服务活动,有效排摸村民需求和乡贤擅长的领域,建立供需清单和"泾"心为民服务项目库,形成法律讲堂、春风送岗、养老驿站等10余项常态化服务项目。组建法律宣讲队、就业帮扶队、为老服务队等10多支新乡贤服务队,建立健全"组织派单+自主接单"的供需对接机制,依托镇党群服务阵地、结合"文明风尚四季行"等主题活动开展,为群众提供多样化专业服务。新乡贤群众指导群众、群众帮助群众、群众服务群众的"亲民"模式,受到了农村群众的一致好评。

13 | 金山区亭林镇探索农村基层治理模式，破解"城中村"治理难题

金山区亭林镇东新村地处城乡接合部，属于典型的城中村，全村856幢宅基地房屋中506幢为居住出租房屋，常住人口最多时达到1.2万余人，外来人口严重倒挂。尽管农村宅基地租赁创收是村民的主要经济来源，但也滋生了出租屋安全隐患大，外来无序流动人口众多，村域治安状况复杂等问题。为破解这些难题，2019年以来，东新村持续探索基层治理模式，形成了农村宅基地房屋租赁"旅馆式"服务总台的样板。2020年以来，东新村发案数总体降幅达81.3%，盗窃类案件破案率达100%，电信网络诈骗等非接触式犯罪发案率显著下降，村民安全感、满意度进一步提高。

一、自治为基增活力，破解"居住安全"难题

东新村充分动员村民小组长、妇女小组长、党员志愿者、外口协管员等多方力量，历时2个月摸清村域内宅基地房屋的出租现状。工作人员按照房屋信息，逐户拍摄宅基地房屋照片，并根据门牌号，在村域地图内做好标注。在摸底核查中，发现了包括违建、电动车停放、疏散通道占用、室内使用明火等安全隐患问题，并逐户做成台账加以记录。后通过综合治理，出租房屋安全有保障，在村居住人员底数清晰，人居环境整体整洁美丽。2021年金山区人居环境考核东新村名列全区40名（全区共124个行政村）。

二、法治为本显实力，破解"服务下沉"难题

针对宅基地房屋租赁中发现的常见问题和突出安全隐患，村委会与镇综治办、派出所、安全办等职能部门共同成立房屋租赁验收工作小组，制定了适用于村级管理的房屋租赁标准，共包括"禁租条款""消防安全""公共安全"等3大类13项基本标准，并按标准进行"红、黄、绿"三色分级挂牌。同时，打造"屋里厢法庭"的一体化法律服务站点，搭乘金山法院与区政务办联合研发的"解纷直通车"平台，充分发挥法

庭、巡回审判工作站、便民服务点、调解网格员各自优势，编织起"庭、站、点、员"四位一体的"解纷一张网"，让基层法治从"大水漫灌"转变到"精准滴灌"。

三、德治为先添动力，破解"力量不足"难题

发挥党员干部和乡贤能人在乡村治理中的带头作用，成立志愿服务队伍，及时发现并缓解基层矛盾。结合村域实际情况，将沿街商铺划分为6个网格，从沿街商铺中排摸出有威信的党员同志和热心群众，组建管理队伍，发挥"老乡管老乡"的积极作用。在试点工作推广过程中，党员出租户率先带头整改落实，主动承担起宣传、解释、巡逻检查工作，带动周边出租户的共同参与。村民的安全意识得到提升，大家积极响应，拆除违建、整改电路电线、疏通安全出口等。

四、智治为辅提效力，破解"精细治理"难题

建设"旅馆式"服务管理平台，推动数据要素流通，"一屏调度"村域实况、"一站掌控"出租房屋、"一网统管"疫情防控。建设"亲民便捷、优质共享"的综合服务智能终端，鼓励和引导群众线上线下双通道参与村级公共事务，实现治理从后置转向前置，推进"数智化"治理。"旅馆式"平台实时掌握人口动态，便捷的人口分析、租赁情况分析为租房预警、精准化疫情防控提供了可靠依据。近年来，东新村先后荣获"上海市先进基层党组织""上海市抗击新冠肺炎疫情先进集体"荣誉称号。

五、共治为纲挖潜力，破解"融合共建"难题

发挥党员、干部、小组长和网格员在乡村治理中的纽带作用，帮助村民解决生产生活中的难题，打通农村最末端服务经络。用好"厢房评理""埭头议事"等平台，邀请"新村民"代表参与协商议事，最大限度调动多元主体参与乡村建设的积极性和主动性。打造"屋里厢房"会客厅，将来沪人员的服务和管理做到零距离、心贴心，构建外来人口和本地村民良性互动的基层治理体系。2020—2021年，外来人员参与村级组织活动从15%提升到50%，尤其是未成年人参与度从30%提升至了80%，达到了共建共治共享的良好效果。

14 嘉定区加强四项赋能，探索"农村人居环境+一网统管"新模式

为破解农村外来人口占70%和保留保护村老旧房屋占70%这"两个70%"对提升农村人居环境的困境，2020年起，嘉定区率先将农村人居环境整治纳入"一网统管"系统，并在全市推广运用。通过经验积累，嘉定区又将农村人居环境优化工作纳入全勤网格管理，建立专项模块，激活村级网格管理末梢。目前，全区通过全勤网格工作累计上传案件约2万起，结案率100%，农村人居环境质量稳步提升。

一、制度赋能，实现"行政资源+自治力量"的互相补充

嘉定在全勤网格评价工作细则的基础上，结合"三大革命""百日行动"和全国文明城区创建工作，制定了农村人居环境优化提升全勤网格评价推进方案。

1. 明确区、镇、村三级责任分工。区级部门负责指导、协调和监督检查工作，并对处置案件不定期开展抽查工作，根据案件整治质量进行评估，定期通报检查结果，并与示范村创建、优化工程等区级专项资金拨付挂钩，压实工作责任；各镇负责全勤网格评价推进工作，因地制宜制定方案，建立推进工作组，明确分管领导和工作负责人，严格案件的流转审核，形成周报制度，落实属地责任；各村负责依托城运平台做好案件的处置工作，落实专人负责制。

2. 明确"门前三包"和"三长三给"工作机制。通过落实"门前三包"划片包干、定人定责，合理确定责任项，常态化开展农村人居环境优化工作；用好"三长三给"工作机制，发挥村长、村民小组长、党小组长带头人作用，给岗位、给权力、给激励，打通沟通渠道，激发村干部和村民的自治活力，带动村民主动参与到农村人居环境优化工作中来，形成人人参与行动、人人共享成果的良好局面。

二、机制赋能，优化"线上流转+线下处置"的驱动模式

1. 优化线上问题流转处置闭环机制。通过横向数据互通、纵向任务传递，优化流转机制，形成联勤队伍发现上报问题、镇级部门审核流转问题、村级组织及时处置问题的"发现－流转－处置"三级闭环管理机制。每季度由区级部门对"问题发现数量、整治问题实效、整治质量监督、运行管理机制"四个方面进行综合评价考核，并将评价情况通报各街镇。其中，半年度和年度考评将纳入农村人居环境优化提升和全勤网格化综合评价的考评工作，形成区镇村三级的有效串联，做到责任层层传递、层层压实。

2. 扩容线下"靶点"问题处置队伍。将原本30余名的市民巡访团扩容至包含区级啄木鸟、镇级条线人员、村级网格人员在内2 500余人的"靶点"问题处置队伍。围绕农村人居环境优化提升的重点难点、问题上传流转的具体操作、如何闭环结案等环节制作案件流程图开展多次线上培训，增强从前端发现到末端处置的能力，确保案件流转更规范、更精准、更迅速，实现线上线下双轮驱动模式的优化提升。

三、平台赋能，推动"分类管理+数据共享"的高效处置

1. 制定标准分类管理。以"全区域、全要素"为原则，在"一网统管"平台中，将"靶点"问题根据类别属性划分6大项建立巡访内容标准，有计划性、有针对性地

要求联勤队伍深入村宅小巷查找农村人居环境短板,并将问题第一时间上传至"一网统管"平台,经网格员审核后形成案件,织成人居环境整治"靶点网",最终汇成"靶点库"。

2. 数据共享明确导向。开通区镇村三级"一网统管"平台账号,实现"靶点库"数据共享,以街镇属地处置为主,各区级职能部门主动对接,加强指导和支持,对重难点问题合力推进,实现高效处置。通过对2万起案件进行大数据分析,对各镇各村的短板不足进行分档分类,明确下阶段整治导向,优化资源配置,最终实现整治工作科学化、精准化、高效化。

四、驱动赋能,彰显"村民群众+社会力量"的多元共治

1. 推广积分评价。在"责任区制度"的推广过程中,强化群众自治、法治、德治"三治融合"探索将农村人居环境优化"积分制"与网格化评价相结合,纳入联勤巡

查范围，将村民的现金奖励、合作社以及驻村企业的租金优惠和备案纳管挂钩，共计发动村民志愿者1.5万人次，合作社、驻村企业188个，清除各类垃圾10 104吨，非卫厕所220个，乱搭建3 800平方米，从根本上增强村民群众、合作社以及驻村企业参与整治的自觉性、积极性和主动性。

2. 修订村规民约。广泛听取村民代表意见，让村规民约成为农村人居环境优化中行得通、办得到、得人心的"小宪法"，推动村民实行自我管理、自我教育、自我服务、自我监督，变"要我守规"为"我要守规"，实现"成员参与、成效叠加、成果共享"的目标。

3. 强化价值引领。打好"基础牌""榜样牌"和"宣传牌"，发挥"红白理事会""老大人"等自治平台在价值引领、纠纷调解、环境治理等方面的积极作用，利用宣传栏、评议公示栏、微信公众号等各类平台宣传典型案例，形成浓厚舆论氛围，最大限度地激发农民参与农村人居环境优化的积极性，形成共建共治共享的良好氛围，为进一步提升乡村面貌增加内生动力。

15 浦东新区探索水稻生产智能化升级,"慧"就农业新图景

自2020年起,浦东新区注重示范和推广"智慧农耕",通过政策扶持和项目带动,形成了以清美宣桥基地等为代表的水稻生产智慧农场,全区水稻综合机械化率98.94%、智能化种植率17.52%、高效植保率41.39%、智能自动化烘干装机率16.15%,实现了水稻生产全流程智能化转型升级。据测算,每100亩智慧水稻的生产效率是传统水稻种植方式的10~12倍,可节约人工成本2万多元。

一、把准政策制度"方向盘"

1. **盘活政策资金**。浦东新区顺应"智慧农业"发展趋势,优化政策配置,加大智能农机购置补贴力度,引导支持农业生产经营主体积极购置水稻"耕、种、管、收"各环节先进适用、高端智能的农机。

2. **强化综合支持**。修订《浦东新区现代农业发展专项项目和资金管理办法》，在水稻生产基地建设、信息设施、农机作业装备等方面加大政策供给，为水稻智能生产转型升级提供综合保障。

3. **引进高端农机**。结合浦东实际，筛选推荐高效、生态、智能的先进农机机型。实施"新农机"项目三年来，引进购置了多功能无人机、自走式喷杆喷雾机、激光平地机和水稻收割全自动辅助驾驶系统、智能灌溉系统等水稻生产智能机械及软件44台套。

二、打造设施提升"加速器"

1. **全面实现农业机械装备体系智能提升**。通过购买加装五大类自走式高端智能农机、无人机，推进水稻生产从全面机械化到智能化转型升级。2022年水稻完成无人机播种2.6万亩，应用无人驾驶自走式喷雾机、无人机等高效植保20余万亩次。

2. **全面实现粮食烘干体系建设智能提升**。丰富粮食生产全程机械化内涵，建成覆盖15个主要产粮镇的粮食烘干体系，打造若干粮食烘干中心，共有29个烘干点、

155台机组、2 785吨总装机容量，自动化烘干规模达450吨装机容量。

3. 全面实现补贴农机监管体系智能提升。通过对五大类自走式机械加装北斗定位终端装置，借助"城市大脑""农机物联网云平台"应用场景的接入，实现农机智能动态管理，提升智能化监管水平。

三、闯出机艺融合"改革路"

1. 完善相关技术标准规范体系。在全市范围内率先制定《植保无人飞机安全作业规范》，谋划制定区级水稻智慧农场建设标准《水稻智慧农场生产技术规程（水稻）》，为推进水稻生产智慧化提供模式借鉴。

2. 推动无人驾驶机械化种植技术和装备应用。积极开展无人驾驶插秧、直播、飞播技术的试验、示范和推广，2022年全区智能化种植面积3.04万亩，智能化率达17.52%。

3. 推进高效技术装备"机艺融合"。积极推进病虫草害统防统治采用自走式喷杆喷雾机和植保无人飞机相结合模式，发挥智慧农机的高效能，强化特色农机社会化服

务组织的带动作用。如大团镇谷毅农机服务专业合作社在上半年疫情封控期间，仅用5天就完成了1.9万多亩小麦穗期赤霉病防治工作，解决了农户下田难、农机调度难等问题。

四、耕耘产业塑形"试验田"

1. 加强产业项目集成。区农业农村委牵头协调，清美现代农业产业研究院与上海交通大学等科研院所进行5G智慧稻田生产示范项目和水稻智能农机无人农场项目集成打造，初步实现了农场"耕种管收"智能化升级，集成项目列入2022年国家工信部100个人工智能创新应用先导区"智赋百景"典型案例。

2. 注重产业链条拓展。以种源为突破口，与上海农科院、弘辉等单位合作筛选3~5个优质稻米品种，作为品牌大米的主推品种；加快制定标准化技术规程，着力打造优质智慧稻米基地；实施新区"稻米三年行动计划"，推进稻米加工和品牌建设，依托"清美"等自有品牌及"清美生鲜"等社区生鲜连锁销售终端，健全大米销售市场体系，形成"产加销"一体化模式。

3. 推进"产学研推"融合。强化典型示范，通过举办"农民科技节""丰收节""农博会""水稻生产智慧农场现场会"等活动，让科技人员、水稻生产管理人员、农民同场感受智慧农场作业场景，带动无人农场创建，促进水稻生产智慧化转型。

政策机制篇

ZHENGCE
JIZHIPIAN

上海国际大都市
城乡融合发展的探索与实践

1 关于充分彰显都市乡村价值，全面推进乡村振兴的实施意见

为贯彻《中共中央、国务院关于做好2022年全面推进乡村振兴重点工作的意见》，结合上海实际，中共上海市委、上海市人民政府就充分彰显都市乡村价值、全面推进乡村振兴提出如下实施意见。

一、明确总体要求

以习近平新时代中国特色社会主义思想为指导，全面贯彻党的十九大和十九届历次全会精神，坚持稳中求进工作总基调，坚持促进共同富裕，坚持农业农村优先发展，对标最高标准、最高水平，完成2022年全面推进乡村振兴各项重点目标任务，准确把握超大城市乡村振兴特点，充分认识经济价值是乡村发展的核心、生态价值是乡村发展的基础、美学价值是乡村发展的灵魂，充分彰显都市乡村的"三个价值"（经济价值、生态价值、美学价值），坚持不懈推进"三园"（美丽家园、绿色田园、幸福乐园）工程建设，探索使乡村成为城市核心功能重要承载地、提升城市能级和核心竞争力战略空间的有效实现形式和路径，让农民有更多的获得感、幸福感、安全感。

二、确保完成各项重点目标任务

（一）稳定粮食和蔬菜生产

全面落实粮食安全党政同责和"菜篮子"市长、区长负责制，将粮食和蔬菜生产纳入涉农区领导班子考核。稳定全年粮食播种面积和产量，粮食自给率稳定在15%左右。落实好粮食生产补贴政策，积极探索粮食收入保险，保障农民种粮收益。积极推进稻米产业化、品牌化发展，加快从"卖稻谷"向"卖大米"转变，提高种粮综合效益。稳定常年菜田保有量，落实30万亩规模化菜田约束性任务，推进5万亩绿叶

菜核心基地建设，提高蔬菜特别是绿叶菜应急保供能力。

（二）加强初级农产品供应调控

稳定生猪生产长效支持政策，全市能繁母猪保有量保持在8.5万头左右。推动奶业全产业链及重点链建设，稳定地产生鲜乳供应量。稳定市域内16万亩水产养殖面积，确保地产水产品生产。加强市域外农场生产能力建设，确保农产品生产面积和产量只增不减。完善农产品价格监测数据库，健全农产品全产业链监测预警体系。落实粮食节约行动，深入推进产、运、储、销全链条节粮减损。

（三）切实保护和利用好耕地

实行耕地保护党政同责，严守耕地保护红线，市与各涉农区签订耕地保护目标责任书。统筹落实和严格管控《上海市城市总体规划（2017—2035年）》划定的永久基本农田及耕地保护空间，强化耕地用途管制。耕地主要用于粮食和蔬菜等农产品生产，永久基本农田重点用于粮食生产，遏制耕地"非农化"，防止耕地"非粮化"。倡导土地集约节约利用，最大程度减少各类建设项目占用耕地。积极推进全域土地综合整治，落实耕地进出平衡，守好耕地保护空间，实现补充耕地产能与所占耕地相当。严厉查处违法违规占用耕地从事非农建设行为。全面落实受污染耕地安全利用措施，提升耕地安全利用水平。巩固"大棚房"问题专项清理整治成果。抓好高标准农田建设，全年新增建设高标准农田3万亩以上。

（四）加强农村综合帮扶、东西部协作和对口支援

继续推进"造血"项目建设和管理，对已经完成的项目及时审计审价、开展绩效评估。完成本年度生活困难农户动态调整，实现建档立卡生活困难农户精准帮扶全覆盖。继续实施全市生活困难农户统计监测。鼓励支持驻村指导员扶持相对薄弱村发展。高质量推进东西部协作和对口支援，助力巩固拓展脱贫攻坚与乡村振兴有效衔接。深化产业、就业和消费协作，推动上海经验赋能对口地区。

（五）切实维护农村社会平安稳定

完善"阳光村务工程"，深化乡村治理体系建设试点，开展全国乡村治理示范村镇重点培育工作，推广运用乡村治理积分制。推进农村地区市域社会治理现代化试

点。推进更高水平的平安法治乡村建设，继续开展全国和我市民主法治示范村创建，健全矛盾纠纷化解机制。完善乡村智能安防建设，持续打击农村地区各类违法犯罪行为，常态化开展扫黑除恶专项斗争。健全农村地区新冠肺炎疫情常态化防控工作体系。

三、全方位彰显经济价值

（一）加快乡村数字化转型

推进农业数据资源库、网络平台与农业空间地理信息系统深度融合。推进农业主体"申农码"应用，建立分类分级评价体系。推动农业物联网区域化应用试点，探索大田种植、温室种植、水产养殖、农技服务等物联感知和自动控制设施设备建设。以数字化技术赋能乡村公共服务，推动"互联网＋政务服务"向乡村延伸覆盖。加快推动数字乡村标准化建设，研究制定发展评价指标体系，持续开展数字乡村试点。

（二）大力发展种源农业

打好种业攻坚战，实施好我市推动现代种业高质量发展行动方案。推进农业种质资源普查收集，建设农业种质资源库和种业信息化管理系统，加强农业种质资源保护利用。推进种业创新平台、南繁科研育种基地、良种繁育基地建设，加强生物育种和种业关键共性技术研究，加快优势特色种质创新及品种选育联合攻关。培育种业市场主体，构建产学研用深度融合的商业化育种体系，培育全产业链品牌种业企业。

（三）提升农业设施装备水平

加强协同创新，重点开展智能化农机装备研发及试验应用，加快蔬果生产"机器换人"步伐。实施农机购置与综合应用补贴政策，调整完善补贴范围，优化补贴机具分类分档。拓展农机物联网平台应用，推进信息技术与农机农艺融合，加快水稻无人农场建设。重点建设一批宜机化高标准设施菜田，推动老旧设施菜田更新改造，探索工厂化、智能化蔬菜生产。

（四）促进乡村产业融合发展

发展农业农村新产业、新业态，积极引导和培育"一镇一业"发展模式。完善乡村产业服务功能，促进产业向园区集中，重点培育一批产加销一体化龙头企业。推进现代农业产业园和农业产业强镇建设，培育优势特色产业集群。促进农副产品直播带货规范健康发展。充分发挥自贸试验区临港新片区、长三角生态绿色一体化发展示范区等功能性区域的辐射带动作用，在周边乡村嵌入式布局关联产业集群。探索郊区农村在先进制造业、生产性服务业领域与中心城区、新城形成错位发展。

（五）发展壮大农村集体经济

按照"资金安全、收入稳定"的要求，以区为单位统筹资金、资产、资源，健全区级农村集体资产管理体制，确保农村集体经济不断发展壮大，确保农民财产性收入增值增长。不断增加有收益分红的集体经济组织数量和分红总量，力争农村集体净资产比上年增长3%以上。统筹撤制镇经济发展，依法依规做好村组撤制工作。

四、可持续彰显生态价值

（一）构建郊区生态空间

多方位拓展郊区农村绿色生态空间，推动绿色生态空间与城市功能要素和场景融合。注重打造新城生态格局，加快建设环城森林、楔形绿地、生态廊道等生态空间。结合河长制实施，巩固中小河道整治成果，持续推进河湖水系综合治理，强化中小河道管理养护，按需实施镇村级河道疏浚。以湿地生态系统修复为重点，构建水、城共生的"湿地城市"体系。持续推进郊野公园建设，优化完善郊野公园配套设施。加强生物多样性保护宣传与监测。抓好长江禁捕工作，加强长江口生态环境修复和保护。加快崇明世界级生态岛建设。

（二）推进农业绿色发展

推进13个绿色田园先行片区建设，打造都市现代绿色农业发展新高地。加大农业招商引资力度，建设一批农业产业标杆项目。开展农业品种培优、品质提升、品牌打造和标准化生产提升行动。推进食用农产品承诺达标合格证制度和绿色生产基地建设，农产品绿色生产基地覆盖率达25%以上，地产农产品绿色食品认证率达30%以上。继续推进绿色化肥农药减施增效。推广水产养殖绿色生产方式，开展2万亩尾水治理和改造。加强农业防灾减灾救灾能力建设并加大投入力度。

（三）改善农村生态环境

深入实施常态化村庄清洁行动。推进美丽庭院建设，打造小花园、小菜园、小果园。推动城镇污水管网向村庄延伸覆盖，实施2万户以上农村生活污水治理，强化出水水质监测，推进老旧设施提标改造。建成15个以上生态清洁小流域治理单元，集中连片推进中小河道生态修复。全面实现农村生活垃圾分类达标率稳定在95%以上，推进湿垃圾资源化利用能力建设。推进农村公厕合理布局和提档升级，落实保洁工作机制。推进规划保留村住房建设，加强农房质量安全管理，推动绿色宜居农房建设。序化整治农村各类架空杆线。推进农村"四旁"（宅旁、村旁、路旁、水旁）绿化，建设乡村开放休闲林地、小微公园。

（四）加强农村基础设施建设

按照专项规划、郊野单元村庄规划，统筹推进乡村建设。完成500千米以上农村公路提档升级改造，推动"四好农村路"建设。扎实开展农村公路管理养护体制改革试点。完成290千米以上村路和190座桥梁改造。持续提升农村信息基础设施建设水平。推动乡村建设绿色低碳发展，推进农村光伏、生物质能等清洁能源建设。

五、多元化彰显美学价值

（一）提升示范村建设水平

加强村庄设计和乡村风貌规划设计导则引导，集中连片建设乡村振兴示范村和美丽乡村示范村，积极推进片区化发展。完成第四批19个乡村振兴示范村建设，加强特色风貌塑造，加大产业导入力度，优化资金投入机制，保障乡村产业用地。严格遴选并启动建设第五批乡村振兴示范村，实现更高能级、更高质量发展。继续创建、评定30个左右市级美丽乡村示范村。推进完善乡村责任规划师制度，落实乡村建筑师制度，推行驻镇（乡）、驻村设计服务。

（二）完成本轮农民相对集中居住

将推进农民相对集中居住与优化郊区空间布局、推进新城建设、提高公共服务质量、促进产业集约发展相结合，依法依规再推进1万户以上农民相对集中居住，做到启动项目抓签约、上楼项目抓开工、现房项目抓交付、平移项目抓竣工、退出项目抓拆旧，确保本轮5万户农民相对集中居住总目标顺利完成，切实改善农民居住条件。

（三）发展乡村休闲旅游

积极发展乡村民宿，提升乡村休闲旅游能级，将符合要求的乡村休闲旅游项目纳入科普基地、中小学生学农劳动实践基地和学生社区实践指导站范围。推进模式多样的乡村休闲旅游项目，优化要素跨界配置，推进乡村休闲旅游与文化教育、健康养生、信息技术等产业融合发展。结合乡村振兴示范村和美丽乡村示范村创建，打造中国美丽休闲乡村、休闲农业和乡村旅游精品企业（园区），形成风景优美、海派味浓、具有大都市特色的乡村休闲旅游高地。

（四）保护弘扬乡土文化

持续用好用活红色文化、海派文化、江南文化资源，打造文化乡村。大力弘扬以爱国主义为核心的民族精神和以改革创新为核心的时代精神，赓续红色血脉。加强农村非物质文化遗产保护传承，深化推进"非遗在社区"工作。举办中国农民丰收节、"我们的节日"等各类民俗节庆活动，推广传承农民体育传统健身项目。持续推进历史文化名镇名村保护工作，促进上海传统建筑元素在农村房屋等建设中的应用。开发传统节日文化用品和民间艺术、民俗表演项目，促进乡村文化资源与现代消费需求有效对接。

（五）加强农村公共服务

增加郊区农村优质义务教育和公益普惠学前教育资源供给。建强乡村医生队伍，持续推进新一轮社区卫生服务机构标准化建设。农村地区新建100家以上睦邻点、建设20家以上乡村长者照护之家，加强对互助式养老设施建设和服务运营的支持保障。加强乡村社区综合服务设施和公共数字文化资源建设，推动农村体育健身设施提档升级。

（六）加强农村精神文明建设

持续深化文明村镇建设，常态化开展最美家庭、星级文明户等推选活动，深化拓展新时代文明实践中心建设。在乡村创新开展"听党话、感党恩、跟党走"宣传教育活动。制止餐饮浪费，培养节约习惯，深化移风易俗，发挥村规民约作用。继续开展文化、科技、卫生"三下乡"活动。

六、增强乡村振兴内生动力

（一）增加乡村振兴资金投入

继续把农业农村作为一般公共预算优先保障领域，压实市、区两级政府投入责任。深化涉农财政专项资金统筹整合。稳步提高土地出让收入用于农业农村的比例，制定市对区考核办法，加强考核监督。在法定地方政府债务限额内，支持通过发行地方政府专项债券用于符合条件的乡村振兴公益性项目。夯实乡村振兴领域项目库建设，提升项目储备质量。强化预算绩效管理和监督。完善政策性农业信贷担保体系，引导金融机构用足用好支农政策工具，加大涉农信贷支持力度。优化政策性农业保险费率和保险责任条款。发挥相关企业作用，吸引社会资本共同建设高端农业项目。

（二）深化农村土地制度改革

保障农业农村合理用地需求，让土地切实发挥都市乡村"三个价值"的载体作用。依法依规稳妥推进集体建设用地入市，明晰农村地区集体建设用地使用路径。规范农村集体经营性建设用地使用权作价入股行为，探索推动农村集体经营性建设用地使用权抵押融资。稳慎推进农村宅基地制度改革，健全宅基地审批制度，规范农户建房秩序，推进宅基地信息管理系统建设，探索宅基地"三权分置"路径。完成松江区、奉贤区农村宅基地制度改革试点任务。依法依规开展农村宅基地使用权及房屋所有权确权登记颁证，加快农村土地承包经营权纳入不动产统一登记颁证。开展全域土地综合整治试点，整合农村零散存量建设用地。落实盘活农村存量建设用地政策，引导涉农区将盘活的建设用地指标按照不低于5%的比例重点向乡村产业等倾斜。

（三）加强乡村振兴人才队伍建设

大力引进农业农村高层次创新型人才，加快培养农业科技领军人才和高水平创新团队。引导在沪高等院校、科研院所更好发挥科技创新优势，在农村建立试验站、研发基地。加快培养高素质农民，全年培养1 220名以上新型职业农民。持续开展农民职业技能提升行动。扶持各类人才和能工巧匠到乡村创新创业。

七、坚持和加强党对"三农"工作的全面领导

（一）加强农村基层组织建设

坚持和加强党对农村工作的全面领导，牢固树立"乡村振兴价值共同体"观念。加强换届后乡镇领导班子和村干部队伍建设，全面落实农村基层干部乡村振兴业务培训任务，深入推进"班长工程"，组织村党组织书记"擂台比武"，选树担当作为的先进典型。优化完善城乡党组织结对帮扶制度，派强用好驻村第一书记和工作队。健全党领导的乡村治理体系，完善村级重大事项、重要问题经村党组织研究讨论机制，全面落实"四议两公开"制度。强化村务监督，重点加强对"一肩挑"村党组织书记的监督管理，持续排查整顿软弱涣散村党组织。优化以乡镇、村党群服务中心（站、点）为基本阵地的乡村综合服务设施布局。开展乡村治理清单制试点，规范村级组织挂牌、台账、证明事项等，减轻村级组织负担。

（二）压实全面推进乡村振兴责任

强化各级书记抓乡村振兴责任。实施各级党政领导班子和领导干部推进乡村振兴战略实绩考核制度。开展涉农领导干部实施乡村振兴战略专题培训。选派优秀年轻干部到乡村振兴任务重的乡镇挂职锻炼。建立统筹协调、分工协作的推进机制，加快形成彰显都市乡村"三个价值"的促进体系。通过各类媒体宣传好彰显都市乡村"三个价值"的典型事例，营造良好舆论氛围。广泛动员社会力量参与乡村振兴。市、区两级党委农村工作领导小组要更好发挥"三农"工作牵头抓总、统筹协调等作用，全面推进乡村振兴，以实际行动迎接党的二十大胜利召开。

2 上海市乡村振兴促进条例

第一章 总则

第一条 为了全面实施乡村振兴战略，促进农业全面升级、农村全面进步、农民全面发展，加快农业农村现代化，根据《中华人民共和国乡村振兴促进法》等法律、行政法规，结合本市实际，制定本条例。

第二条 实施乡村振兴战略应当坚持中国共产党的领导，按照产业兴旺、生态宜居、乡风文明、治理有效、生活富裕的总要求，贯彻新发展理念，坚持农业农村优先发展，坚持农民主体地位，坚持人与自然和谐共生，坚持改革创新，坚持因地制宜、规划先行、循序渐进，推进美丽家园、绿色田园、幸福乐园建设，构建超大城市空间新格局，促进城乡融合发展。

第三条 本市建立健全党委统一领导、政府负责、党委农村工作部门统筹协调的乡村振兴促进工作领导责任制，完善市负总责，区和乡镇抓落实的乡村振兴联动工作机制。

各级人民政府应当将乡村振兴促进工作纳入国民经济和社会发展规划及年度计划，研究、协调乡村振兴促进工作中的重大事项，建立乡村振兴考核评价、工作年度报告和监督检查制度。区人民政府承担本行政区域内乡村振兴促进工作第一责任。乡镇人民政府负责本行政区域内乡村振兴促进工作的落实。

农业农村部门负责本行政区域内乡村振兴促进工作的统筹协调、政策指导、推动落实和监督检查。发展改革、财政、住房和城乡建设、规划资源、经济信息化、教育、科技、民政、人力资源社会保障、生态环境、水务、文化旅游、卫生健康、金融等有关部门在各自职责范围内负责有关的乡村振兴促进工作。

第四条 村民委员会、农村集体经济组织应当在乡镇党委、村党组织的领导下，依法办理本村公共事务，发展壮大集体所有制经济和本村公益事业，维护村民合法权益，接受村民监督。

本市支持和引导企事业单位、人民团体、社会组织等社会各方面参与乡村振兴促进相关活动。

鼓励各类企业参与乡村振兴重大项目建设，加快乡村产业发展。国有企业应当增强示范引领作用，发挥自身优势，参与乡村振兴促进工作。

第五条　市、相关区人民政府应当根据国民经济和社会发展规划，组织编制乡村振兴规划，与国土空间规划相衔接，形成城乡融合、区域一体、多规合一的规划体系。

乡村振兴规划应当统筹城乡产业发展、基础设施建设、基本公共服务保障、资源能源利用、生态环境保护等内容。

第六条　本市落实最严格的耕地保护制度，建立市、区、乡镇三级耕地保护责任机制，完善耕地保护责任目标考核，实施耕地用途管制，严守耕地和永久基本农田保护红线，严格实行占用耕地补偿，健全耕地数量和质量监测监管机制。建立耕地保护联合巡查执法制度，严格落实巡查、执法责任。

第七条　各级人民政府应当落实国家粮食安全战略，严格粮食安全责任制考核，坚持藏粮于地、藏粮于技，制定粮食生产扶持政策，推进优质粮食工程建设，完善粮食加工、流通、储备、应急保障体系，提高粮食供给和保障能力。坚持节约优先，强化粮食安全教育，反对食物浪费。

第八条　本市建立健全有利于农民收入稳定增长的机制，通过完善金融、用地、就业、补贴等扶持政策，推动农业发展提质增效，促进生态保护与农民增收协调发展；深化农村集体产权制度改革，实现农村集体资产增值保值和集体经济组织年度收益分配；拓宽农村劳动力就业渠道，提升农民社会保障水平，提高农民收入，缩小城乡差距、推动共同富裕。

第九条　本市推动建立长江三角洲区域共同促进乡村振兴的工作机制，加强政府间合作，在长江流域生物多样性保护、乡村休闲旅游、乡村振兴人才培养、乡村科技服务、美丽乡村建设等领域促进区域协调，推进乡村振兴一体化发展。

本市支持相关区与江苏省、浙江省的毗邻地区深化合作，打造区域品牌，形成绿色田园、古朴乡村、现代城镇、产业园区和谐共生的空间格局，实现生态优先、绿色发展、乡村振兴的有机结合。

本市与江苏省、安徽省建立促进上海域外农场高质量发展协同推进机制，更好推动产业发展、基础设施建设，发挥优势特色，提高安全优质主副食品的供给能力和质量水平，打造与超大城市相匹配的现代化农场。

第二章 城乡融合

第十条 各级人民政府应当协同推进乡村振兴战略和新型城镇化战略的实施，优化城乡空间体系，促进主城区、新城、新市镇、乡村在空间布局、产业经济、公共服务、生态保护、基础设施建设等方面协调发展。发挥新城集聚功能和赋能作用，体现乡村的经济价值、生态价值、美学价值，构建城乡融合发展新格局。

第十一条 各级人民政府应当统筹城乡公共基础设施规划和建设，推进道路、燃气、通信、物流、客运等市政基础设施向农村延伸，加快新一代通信基站、新能源汽车充电桩等新型基础设施和特高压、城际高速铁路、城市轨道交通等建设，推动城乡基础设施互联互通，保障乡村发展需求。

各级人民政府应当加强乡村数字基础设施建设，支持完善村级综合服务设施和综合信息平台。

各级人民政府应当根据各自权限承担乡村公共基础设施管护责任，保障管护经费，编制管护责任清单，明确管护对象、主体和标准等，并予以公示。

鼓励社会资本参与乡村公共基础设施的建设、运营和管护。

第十二条 本市在义务教育、医疗卫生领域建立完善城乡一体、均衡推进的发展机制。

市、相关区人民政府应当统筹城乡教育资源，完善城乡学校携手共进机制，持续改善乡村学校办学条件，提升乡村教育质量。教育经费使用进一步向薄弱地区和关键环节倾斜，教育经费年度增量部分优先用于远郊农村地区发展基础教育。

市、相关区人民政府应当加大对乡村基层医疗卫生机构的投入，提高乡村医疗卫生服务、医疗急救保障和应对突发公共卫生事件能力。卫生健康部门应当保障乡村基层医疗卫生机构基本药物供给，加强医疗联合体建设，促进城乡优质医疗卫生资源均衡分布。

第十三条 市、相关区人民政府应当健全城乡一体的公共就业创业服务体系，完善城乡统一的就业统计和失业救助政策，推动形成平等竞争、规范有序、城乡一体的人力资源市场，统筹推进农村劳动力就业。

人力资源社会保障部门应当完善促进农民就业创业的扶持政策，加强培训指导，合理布局基层就业服务站点，定期开展就业创业服务进乡村活动，跟踪调查和分析本市农民就业状况，宣传农村就业创业形势和政策，引导农民树立适应市场要求的就业观念。

第十四条　本市根据经济社会发展状况，完善城乡居民基本养老保险、基本医疗保险、大病保险以及城乡低保、医疗救助等制度，持续提高农村社会保障水平。

各级人民政府应当推动农村养老事业发展，均衡布局养老服务设施，创新适合农村特点的养老服务模式，发展农村普惠性养老和互助性养老服务，支持利用农民房屋和农村集体所有的土地、房屋等资源，因地制宜建设养老服务设施。

第十五条　本市依托城市数字化转型，运用大数据、云计算等技术加强农村数字化建设，增强农业农村领域数据汇集和应用，推动农业数据资源库、网络平台信息系统、农业空间地理信息系统深度融合。依托政务服务"一网通办"和城市运行"一网统管"，推进乡村公共服务和管理数字化应用场景建设，实现信息发布、民情收集、议事协商、公共服务等村级事务网上运行，提升乡村公共服务数字化、智能化水平。

第十六条　相关区人民政府应当统筹考虑乡村聚落格局以及基础设施和公共服务设施用地布局，按照慢行可达的空间范围，面向不同乡村地区功能定位和服务人群，结合村庄特定需求进行差异性配置，加强空间复合利用，建立全域覆盖、普惠共享、城乡一体的基础设施和公共服务设施网络，逐步构建乡村社区生活圈，提升乡村生活品质。

第三章　产业发展

第十七条　市、相关区人民政府应当根据国土空间规划、乡村振兴规划，组织编制乡村产业发展、农业专项等规划。

乡村产业发展、农业专项等规划应当作为乡村产业发展项目审批的重要依据。

第十八条　本市推进乡村一二三产业高质量融合发展，支持发展现代种植业、现代养殖业、农产品加工业、农资农机产业、乡村商贸流通业、乡村休闲旅游业等产业。

区和乡镇人民政府应当结合资源优势和产业特色，促进农业与旅游、文化、健康养老、体育、新能源等产业相结合的乡村现代产业发展。

第十九条　各级人民政府应当采取措施，提高农业综合生产能力，大力推进都市现代农业建设，支持高标准建设永久基本农田，划定、保护并建设粮食生产功能区、蔬菜生产保护区、特色农产品优势区，增强粮食、蔬菜、畜禽、水产、主要经济作物等重要农产品生产和供给能力。

农业农村部门应当会同相关部门加强高标准农田、农田水利、渔港、农产品仓储保鲜和物流、农机库房等现代农业基础设施建设，建设智慧农业示范基地，鼓励农业智能设施装备生产研发和推广，促进信息技术在农业生产、经营、管理和服务中的运用。

农业农村部门应当开展农业信息监测预警和综合服务。

第二十条　各级人民政府应当开展农业绿色发展行动，采取措施推进化学投入品减量化，发展种养循环农业，实施有机肥替代化肥、病虫害绿色防控、农作物秸秆等农业废弃物的资源化利用或者无害化处理。

本市支持开展土壤生态保育技术研发，实施土壤生态修复示范工程，加快重点地区土壤生态保育。

第二十一条　本市健全农业科研投入保障机制，支持农业科技创新，强化高等院校、科研机构和企业创新能力，在种源农业、智慧农业、生态农业、设施农业等领域加大研发投入，建立完善创新平台，促进农业科技成果转化，加强浦东、崇明、金山国家农业科技园区建设。

本市加强农业技术推广体系建设，支持农业技术推广机构联合高等院校、科研机构等单位，通过试验、示范、培训、指导以及咨询服务等方式，加快农业技术的普及应用。

鼓励企业、农民专业合作社或者其他社会组织通过技术承包、技术参股等方式，开展农业技术推广服务。

第二十二条　市、相关区人民政府应当组织制定并实施种业发展规划，加强种质资源库和良种繁育基地建设，强化种质资源保护和利用，提升种业科技创新能力，完善种业发展激励机制，加强育种领域的知识产权保护，打造具有自主知识产权和国际竞争力的种业企业，促进种业高质量发展。

农业农村部门应当会同规划资源等部门制定和完善扶持种业发展政策措施，推动设施农业用地向种源设施建设倾斜，建设用地指标优先支持研发型种业企业和种业科研机构；建立完善良种选育、繁育、推广体系，推进商业化育种，重点发展优势特色品种，强化种业市场监管，规范种业发展。

本市支持高等院校、科研机构和企业推进种业关键核心技术攻关和生物育种产业化应用，为种业创新发展提供基础性、前沿性和应用技术型研究和保障。

第二十三条　本市加强农产品区域公用品牌培育、保护和推广，加大对农产品地理标志的登记保护。鼓励以集体商标、证明商标形式注册区域品牌和地理标志。

相关区人民政府应当根据区域资源优势，制定政策措施，培育发展特色明显、竞争力强的优势农产品产区和知名品牌。

支持农产品生产者按照规定申请使用绿色食品标志、农产品地理标志，开展有机农产品认证。

第二十四条　本市引导农业企业、农民专业合作社、家庭农场、农业社会化服务组织等农业经营主体和服务主体提高发展质量，支持其以订单农业、股份合作、分红奖励、服务协作等多种方式与农民建立紧密利益联结机制，让农民共享全产业链增值收益。

本市支持各类农业经营主体拓展农产品产地市场功能，就近发展中央厨房、净菜加工、主食加工，实现生产加工与物流配送高效对接。

第二十五条　市、相关区人民政府应当发展乡村休闲旅游，发掘农业多种功能和乡村多元价值，因地制宜开展具有乡村特色的休闲旅游活动，统筹发展乡村民宿、休闲园区、生态园、乡村休闲旅游聚集村等业态。

市、相关区人民政府应当建立完善乡村民宿发展工作推进机制，将促进乡村民宿发展作为乡村振兴工作的重要内容，支持乡村民宿产业发展和配套基础设施建设。相关区人民政府应当编制乡村民宿发展规划，培育区域特色品牌，促进乡村民宿产业与相关产业融合发展。

市有关部门应当制定乡村民宿建筑、消防、食品、卫生、环保（水源保护地）等标准，明确责任部门和工作流程，优化审批程序，建立乡村民宿管理信息交流和共享机制，加强事中事后监管。

鼓励农户、农村集体经济组织和其他具有专业化经营能力的个人、组织等，采用自营、租赁、联营、入股等方式，参与乡村休闲旅游项目建设、经营和管理。

第二十六条　市、相关区人民政府应当根据农业资源禀赋和产业基础，打造特色果蔬、农旅融合、现代畜禽养殖、高端设施农业、无人农场等现代绿色农业产业片区，以及乡村康养、都市田园等乡村产业特色区域。

第二十七条　市、相关区人民政府应当强化科技、人才、用地等要素保障，加强横沙东滩等现代农业产业园规划和建设，推动科技研发、农业生产、加工物流、营销服务等向产业园集中，提升产业链、供应链现代化水平。

第四章　生态宜居

第二十八条　相关区人民政府应当根据国土空间总体规划，组织编制镇级国土空间总体规划，统筹城镇和乡村发展，明确总体发展目标、核心指标和空间布局。

乡镇人民政府应当根据国土空间总体规划，结合乡村振兴规划，科学编制、调整郊野单元村庄规划，优化村庄布局，并报区人民政府审批。郊野单元村庄规划应当作为核发乡村建设项目规划许可和实施各类乡村建设项目的法定依据，指导村庄设计。

编制郊野单元村庄规划应当综合考虑村庄人口、产业、功能、规模、空间等特点，以及土地利用、产业发展、基础设施布局、生态保护和历史文化传承等要求，分类有序推进村庄建设。

严格规范村庄撤并，严禁违背农民意愿、违反法定程序撤并村庄。

第二十九条　本市按照策划、规划、设计、实施的步骤，遵循国土空间用途管制要求和相关建设标准，对乡村建设项目实施全过程规划建设管理，有序推进乡村建设，提升乡村整体景观，凸显乡村特色风貌。

相关区和乡镇人民政府应当开展村庄设计，加强村庄风貌引导，突出乡土特色和地域特点，保存乡村自然肌理，挖掘传统元素，促进村庄形态与自然环境、传统文化相协调，推进美丽乡村建设。

探索建立乡村责任规划师制度，提升乡村建设品质。

第三十条　本市倡导节约适度、绿色低碳、文明健康的生产生活和消费方式，开展乡村生产生活环境整治，推进乡村人居环境优化提升。禁止违法将污染环境、破坏生态的产业、企业向农村转移。

各级人民政府应当加大投入，统筹乡村生活垃圾处理回收和生活污水处理设施的建设、运行维护和管理工作，推进生活垃圾分类减量和建筑垃圾规范处置、生活污水集中处理，持续推进农村卫生厕所改造提升。

村民委员会应当加强村容环境整治，开展河道和道路两旁、房前屋后和庭院的绿化、美化，保持村庄公共空间整洁、有序、美观。

第三十一条　本市在尊重农民意愿前提下，采取进城镇集中为主，平移集中和货币化退出等并存的方式，推进农民相对集中居住，鼓励以街镇为单位成片整建制推进。

相关区和乡镇人民政府应当优先保障农民相对集中居住用地；其中，向城镇集中居住的，优先布局在大型居住社区和周边现状为建设用地的地块。调整优化农村平移集中居住点布局和用地规模，涉及占用耕地的按照有关规定落实用地占补平衡等措施。

本市农民相对集中居住腾出的空间优先用于乡村产业发展、公共基础设施建设和美丽乡村建设，促进农村集体经济发展和农村人居环境改善。

第三十二条　相关区人民政府应当加强政策、资金保障，采取多种方式满足农村村民居住需求。坚持规划引领、分类施策，保障农村村民依法新建、改建、扩建和翻建住房的权利。

相关区人民政府负责统筹辖区内农村村民建房工作，制定和完善农村村民建房的具体方案，鼓励通过统建、联建等方式因地制宜改善村民居住条件和环境，引导农村村民节约利用土地资源。乡镇人民政府应当落实郊野单元村庄规划，实施建房具体方案。

本市建立农村住房设计、施工、验收等全过程建设管理制度。相关区、乡镇人民政府应当加强农村房屋风貌和质量安全管理，落实乡村建筑师制度，完善农房验收制度，健全房屋安全使用常态化巡查、网格化动态管理制度，探索建立房屋定期体检和房屋保险制度。鼓励农村建房采用新型建造技术和绿色建材。

乡镇人民政府应当为农村村民办理建房审批事项提供便利服务。

第三十三条　本市持续推进低效建设用地减量化。按照"宜耕则耕、宜林则林"的原则，持续推进规划开发边界外现状低效建设用地减量复垦工作，有效增加耕地面积，并进行后期管护。制定并执行年度低效建设用地减量化计划，开展土壤检测，安全利用减量化形成的土地资源。

本市统筹推进山水林田草沙一体化保护和修复。坚持节约优先、保护优先、自然恢复为主，编制并实施国土空间生态修复专项规划，促进绿地、林地、湿地、海域融合发展，提升生物多样性维持能力与固碳潜力，保障乡村地区生态系统安全。

第五章　文化繁荣

第三十四条　各级人民政府应当根据乡村文化传统和农民文化需求，鼓励创作反映乡村生活题材和乡村振兴实践的各种优秀作品，推动具有本市特点的乡村文化纳入"上海文化"品牌建设，传承和发扬红色文化、海派文化、江南文化等特色文化。

第三十五条　各级人民政府应当健全乡村公共文化体育设施网络和服务运行机

制，加大农村文化体育设施建设和资源配送力度，优化乡村综合服务设施布局，丰富乡村文化体育生活。

本市鼓励开展形式多样的群众性文化体育、节日民俗等活动，利用广播电视和网络等媒体，拓展乡村文化服务渠道。

第三十六条　各级人民政府应当采取措施保护、传承农耕文化遗产和非物质文化遗产，挖掘优秀农业文化深厚内涵，弘扬优秀传统文化。

市、区人民政府应当加强对中国历史文化名镇名村、传统村落和乡村风貌、不可移动文物、农业遗迹、农耕文化展示区的保护，推进乡村文化生态整体性保护。

本市鼓励和支持有条件的乡村依托特色文化、特色产业建设村史馆，编撰村志。

第三十七条　各级人民政府应当加强乡村特色文化产业建设，推动乡村特色文化产业、乡村体育产业和乡村旅游有序融合，支持乡村传统工艺、地方特色美食等传承和发展。

本市推进农耕文化教育进校园，统筹利用现有资源建设劳动教育和学生社会实践基地，引导中小学生参与农业科普、农事体验和农村社会实践。

第六章　乡村治理

第三十八条　本市建立健全党委领导、政府负责、民主协商、社会协同、公众参与、法治保障、科技支撑的现代乡村社会治理体制，健全自治、法治、德治相结合的乡村社会治理体系，推进乡村振兴示范村、乡村振兴示范镇等建设，构建共建、共治、共享的乡村社会治理格局。

本市健全常态化管理和应急管理动态衔接的基层治理机制，构建网格化管理、精细化服务、信息化支撑、开放共享的基层管理服务平台，建立统一指挥、快速反应、上下联动的应急体系。

第三十九条　本市健全村党组织领导下的村民自治制度，发挥村民委员会的作用，完善村规民约，加强民主管理和协商。村民自治章程和村规民约应当以社会主义核心价值观为引领，不得侵犯村民合法权益。

本市健全完善村级党务、村务、财务公开制度，加大监督力度，保护农村村民、农村集体经济组织成员的知情权、参与权、监督权。

第四十条　市、相关区人民政府应当加强基层群团组织建设，支持、规范和引导乡村社会组织发展。

本市孵化、培育和扶持扎根农村社区的志愿服务组织，建立组织化和社会化相结合的动员机制，强化应急状态下快速响应能力，提升志愿服务的制度化、专业化和科学化水平。

第四十一条　各级人民政府应当深入开展法治宣传教育，培育法治文化，推进法治乡村建设，提高乡村干部和农民的法治素养。

司法行政部门应当会同相关部门健全农村公共法律服务体系，根据需要设立法律顾问和公职律师，加强对农民的法律援助和司法救助，健全乡村矛盾纠纷调处化解机制。

本市推进行政执法权限和力量向基层延伸、下沉，强化乡镇执法队伍，合理配置执法力量资源，规范基层行政执法，保障农业农村发展和农民合法权益。

第四十二条　本市坚持以社会主义核心价值观为引领，持续推进乡村精神文明建设，加强社会公德、职业道德、家庭美德、个人品德教育，推动传统农耕文明与现代都市文明相融合，提高乡村社会文明程度。

各级人民政府应当拓展新时代文明实践中心建设，丰富农民精神文化生活，支持开展文明村镇、文明家庭等群众性精神文明创建活动，推动移风易俗，提倡孝老爱亲、勤俭节约、诚实守信等，建设文明乡村。

第四十三条　各级人民政府应当加强乡村社会治安防控体系、乡村公共安全体系和自然灾害防治体系建设，强化农村公共卫生、安全生产、应急救援、食品药品、交通、消防、灾害防御等安全管理责任，完善乡村公共安全联防联控机制，加强网格化管理，推动平安乡村建设。

第四十四条　相关区和乡镇人民政府应当结合区域功能提升、撤制镇改造等工作，按照政府主导、规划引领、尊重民意、市场运作的原则，统筹建设规划指标、土地供应等资源，加强政策供给集成，依法依规实施城中村改造，保障农村集体经济组织及其成员的合法权益，实现居住环境、社会管理、产业发展等综合效应的提升。

相关区和乡镇人民政府应当加大对城中村公共安全、公共卫生、人居环境、违法建筑等的整治力度，加强房屋出租和实有人口管理，提升安全隐患排查、风险管控和应急处置能力。

第四十五条　乡镇人民政府应当完善清廉乡村建设监督检查机制，落实整改和责任追究。

乡镇人民政府应当指导和督促村民委员会等村级组织编制村级事务小微权力清单、负面清单和村务监督事项清单，建立权力规范运行机制和村务监督事项公开评议制度。

第七章 人才支撑

第四十六条 市、相关区人民政府应当实施乡村人才振兴项目，完善人才培养、引进、使用、激励措施，加强农业生产和经营、社会公共服务等各类农业农村人才队伍建设。

第四十七条 农业农村、教育、人力资源社会保障等部门应当加强农业技能培训，培育新型职业农民，加快培养农村创新创业带头人、农村电商人才、乡村手工业者和传统技艺人才、乡村建设工匠等。支持农民专业合作社、专业技术协会、龙头企业等主体积极参与或者承担培训工作。

教育部门应当指导、支持高等院校、职业学校设置涉农相关专业，加大农村专业人才培养力度。

第四十八条 本市加大国内外现代农业科技领域顶尖人才、农业领军人才的引进力度，鼓励涉农科研机构和涉农企业引进育种、生物制品及疫苗等方面专业人才。

相关区和乡镇人民政府应当建立激励机制，鼓励高等院校和职业学校毕业生、外出务工人员、经商人员等各类人员返乡创业；鼓励高等院校、科研机构等单位的专业技术人才到乡村和企业挂职、兼职和离岗创业。

本市支持各类返乡下乡人才在符合国家和本市相关规定和规划的前提下，与当地农民合作改建自住房，拓展创业空间，满足必要的生产生活需要。

第四十九条 本市健全完善城乡、区域、校地之间人才培养合作交流机制，推进城市教育、医疗、科技、文化、体育等工作人员服务乡村。

教育部门应当加强乡村教师队伍建设，统筹配置城乡师资，促进优秀师资向乡村流动，提高教师专业化水平。

卫生健康部门应当加强乡村医疗卫生队伍建设，合理配置医疗卫生人员，提高乡村医疗卫生人员待遇，鼓励优质医疗卫生人才和技术人员服务乡村。

本市支持科技特派员服务乡村振兴，提高农民科技素质。

第五十条 本市建立健全涉农工作队伍的选拔、培养、配备、管理、使用机制，选拔优秀人才进入村党组织、村民委员会班子，多渠道选派优秀干部支持乡村发展，提高村干部能力素质。

本市健全从优秀村党组织书记中选拔乡镇领导干部、定向招录公务员、招聘乡镇事业编制人员的常态化机制，注重选配熟悉农业农村工作的干部进入区、乡镇领导班子。

第五十一条　本市健全完善技术技能人才评价制度。人力资源社会保障、农业农村部门应当支持农业农村从业人员参加职业资格鉴定、职业技能等级认定、专项职业能力考核和专业技术职称评审，分类推进农业农村实用人才评价机制改革。

本市在建设交通、旅游文化、教育卫生等领域专业技术人才评价中，应当将参与乡村振兴战略的业绩成果作为职称评审的重要内容。

市、相关区人民政府应当建立鼓励各类人才参与乡村建设的激励机制，为乡村振兴人才落户、生活居住、社会保障等方面提供便利，支持和引导各类人才通过多种方式服务乡村振兴。

第八章　农村集体经济

第五十二条　市、相关区人民政府应当完善财政引导、多元化投入共同扶持农村集体经济发展的机制，支持农村集体经济组织建设，保障农村集体经济组织运营和发展壮大。

本市建立健全城乡建设用地增减挂钩、节余指标调剂和收益分配机制。减量化后的农村集体建设用地指标产生的收益主要归集体经济组织所有。

第五十三条　本市根据国家有关规定，促进和规范农村产权流转交易，建立统一公开、规范有序的流转交易服务平台，实行一网交易，加强服务和监督管理，推动城乡要素平等交换、双向流动。

第五十四条　市、相关区人民政府应当加强农村集体经济发展平台建设，提升农村集体资金、土地、项目等资源要素的统筹能级。

本市鼓励农村集体经济组织盘活利用集体资源资产，引导村集体经营项目向各类产业园区集中；支持农村集体经济组织购置有增值潜力的商务楼宇、参与开发建设产业园区等，推动农村集体经济转型升级。

农村集体经济组织可以整合利用集体积累资金、政府扶持资金等，通过入股或者参股农业产业化龙头企业、村与村合作、村企联手共建等多种形式发展集体经济。

农村集体经济组织可以利用农村依法建造的宅基地农民房屋、村集体用房、闲置农房、闲置集体用地等，发展乡村产业。

第五十五条　市、相关区人民政府应当创新财政扶持方式，灵活用好财政直接补助、先建后补、以奖代补等措施，支持和保障农村集体经济高质量发展。

本市支持金融机构创新促进农村集体经济发展的金融产品和服务，拓宽有效担保物范围，探索开发以生产经营设备设施、集体经营性建设用地使用权、集体物业资产、资产资源收益权、应收账款等作为抵押或者质押财产的贷款产品。

第五十六条　本市鼓励农村集体经济组织参与农村中小型项目。在同等条件下，可以优先安排具备条件的农村集体经济组织实施农村生产生活基础设施建设项目和乡村公益性服务项目，国家和本市另有规定的除外。

第九章　保障措施

第五十七条　市、相关区人民政府应当建立健全乡村振兴战略财政投入优先保障和持续增长机制，确保投入力度不断增强、总量持续增加，与乡村振兴目标任务相适应。

本市设立乡村振兴专项资金，引导市、区两级相关资金共同加强对乡村振兴领域的支持，重点加大对农业绿色生产、生态资源保护、农产品质量安全、农村人居环境、农民集中居住等重点领域和薄弱环节支持力度。

本市完善市对相关区转移支付分配机制，加大生态补偿等转移支付力度，重点向远郊纯农地区、生态保护区域、经济相对薄弱地区倾斜。

市、相关区人民政府应当按照国家规定，调整完善土地出让收入使用范围，优先支持乡村振兴，提高农业农村投入比例，重点用于高标准农田建设、现代种业提升、农村人居环境整治、村庄公共设施建设和管护等方面。土地出让收益用于农业农村的具体规定，由市人民政府制定。

市、相关区人民政府应当建立健全涉农资金统筹整合长效机制，优化资金配置，强化财政资金监督管理，全面实施预算绩效管理，提高财政资金使用效益。

第五十八条　本市支持以政府引导、市场参与等多种形式设立乡村振兴基金，重点支持乡村产业发展和公共基础设施建设。

本市完善政策性农业信贷担保体系，持续扩大担保业务覆盖面。财政出资设立的政策性农业信贷担保机构，应当主要为从事农业生产和与农业生产直接相关的农业经营主体、社会化服务组织以及产业融合的乡村新业态服务。

本市鼓励和支持金融机构创新金融产品和服务，推出更多免担保、低利率、可持续的惠农金融产品，创新农民专业合作社、家庭农场、种养大户、小微农业企业等农业经营主体和农业社会化服务组织流动资金贷款服务模式，探索拓展专项债券、票据、公司债券、证券、期货等金融资源服务乡村振兴。

本市建立多层次农业保险体系，全面提升保险服务质量和保障能力。完善政策性农业保险，推进农业保险模式创新，支持发展地方特色险种；鼓励商业性保险公司开展农业保险业务，拓宽保险服务领域，为农民、农村集体经济组织等提供保险服务。支持农民和农业经营主体开展互助合作保险。

第五十九条　本市鼓励社会资本参与乡村振兴，农业农村部门应当制定农业农村项目投资指南，引导社会资本通过多元化投融资渠道，投资乡村振兴重点项目。

第六十条　市、相关区人民政府应当推进节约集约用地，支持乡村地区开展全域土地综合整治，整体推进农用地和建设用地整理、生态保护修复和各类国土空间开发活动，提高土地使用效率。依法采取措施盘活农村存量建设用地，激活农村土地资源，完善农村新增建设用地保障机制，满足乡村产业、公共服务设施和农民住宅用地合理需求。

本市应当重点保障乡村产业用地，编制相关区、乡镇国土空间规划时，应当安排不少于百分之十的建设用地指标；制定土地利用年度计划时，应当安排至少百分之五新增建设用地指标。

本市加大设施农业用地保障力度，合理确定各类设施农业用地规模，优化备案程序，建立长效机制，促进现代农业健康发展。

村民住宅建设用地计划指标实行单列管理。

第六十一条　农村村民建房、公共服务设施建设以及集体经济组织自办或者以土地使用权入股、联营等方式与其他单位共办乡村产业项目的，可以依法使用集体建设用地。

经规划确定为工业、商业等经营性用途，符合产业准入和生态保护要求并依法登记的集体经营性建设用地（除商品住宅外），可以通过出让、出租等方式交由单位或者个人在一定年限内有偿使用。

本市按照国家统一部署，依法有序推进集体经营性建设用地入市。市、相关区人民政府应当在土地利用年度计划中对集体经营性建设用地入市作出合理安排。集体经营性建设用地入市收益分配应当符合国家有关规定。

第六十二条　本市依法推进农村宅基地制度改革，落实宅基地集体所有权，保障宅基地农户资格权和农民房屋财产权，按照国家规定适度放活宅基地和农民房屋使用权。

本市开展宅基地资格权认定、不动产登记颁证和宅基地统计管理工作。禁止违法违规买卖、利用宅基地。

农村村民住宅建设依法落实"一户一宅"要求，严格执行规定的宅基地标准，不得随意改变，注意分户的合理性，做好与户籍管理的衔接，不得设立互为前置的申请条件。

农村集体经济组织及其成员利用闲置宅基地和闲置农房发展乡村产业的，符合规定的宅基地上房屋可以登记作为市场主体的经营场所。

第六十三条　本市建立推进乡村振兴激励机制，对在乡村振兴促进工作中作出显著贡献的单位和个人，按照国家和本市有关规定给予褒扬和奖励。

第十章 崇明世界级生态岛建设

第六十四条 本市围绕建设崇明世界级生态岛的战略目标，在空间管控、用地管理、产业融合、社会发展、人才支撑等方面加强政策支持，进行制度创新，推进崇明岛乡村振兴工作。

本市支持崇明岛深化国家全域旅游示范区建设，打造世界级休闲旅游度假岛。

第六十五条 本市科学规划崇明岛生态保护空间和经济社会发展空间，统筹优化设定滩水林田湖等生态保护指标。

本市支持在崇明岛大力发展绿色能源，构建现代能源体系和绿色低碳循环发展的经济体系。

本市支持崇明区建立生态系统碳汇监测评估体系，推动生态资源向生态价值实现转化。支持崇明区开展碳达峰碳中和示范试点。

本市支持崇明区建立一体化生态环境监测网络，构建温室气体排放和生物多样性保护监测体系，提升生态环境监测预警能力，实现滩水林田湖精准管控。

第六十六条 本市支持支柱型、功能型、聚集型的乡村振兴重大生态产业项目优先布局崇明。强化生态赋能，大力发展"康""养""体""游"等特色产业，拓展康复医疗、养老养生、文体旅游、总部经济等业态，提升乡村振兴产业发展能级，打造长江三角洲区域生态产业新高地。

本市推进崇明农业科技园区建设，支持在崇明岛发展特色种源产业，建立长江流域特色种质资源库，加大特色种质资源保护力度，推进绿色高效种养业，提升农产品精深加工业，引导农产品全链条开发利用。

第六十七条 本市支持崇明岛乡村振兴发展相关空间规划和土地管理工作。

本市建立并完善与崇明世界级生态岛乡村振兴建设任务相匹配的多元化投入机制。

第十一章 监督管理

第六十八条 本市依法加强农业、乡村的年度统计工作，健全科学统计指标体系，改进统计调查方法，提高统计科学性，准确、及时反映乡村振兴战略实施情况，为制定乡村振兴政策提供支撑。

第六十九条　本市设立乡村振兴指数，建立完善乡村振兴促进工作评价机制，加强评价成果应用。评价工作可以委托第三方专业机构开展。

第七十条　市、相关区人民政府应当对本级相关部门和下级人民政府的乡村振兴年度实施情况进行考核，将考核结果作为相关单位及其负责人综合考核评价的重要内容。

第七十一条　各级人民政府应当每年向上一级人民政府报告乡村振兴促进工作情况。市、相关区人民政府定期对下一级人民政府乡村振兴促进工作情况开展监督检查。

市、相关区发展改革、财政、农业农村、审计等部门应当按照各自职责对农业农村优先投入、专项资金使用和绩效等情况实施监督，发现存在问题的，依法予以处理。

第七十二条　市、相关区人民政府应当向本级人民代表大会或者其常务委员会报告乡村振兴促进工作情况。乡镇人民政府应当向本级人民代表大会报告乡村振兴促进工作情况。

市、相关区人民代表大会常务委员会应当通过听取和审议专项工作报告、开展执法检查等方式，加强对本条例执行情况的监督。

市、相关区人民代表大会常务委员会应当充分发挥各级人大代表作用，组织人大代表围绕乡村振兴促进工作开展专项调研和视察等活动，汇集、反映人民群众的意见和建议，督促有关方面落实乡村振兴促进工作。

第七十三条　各级人民政府及其有关部门在乡村振兴促进工作中不履行或者不正确履行职责的，依法追究责任，对直接负责的主管人员和其他责任人员依法给予处分，构成犯罪的，依法追究刑事责任。

第十二章　附则

第七十四条　街道办事处履行乡村振兴促进工作相关职责的，适用本条例关于乡镇人民政府的规定。

第七十五条　本条例自 2022 年 9 月 1 日起施行。

3 上海市农业机械安全管理规定

1993年7月19日上海市人民政府令第40号公布，根据1997年12月19日上海市人民政府令第54号修正，根据2010年12月20日上海市人民政府令第52号公布的《上海市人民政府关于修改〈上海市农机事故处理暂行规定〉等148件市政府规章的决定》修正，根据2014年5月7日上海市人民政府令第16号公布的《上海市人民政府关于修改〈上海港口岸线管理办法〉等8件市政府规章的决定》修正，根据2022年6月22日上海市人民政府令第69号公布的《上海市人民政府关于修改〈上海市农业机械安全管理规定〉等2件市政府规章的决定》修正并重新公布。

第一条 为了加强对农业机械及其驾驶、操作人员的安全监督管理，保障人民生命财产安全，促进农业生产发展，根据国家有关规定，结合本市实际情况，制定本规定。

第二条 本规定所称农业机械，是指用于农业生产及其产品初加工等相关农事活动的机械、设备。

第三条 凡在本市范围内作业的农业机械及其驾驶、操作人员，以及与农业机械作业有关的人员，均应当遵守本规定。

第四条 上海市农业农村委员会是本市农业机械安全监理工作的主管部门。

各级农机安全监理机构负责本规定的具体实施。

第五条 拖拉机、联合收割机投入使用前，其所有人应当持本人身份证明和机具来源证明，到农机安全监理机构申请登记，在领取号牌、行驶证后方可用于作业。行驶证应当随机携带，不得转借、涂改或者伪造。

拖拉机、联合收割机使用期间登记事项发生变更的，其所有人应当按照规定申请变更登记。

第六条 未注册登记的拖拉机、联合收割机需要移动的，拖拉机、联合收割机所

有人应当到农机安全监理机构申请临时行驶号牌,并按照规定的要求驾驶。

第七条　农业机械应当保持技术状态良好,机容整洁,安全设备齐全有效。

上道路行驶的拖拉机还应当符合国家规定的机动车运行安全技术条件,并接受公安机关交通管理部门的管理。

第八条　农机安全监理机构应当按照规定,对农业机械定期进行技术检验。

农机安全监理机构在为新购置的农业机械办理有关手续时,应当进行技术检验;对已申领号牌的农业机械,每年应当进行年度技术检验。农机安全监理机构可以根据农业生产的需要,对农业机械进行不定期检验。

第九条　农业机械驾驶、操作人员应当经过专门培训,并经农机安全监理机构考核合格,领取驾驶证或者操作证后,方准驾驶或者操作农业机械。

第十条　拖拉机、联合收割机驾驶人应当具备下列条件:

(一)年满18周岁;

(二)身体健康状况符合安全驾驶要求;

(三)具有相应的安全驾驶技能。

第十一条　农业机械驾驶、操作人员应当自觉遵守有关农业机械安全操作规程及制度,按时参加审验,服从安全检查,接受安全教育。

第十二条　在道路上驾驶农业机械,应当遵守国家和本市的道路交通管理法规、规章。

第十三条 农机事故的具体处理程序和办法,按照国家和本市的有关规定执行。

第十四条 使用农业机械在田间、场院、乡村道路上从事各项作业时,违反本规定以及农机安全操作规程、驾驶规则的行为,均属违章行为。

第十五条 对违章的责任人员,由上海市农业农村委员会或者区农业农村行政管理部门给予警告;情节严重的,可处以200元以下的罚款。法律、法规另有规定的,从其规定。因违章需给予治安管理处罚的,应当提交公安机关处理。

第十六条 上海市农业农村委员会或者区农业农村行政管理部门作出行政处罚,应当出具行政处罚决定书。收缴罚没款,应当出具市财政部门统一印制的罚没财物收据。罚没收入按规定上缴国库。

第十七条 当事人对具体行政行为不服的,可以按照《中华人民共和国行政复议法》和《中华人民共和国行政诉讼法》的规定,申请行政复议或者提起行政诉讼。

当事人在法定期限内不申请复议,不提起诉讼,又不履行具体行政行为的,作出具体行政行为的部门可以依据《中华人民共和国行政诉讼法》的规定,申请人民法院强制执行。

第十八条 本规定自1993年8月1日起施行。

4 上海市水产品质量安全监督管理办法

第一章 总则

第一条（目的和依据）

为了加强水产品质量安全监督管理，保障水产品质量安全，维护公众的身体健康和生命安全，根据《中华人民共和国食品安全法》《中华人民共和国农产品质量安全法》《上海市食品安全条例》等法律、法规，结合本市实际，制定本办法。

第二条（适用范围和定义）

本市行政区域内水产品生产、经营及其相关监督管理活动，适用本办法。

本办法所称水产品，是指可供人食用的水生动物、植物、微生物及其初级产品。初级产品，是指经过分拣、去皮、剥壳、干燥、清洗、切割、冷冻、分级、包装等加工，但未改变其基本自然性状和化学性质的产品。

第三条（生产经营者责任）

水产品生产经营者对其生产、经营的水产品质量安全负责。水产品生产经营者应当依法从事生产、经营活动，执行水产品质量安全相关标准，接受社会监督，承担社会责任。

第四条（政府职责）

市、区人民政府对本行政区域内水产品质量安全监督管理工作负责，统一领导、组织、协调水产品质量安全监督管理工作以及水产品质量安全突发事件应对工作，建立健全水产品质量安全全程监督管理工作机制和信息共享机制。

区人民政府应当依照国家和本市有关规定，明确乡、镇人民政府和街道办事处的水产品质量安全管理职责，督促、指导乡、镇人民政府和街道办事处做好水产品质量安全日常工作，形成工作合力。

第五条（食品药品安全委员会及其办公室职责）

市、区人民政府设立的食品药品安全委员会依法履行研究部署、统筹指导水产品质量安全工作等职责。

市、区食品药品安全委员会下设办公室，办公室设在同级市场监管部门，负责辖区内水产品质量安全综合协调、监督考评、应急管理等工作，承担委员会在水产品质量安全方面的日常工作。

乡、镇人民政府和街道办事处建立的食品安全综合协调机构，负责做好辖区内水产品质量安全综合协调、隐患排查、信息报告、协助执法和宣传教育等工作。

第六条（部门职责）

市场监管部门负责本市批发、零售市场的水产品质量安全监督管理工作。

农业农村部门负责本市水产品生产以及进入批发、零售市场或者生产加工企业前的质量安全监督管理工作；在市人民政府指定的道口，开展水产苗种检疫合格证明检查工作。

海关依法开展进出口水产品检验检疫和监督管理工作。

生态环境、卫生健康、商务、公安、城管执法、规划资源等部门按照各自职责，做好水产品质量安全监督管理相关工作。

第七条（信息追溯制度）

本市建立水产品质量安全信息追溯制度，实施水产品质量安全信息共享、动态监管。消费者、水产品生产经营者等可以通过上海市食品安全信息追溯平台查询水产品追溯信息。

市场监管部门应当会同市农业农村、商务、卫生健康和海关等部门根据消费情况、风险程度、质量安全状况以及市民关注度等，确定纳入水产品质量安全信息追溯管理的品种目录，报市食品药品安全委员会批准后向社会公布。品种目录实行动态管理。

水产品生产经营者应当根据品种目录及时、如实上传追溯信息。鼓励水产品生产经营者对于目录以外的品种上传相关信息。

第八条（突发事件应对要求）

水产品生产经营者应当依法落实食品安全事故防范措施，防止食品安全事故的发生。

发生公共卫生等突发事件时，水产品生产经营者应当按照有关要求，做好日常防护、环境消杀、检验检疫、紧急处置等工作。

第九条（鼓励标准化生产经营和技术研发）

本市鼓励水产品生产经营者及社会团体制定严于食品安全国家标准或者地方标准的企业标准或者团体标准，开展标准化生产经营活动。

本市鼓励水产品生产经营者及社会团体开展水产品质量安全科学技术研究，推行科学的质量安全管理方法，推广先进安全的生产技术，推进水产品品牌发展建设。

第十条（行业组织）

本市鼓励水产品生产经营者依法成立或者自主加入相应的水产品行业组织。

水产品行业组织应当加强自律教育和行业管理，指导其成员树立绿色高质量发展理念，建立水产品质量安全管理制度，推进生态健康养殖，推广生产经营标准化、品牌化。

第十一条（宣传教育）

市场监管、农业农村、商务等部门应当加强水产品质量安全宣传教育，普及水产品质量安全知识，引导水产品生产经营者落实质量安全技术规范，安全使用水产投入品。

新闻媒体应当开展水产品质量安全法律、法规、规章以及相关标准和知识的宣传，并对水产品质量安全违法行为进行舆论监督。

第十二条（长三角区域协作）

农业农村、市场监管、商务等部门应当与长江三角洲区域的相关部门建立水产品质量安全工作协作机制，在产销对接、监督抽检、产品追溯、不合格水产品召回、突发事件应急处置等方面开展协作，提高水产品质量安全保障能力。

第二章 水产品生产

第十三条（养殖水质监测与设施完善）

水产品生产者应当定期监测养殖用水水质，发现养殖用水水源受到污染时，应当立即停止使用；确需使用的，应当经过净化处理达到养殖用水水质标准。

水产品生产者应当完善养殖设施，优化养殖密度，提升水质修复能力，确保养殖用水达标排放。

第十四条（水产苗种生产）

除自育、自用水产苗种外，从事水产苗种生产的，应当依法取得水产苗种生产许可。

水产苗种生产者应当在符合规定的生产场地，使用符合种质标准的亲本，按照水产苗种生产技术操作规程的要求从事生产活动。

水产苗种生产者应当建立技术资料档案，详细记录亲本的引进时间、来源、使用年限、繁殖、更新、销售等情况。档案保存期限不得少于 2 年。

第十五条（水产苗种检疫）

水产苗种生产者出售水产苗种的，应当依法取得检疫合格证明。采购水产苗种的，采购者应当要求出售者提供检疫合格证明。

捕获野生水产苗种的，应当经检疫合格，取得检疫合格证明后，方可投放养殖场所、出售或者运输。

经航空、铁路、道路、水路等运输水产苗种的，托运人托运时应当提供检疫合格证明；没有检疫合格证明的，承运人不得承运。

第十六条（水产投入品使用）

水产品生产者采购水产苗种、饲料、饲料添加剂、兽药等水产投入品，应当查验相关许可证明文件，如实记录所购买投入品的名称、规格、数量和购买日期等内容，并保存相关凭证。

水产品生产者使用水产投入品的，其用量、次数、方法和安全间隔期等应当符合相关规定，并予以记录。

水产投入品购买和使用记录，保存期限不得少于2年。

第十七条（水产品质量检测）

水产品生产企业和农民专业合作社应当对水产品质量安全状况进行检测。经检测不符合质量安全标准的，不得销售。

鼓励其他水产品生产者开展水产品质量安全状况检测。

水产品生产者开展水产品质量安全状况检测，可以自行检测，也可以委托具有资质的检验机构进行检测。

第十八条（合格证明和追溯信息）

水产品生产者销售水产品，应当出具产品合格证明。有包装的水产品应当在其包装上粘贴或者显示产品合格证明；散装水产品应当以运输车辆或者销售批次为单位，实行一车一证或者一批一证。

有包装的水产品应当附载追溯信息，并保证追溯信息准确、真实、实时。鼓励散装水产品附载追溯信息。

第十九条（生产信息追溯）

水产品生产者应当按照规定，向信息追溯平台上传下列信息：

（一）水产苗种来源信息；

（二）水产苗种检疫合格证明编号；

（三）水产投入品的名称、来源、用法、用量和使用日期等信息；

（四）水产品收获、捕捞日期；

（五）上市销售水产品的名称、数量、销售日期等信息；

（六）上市销售水产品的产品合格证明、农兽药残留检测等信息；

（七）其他需要上传的信息。

第二十条（水产养殖基地建设）

农业农村部门应当采取措施，推进都市现代水产养殖示范场、水产良（苗）种场、池塘循环水养殖设施、工厂化水产养殖设施、池塘温室、生态养殖区等水产养殖基地及设施建设，保障水产品质量安全。

本市鼓励水产品生产者开展水产品绿色生产基地创建，获得绿色食品、有机农产品等认证。

第二十一条（生产中的禁止行为）

禁止在水产品生产过程中实施下列行为：

（一）使用国家禁止使用的水产投入品以及其他有毒有害物质；

（二）使用假劣、停用水产投入品以及其他物质，超剂量、超范围使用水产投入品和其他物质，或者违反兽药休药期规定使用水产投入品；

（三）使用含有致病性寄生虫、微生物或者生物毒素不符合质量安全标准的动物性饵料；

（四）其他违反法律、法规、规章或者强制性标准的行为。

第三章 水产品经营

第二十二条（进货查验）

水产品经营者应当依法建立完善进货查验记录制度，如实记录水产品的名称、数量、进货日期以及供货者名称、地址、联系方式等内容，保存相关凭证。记录和凭证的保存期限不得少于6个月。

第二十三条（进口水产品）

进口水产品应当符合法律、法规、规章和食品安全国家标准，并经海关检验检疫合格。

水产品进口商应当建立境外出口商、境外生产企业审核制度及水产品进口和销售记录制度，并对其经营的进口水产品质量安全负责。

进口水产品经营者应当按照重大食品安全风险控制的要求，查验并留存其入境货物检验检疫证明、消杀证明、追溯证明等材料。

第二十四条（生食水产品）

经营生食水产品的，应当依法取得食品经营许可，并设立符合要求的操作专间。

第二十五条（水产品暂养要求）

水产品生产经营者对水产品进行暂养，应当遵守饲料和饲料添加剂、兽药管理等有关法律、法规、规章的规定，并符合水产投入品使用安全要求。

第二十六条（贮存运输要求）

水产品生产经营者应当采取能够保证水产品质量安全的贮存、运输措施，或者委托具备相应贮存、运输能力的企业贮存、运输。

从事水产品贮存、运输第三方服务的经营者，应当依法向住所地的区市场监管部门备案。

水产品贮存、运输过程中，使用的添加剂等材料应当符合国家有关强制性技术规范。禁止使用不符合国家卫生、动植物检疫和防疫要求的包装物、容器、运输工具，不得将水产品与有毒有害物品混装运输。

因贮存、运输设备发生故障或者作业不当等原因可能影响水产品质量安全的，水产品生产经营者或者从事水产品贮存、运输第三方服务的经营者应当依法采取措施予以处置。

第二十七条（冷藏保鲜设施）

水产品生产经营者和从事水产品贮存、运输第三方服务的经营者应当根据实际需求，建设仓储保鲜冷链设施，配备冷藏设备，对水产品贮存温度、湿度及气体浓度等进行监控。

第二十八条（经营信息追溯）

水产品批发、零售经营者和餐饮服务提供者应当按照有关规定向信息追溯平台上传下列信息：

（一）水产品的名称、数量、进货日期、销售日期等信息；

（二）水产品供货者的名称、地址、联系方式等信息；

（三）水产品的质量安全检测、检疫等信息；

（四）其他需要上传的信息。

第二十九条（批发市场入场要求）

水产品批发市场开办者应当与入场水产品经营者签订水产品安全协议，明确双方权利义务。未签订水产品安全协议的，不得入场销售。

水产品批发市场开办者应当建立入场水产品经营者档案，查验并留存入场水产品经营者的身份证明、入场销售水产品的检测合格证明等材料。当场无法提供检测合格证明的，批发市场开办者应当对其进行抽样检验或者快速检测，检验合格的，方可进入市场销售。

第三十条（市场检验检测）

水产品批发市场开办者和大型超市卖场经营管理者应当配备检验设备和检验人员，或者委托具有资质的检验机构，按照国家和本市有关规定，对入场销售的水产品进行抽样检验或者快速检测，并根据水产品种类和风险等级，确定抽样检验或者快速检测频次。抽样检验或者快速检测结果应当通过信息公示栏公示，并及时更新。

对于水产品检测不合格的，开办者、经营管理者应当立即暂停或者要求经营者暂停该水产品的交易，向相关主管部门报告，并根据水产品安全协议规定，采取相关处理措施。对多次检测不合格的，开办者、经营管理者可以采取增加抽检频次、停止入场销售等措施。

鼓励标准化菜市场经营管理者开展水产品抽样检验或者快速检测。

第三十一条（市场管理）

水产品批发市场开办者应当建立检查制度，对入场销售的水产品质量安全状况进行检查。

水产品批发市场开办者发现存在添加禁用物质、销售掺假掺杂水产品、未经许可销售生食水产品等违法行为的，应当要求经营者立即停止销售，依照市场管理规定或者与销售者签订的协议进行处理，并向相关主管部门报告。

第三十二条（经营场所卫生要求）

水产品经营者应当对营业场所和设备进行清洁，保证水产品经营过程符合卫生要求。

水产品批发市场开办者、标准化菜市场经营管理者应当定期对入场水产品经营者的经营环境进行监督管理。

第三十三条（水产品网络销售）

通过自建网站、电子商务平台或者其他网络服务从事水产品经营活动的电子商务经营者，应当在其首页显著位置，持续公示营业执照信息或者上述信息的链接标识。

电子商务平台应当对进入平台销售水产品的经营者提交的身份、地址、联系方式等真实信息进行核验、登记，建立登记档案，并定期核验更新，发现平台内经营者存在严重违法行为的，应当立即停止提供网络交易平台服务。

第三十四条（产销对接）

推动本市水产品批发市场、超市卖场、餐饮企业等单位与水产品生产经营企业实行产销对接。

鼓励外埠优质安全的水产品进沪销售。

第三十五条（禁止经营的水产品）

禁止经营下列水产品：

（一）含有国家禁止使用的药品和其他化合物，剧毒、高毒农药以及其他可能危害人体健康物质的水产品；

（二）致病性微生物、农药残留、兽药残留、生物毒素、重金属等污染物质以及其他危害人体健康的物质含量超过食品安全标准限量的水产品；

（三）腐败变质、霉变生虫、掺假掺杂或者感官性状异常的水产品；

（四）被包装物、容器、运输工具等污染的水产品；

（五）未达安全间隔期、休药期的水产品；

（六）其他不符合法律、法规、规章或者市政府规定禁止生产经营的水产品。

第四章　监督管理

第三十六条（风险监测预警）

本市建立水产品质量、水域生态环境联动监测机制。

市市场监管部门定期组织市卫生健康、农业农村、海关等部门和有关单位对本市水产品质量安全进行风险研判，根据风险研判结果，对存在安全风险隐患的品种、来源、区域以及生产经营者采取防控措施。

市卫生健康部门会同市市场监管、农业农村、海关等部门开展水产品质量安全风险监测，监测水产品中主要污染物及有害因素的污染水平和趋势，确定危害因素的分布和可能来源，及时发现水产品质量安全隐患，提高食源性疾病的预警和控制能力。

市农业农村部门会同市生态环境、规划资源等部门按照保障水产品质量安全的要求，根据水产品品种特性和产地安全调查、水域环境监测和评价结果，提出划定特定水产品严格管控区域的建议方案，报市人民政府批准后依法公布。

第三十七条（养殖水域生态环境状况调查）

有下列情形之一的，市农业农村部门应当会同市生态环境部门对水产品养殖水域的生态环境状况进行调查：

（一）新辟水产养殖基地的；

（二）水质监测表明水产品养殖基地有水污染风险的；

（三）其他需要启动水域生态环境状况调查的。

水域生态环境状况调查表明该水域污染物含量超过水产品养殖风险管控标准的，应当按程序将其列入特定水产品严格管控区域。

第三十八条（监督抽检）

市场监管部门应当对进入批发、零售市场的水产品进行监督抽检；农业农村部门应当对生产环节的水产品进行监督抽检，指导水产品生产经营者开展水产品质量安全检测。

对于下列水产品，市场监管部门和农业农村部门应当增加风险程度高的项目的抽检频次：

（一）流通范围广、消费量大的水产品；

（二）多次检测结果不合格的水产品；

（三）消费者投诉举报多的水产品；

（四）特定季节性的水产品。

水产品生产经营者应当配合相关部门依法进行抽样检验。水产品检验结果表明可能存在质量安全隐患的，水产品生产经营者应当暂停销售。

第三十九条（事故调查与处置）

市场监管部门应当会同农业农村、卫生健康、商务、公安和海关等部门建立水产品质量安全事故通报、预警及应急处置机制，共同做好水产品质量安全事故调查处置工作。

因发生事故或者突发事件，造成或者可能造成水产品产地污染的，相关监管部门应当及时采取防控措施，减轻或者消除危害，水产品生产经营者应当予以配合。

第四十条（监督举报）

任何单位和个人可以对水产品质量安全违法行为进行举报。有关部门收到举报材料后，应当及时处理，并对举报人信息保密。

第四十一条（信用监管）

农业农村、市场监管等部门应当按照国家和本市有关规定，建立本市水产品生产经营者质量安全信用档案。

农业农村、市场监管等部门应当按照国家和本市有关规定，将水产品生产、经营活动中的违法行为予以记录，列入质量安全信用档案，并依法向本市公共信用信息服务平台归集。

第五章　法律责任

第四十二条（指引条款）

违反本办法规定的行为，有关法律、法规和其他规章已有处罚规定的，从其规定。

第四十三条（未按照要求留存证明材料的处罚）

违反本办法第二十三条第三款规定，进口水产品经营者未按照重大食品安全风险控制的要求留存入境货物检验检疫证明、消杀证明、追溯证明等相关材料的，由市场监管部门责令限期改正，给予警告；逾期不改正的，处3 000元以上3万元以下罚款。

第六章　附则

第四十四条（施行日期）

本办法自2022年5月1日起施行。

5 关于实施全域土地综合整治的意见

为深入贯彻习近平生态文明思想,促进乡村振兴战略实施,强化耕地保护和土地节约集约利用,合理配置农村土地资源要素,充分彰显乡村的经济价值、生态价值、美学价值,本市就实施全域土地综合整治提出如下意见。

一、总体要求

(一)指导思想

以习近平新时代中国特色社会主义思想为指导,全面贯彻落实党的十九大和十九届历次全会精神,认真学习贯彻习近平总书记考察上海和在浦东开发开放30周年庆祝大会上的重要讲话精神,着力构建完善国土空间规划体系并监督实施,按照山水林田湖草沙系统治理理念,实施田水路林村厂综合整治,创新制度供给和机制保障,发挥资源整合优势,促进空间复合利用,积极破解自然资源瓶颈,优化乡村生产、生活、生态空间布局,全面提升新时代超大城市乡村发展能级和人居环境品质,助推乡村全面振兴,加快形成城乡融合发展新格局。

(二)基本原则

1. **生态优先,守住红线**。坚持节约优先、保护优先、自然恢复为主的方针,统筹推进国土空间整体保护、系统修复与综合治理,严守生态保护红线,严格保护耕地特别是永久基本农田。

2. **规划引领,综合治理**。坚持以国土空间规划为基础,统筹各类专项规划,协调各类乡村建设行动的空间安排,落实国土空间用途管制。实行全域整体推进、全要素综合整治,注重空间协同,不断优化国土空间格局,激活配优各类自然资源要素。

3. **政府主导,社会参与**。发挥政府主导作用,加强政策支撑,注重机制创新,形成工作合力。坚持农村集体经济组织和农民主体地位，引导社会广泛参与，发挥叠加溢出效应，促进集体经济发展和城乡共同富裕。

4. **因地制宜，改革创新**。聚焦重点发展区域，合理确定工作目标任务。推进农村土地制度改革、行政审批制度改革，建立健全涉农资金统筹整合长效机制，加强制度供给和要素资金保障。

（三）工作目标

从今年起，各涉农区选择2个试点街镇（乡），以街镇（乡）为基本实施单元，实施全域规划、整体设计、综合治理。试点项目优先向乡村振兴示范村、农村人居环境整治、生态清洁小流域、农民相对集中居住成片推进等重点区域倾斜。统筹推进农用地整理、建设用地整理、生态保护修复和各类乡村建设行动，推动耕地和永久基本农田集中连片和质量提高、空间格局进一步优化、人居环境进一步优化、产业融合发展水平进一步提升。到2025年，基本建立全域土地综合整治实施机制和政策框架，形成一批可复制可推广的成功模式，全市完成15个以上街镇（乡）全域土地综合整治试点。

到2035年，全域土地综合整治全面推进，整治成效凸显，实施机制和政策体系完备，基本建成永久基本农田集中连片、生态品质全面提升、村庄布局集聚宜居、乡村产业融合发展、国土空间治理有效、土地节约集约利用的具有江南田园风貌特征和超大城市特点的乡村国土空间新格局。

二、主要任务

（一）深化编制郊野单元村庄规划

严格落实各级国土空间总体规划，统筹各类专项规划，协调细化各类用地布局。全域全要素编制郊野单元村庄规划，立足区域发展现状、自然资源禀赋和功能定位，科学把握规划实施节奏，统筹安排各类建设行动，加强空间统筹和行动协同，落实国土空间用途管制要求。各涉农区、街镇（乡）以整体实施为导向，以全域土地综合整治为平台和工具，统筹整合各条线建设任务和计划安排。

（二）全域开展村庄设计

加强全域风貌设计引导，切实提升乡村空间品质，凸显乡村美学价值。全面梳理山水林田湖草沙等各类资源要素，尊重自然地理格局和肌理，科学把握乡村的差异性，合理确定整体空间景观格局和建筑风貌，塑造各具特色的乡村风貌。优化村落空间结构，采用多样化的建筑排布组合形式，形成疏密有致、人与自然有机融合的村庄形态。在尊重农民意愿的基础上，按照现代生活方式和农民生活习惯，设计农民居住空间，挖掘江南传统乡村建筑元素，注重保护传统建筑和文化遗产，传承乡村传统文化。

（三）全面开展农用地整理

促进都市现代农业高质量发展，按照规划，优化耕地和永久基本农田布局，统筹推进实施耕地和永久基本农田集中连片、耕地提质改造、高标准农田建设、农业设施和农田基础设施完善等工程，提升农业生产条件，增加耕地数量，提高耕地质量，改善农田生态。优先将成片优质耕地中的零星建设用地、非耕农用地等复垦为耕地，新增耕地经验收后，可按照规划纳入永久基本农田。

（四）推进低效建设用地整理

严格区域建设用地总量控制，持续推进低效建设用地减量化，深入推进存量建设用地整治利用，优化用地结构和布局，统筹产业发展、农民住房、公共服务、基础设施、生态保护等各项用地。实施"减量"和"盘活"联动，科学把握零散农村宅基地、低效工业用地及其他建设用地整理规模和节奏，合理安排新建地块，为农村一二三产业融合发展和城乡统筹发展提供土地要素保障。

（五）分类引导农民集中居住

在符合规划、充分尊重农民意愿的前提下，多途径改善农民居住条件。鼓励以街镇（乡）为单位，统筹成片推进农民集中居住项目。优化村庄"平移点"布局，通过集体土地所有权、承包经营权调整，妥善落实农民跨村安置用地空间。实施保留村风貌提升和更新改造工程，优化保留村宅基地布局，有序推进农房翻建。打造乡村社区生活圈，促进存量设施空间整合与复合利用，完善全民覆盖、普惠共享、城乡一体的乡村基本公共服务体系，提升基础公共服务设施水平，构建宜居、宜业、宜游、宜学、宜养的乡村社区共同体。

（六）统筹实施生态保护修复

保护和提升乡村生态功能，科学发挥生态空间复合效益，细化明确农、林、水空间复合利用技术标准，统筹确定生态建设目标，整体实施生态公益林、开放休闲林地、生态林场、河道整治、生态清洁小流域等工程，科学开展农田林网、农村道路、河道绿化建设和生态系统修复工程，推动农业、林业、水利协调发展，综合提升生态环境质量。高质量开展农村人居环境优化工程，协同开展各类违法建设用地整治、村庄绿化美化、田园清洁等行动，健全长效管理机制。

（七）协调推进乡村产业融合发展

根据乡村产业特点，探索建立多元组合用地模式，严格依据规划和建设用地、设施农用地、一般耕地、永久基本农田、生态用地的用途管制规则，优化整理用地空间，实施乡村产业用地整备，统筹推进地、绿、林、水等指标利用平衡，促进空间复合、功能组合，有效保障农村新产业新业态用地需求。深化农村土地制度改革，完善点状供地政策，采取集体建设用地使用、入市以及农用地流转等多元路径，高效配置乡村土地资源。

三、保障措施

（一）强化组织领导

市级层面加强组织领导，建立工作机制，统筹协调全市全域土地综合整治工作。各涉农区政府建立工作协调推进机制，加强全域土地综合整治组织实施，会同街镇（乡）探索选择或组建综合性实施主体，搭建全域土地综合整治实施平台，负责组织规划编制、项目策划、实施方案编制和实施引导管控。

（二）统筹整合资金

建立健全全域土地综合整治资金使用机制。市级支农相关资金要加大聚焦力度，重点支持全域土地综合整治项目实施。充分发挥区政府责任主体作用，以全域土地综合整治实施平台为载体，统筹整合各条线涉农资金，探索建立以街镇（乡）为实施主

体的资金统一使用监督考核标准和机制。鼓励发挥政府资金引导作用,吸引开发性金融机构、政策性银行、国有企业、社会资本等多方参与全域土地综合整治,探索市场化运行机制。优化城乡建设用地增减挂钩政策,优先安排全域土地综合整治试点区域内的集体经营性建设用地入市,提高资金周转效率。

(三)加强实施监督

市级相关部门要加强协调配合,加大对涉农区工作指导力度,提高市级政策供给针对性、有效性。各涉农区要根据实际,积极推进全域土地综合整治,探索可复制可推广的工作机制和经验做法。要建立全域土地综合整治工作考核机制。加强全流程全链条监督管理,建立执法协同联动机制,加强国土空间用途管制,坚决防止借整治之机违规调整永久基本农田、侵犯农民权益等。禁止违背农民意愿搞大拆大建,禁止违规占用耕地搞人造景观,禁止破坏生态环境、破坏乡村风貌和历史文脉。

6 关于促进上海域外农场高质量发展的实施意见

为了更好落实市委、市政府对促进上海域外农场高质量发展的部署和要求，本市提出实施意见如下。

一、明确总体要求

（一）指导思想

以习近平新时代中国特色社会主义思想为指导，树立大食物观，整体谋划、系统推进上海域外农场高质量发展，牢牢把握打造上海优质主副食品的重要供应基地、上海超大城市发展的重要战略空间、促进长三角一体化发展合作示范载体的功能定位，建立健全体制机制，强化规划引领，加强资源统筹和投入，着力提升产业能级，着力加强区域协作，着力提高管理效能，努力形成促进上海域外农场高质量发展的新格局。

（二）发展目标

到 2025 年，上海域外农场（以下简称"域外农场"）保供"压舱石"作用进一步彰显，粮食和重要农副产品自给比例逐步提高，大米、蔬菜、猪肉、水产、禽蛋、牛奶等主要农产品供沪量占比超过 70%，域外农场及周边区域粮食储备仓容达到 120 万吨，主要农产品生产与集成量提高到 150 万吨。农业科技和绿色发展水平进一步提升，粮食绿色有机认证率超过 95%，水产绿色健康养殖率超过 60%。沪苏大丰产业联动集聚区实现年工业总产值 150 亿元。

到 2035 年，基本建成与上海社会主义现代化国际大都市地位相匹配的现代化农场；基本形成服务上海大市场大流通的主副食品供应体系；树立优势互补、互利共赢的跨区域合作样板；基本建成较为完善的基础设施、公共服务和社区治理体系，营造宜居宜业宜游宜养的人居环境。

二、建立健全体制机制

（一）调整完善域外农场管理体制

根据市委关于调整完善域外农场管理体制的决策，组建市域外农场管理办公室（以下简称"市域外农场管理办"），设在市发展改革委。市域外农场管理办在苏北、皖南两地设置办事处，履行有关行政管理职能。明晰产权，按程序授权光明食品集团长期管理、使用域外农场经营性土地、资产。（牵头单位：市委编办、市发展改革委；配合单位：市经济信息化委、市财政局、市机管局、宝山区政府、光明食品集团、临港集团）

（二）建立域外农场市级统筹协调机制

设立市域外农场工作领导小组（以下简称"领导小组"），统筹研究和协调解决域外农场发展重大问题和有关事项，明确重大项目和重大政策，研究确定发展战略、规划和计划，督促协调领导小组成员单位共同推动规划、计划、政策和项目等落地落实。市域外农场管理办作为领导小组办事机构，负责日常工作。（牵头单位：市域外农场管理办；配合单位：各相关单位）

（三）建立域外农场省级协同推进机制

建立健全沪苏、沪皖省级协同推进机制，形成定期会晤制度，研究确定跨区域重要合作事项、重点支持政策和重大合作项目。（牵头单位：市政府办公厅、市发展改革委；配合单位：市域外农场管理办）

三、强化各级各类规划引领

（一）加强国土空间规划对接

建立沪苏、沪皖域外农场省、市、区（县）各级政府自然资源部门的对接会商机制。推动域外农场有关国土空间基础数据信息共享，推进国土空间规划与基础设施和生态环境等相关规划纳入属地规划。开展域外农场国土空间规划研究，明确开发边界、生态红线、永久基本农田、建设用地规模等规划控制指标，确定基础设施布局和生态环境保护等内容。（牵头单位：市规划资源局、市域外农场管理办；配合单位：光明食品集团）

（二）制定实施产业发展领域相关规划

研究编制域外农场现代农业、沪苏大丰产业联动集聚区、旅游康养等专项规划，构建一二三产业融合发展的现代产业体系。（牵头单位：市农业农村委、市经济信息化委、市文化和旅游局、市民政局；配合单位：市域外农场管理办、市商务委、光明食品集团、临港集团）

（三）制定实施基本公共服务领域相关规划

将农场义务教育优化调整发展计划纳入宝山区教育发展专项规划。编制域外农场医院发展规划。编制域外农场社区管理和建设规划。（牵头单位：宝山区政府、市民政局；配合单位：市教委、市卫生健康委、市文化和旅游局、市体育局、光明食品集团、市域外农场管理办）

（四）推进司法用地布局优化

按照"两个集中、规模适度、发挥蓄水池作用、保留空间用地储备"的原则，深化研究并确定域外监狱布局优化整合方案。（牵头单位：市司法局）

四、推进产业升级发展

（一）增强农产品生产供应能力

做实苏北农场"大粮仓"功能，打造"粮食、肉类、水产、禽蛋、牛奶"五个安全绿色优质农产品保供基地，粮食种植面积稳定在30万亩，产量占比不低于全市17%，生猪、牛奶产量占比不低于全市50%，水产品、禽蛋产量占比不低于全市30%，能繁母猪存栏量稳定在4.3万头。开展高标准农田、规模猪场、奶牛养殖场升级改造。皖南农场发展茶林果特色产业，形成"万亩有机茶园、万亩苗木基地、万亩蓝莓"生产布局。开展粮食仓储设施共享共建和统筹利用,探索"储加一体"模式,推进光明江苏粮食产业园项目和沪丰粮库扩建项目实施。(牵头单位:光明食品集团;配合单位:市农业农村委、市粮食和物资储备局)

(二)提高科技农业创新水平

支持"育、繁、推"一体化种业企业稻麦种源实现销售 15 万吨,推广面积 900 万亩。创建生猪、奶牛"国家核心育种场",全群成乳牛单产达到 11.5 吨,生鲜乳质量超过欧盟标准。推进数字农业建设,深入推进全域"无人农场"示范区和智慧生猪、奶牛、蛋鸡养殖场建设,建设粮库数字化监管系统,完成 40 万吨存量粮库智慧化改造,试点数字化水产基地建设。建设域外农场区域农业综合服务中心。(牵头单位:光明食品集团;配合单位:市农业农村委)

(三)打造全产业链供应体系

统筹发展农产品初加工、精深加工,建设 3~5 个集生产、加工、仓储、物流、冷链于一体的基地。联动周边地区提升优质农产品集成供应能力,有序扩大蔬菜、粮食和养殖外延基地。健全合作机制,树立"大丰仓""宣州仓""田园徽州"等农产品区域公共品牌。(牵头单位:光明食品集团;配合单位:市商务委、市农业农村委)

(四)加快沪苏大丰产业联动集聚区发展

适度超前推进一批配套载体建设,推动"智造园"一期厂房及邻里中心、产业服务中心、"智造园"二期厂房建成投用。推进一批重点项目投产达效。建立政府和社会资本合作模式等多元融资体系,完善基础设施建设。试点建设沪苏技能人才培训基地。(牵头单位:临港集团;配合单位:市经济信息化委、市域外农场管理办、市人力资源和社会保障局)

(五)因地制宜发展旅游产业

苏北农场积极发展农旅产业,重点开发以美丽乡村、知青文化为特色的休闲游憩产品;皖南农场整合山水田林湖资源和东黄山城堡酒店等设施,推进知青小镇、牧野小镇等建设。以农场为节点联动周边,共同打造精品旅游线路,推进"生态+康养+文旅"深度融合。(牵头单位:光明食品集团;配合单位:市文化和旅游局)

（六）积极培育发展康养产业

沪皖合作研究建设生态绿色康养基地，发挥上海市健康养老集团引领作用，构建医养康护服务新业态。培育绿色食品精深加工、生物保健食品、中医药材食疗与药膳等产业，发展特色养生疗养服务。开发适老化康养辅助器具和老年助餐食品，形成一批为老服务业态。（牵头单位：市发展改革委；配合单位：长三角区域合作办公室、市民政局、市卫生健康委、市文化和旅游局、市规划资源局、光明食品集团）

五、提高基础设施和公共服务水平

（一）推动基础设施改造升级

划分政府和企业对域外农场基础设施的建设管护支出责任。对生产经营类设施，由光明食品集团为主投资建设。对"四好农村路"、旧房改造等已有资金渠道的，原则上由市相关部门安排。对有收费机制的市政设施，探索与属地合作共建共管。对无收费机制、外部性较强的公益性项目，以"一事一议"方式报请领导小组研究决策。（牵头单位：市域外农场管理办、光明食品集团；配合单位：市水务局、市发展改革委、市住房和城乡建设管理委、市交通委、市房屋管理局）

（二）加强生态环境保护和治理

系统开展域外农场水环境提升行动计划，加快推进区域水系规划与改造、供水安全保障、生活污水处理、畜禽粪污资源化利用、水产养殖尾水净化、科学种养循环、农田排灌系统生态化改造等项目建设，推动区域水环境稳定向好。（牵头单位：光明食品集团、市生态环境局；配合单位：市农业农村委、市水务局、市域外农场管理办）

（三）优化调整义务教育布局

按照"分步实施、稳妥推进、统筹兼顾"的原则，分类分批安排教职工和学生分流。落实回沪师生接收学校，提供相应服务保障。优化农场学校功能。（牵头单位：宝山区政府；配合单位：市教委）

（四）实施医疗卫生服务提升行动

支持域外农场两家一级医院设施改造升级。依托宝山区吴淞中心医院等，加强远程会诊等服务。与当地医疗机构建立协作关系。深化上海市上农医院——大丰人民医院丰医集团医联体建设，推动白茅岭医院加入郎溪县人民医院、宣州区中心医院牵头的县域医联体。对紧缺专业医务人员进行专项激励。（牵头单位：宝山区政府；配合单位：市卫生健康委、市人力资源和社会保障局）

（五）实施养老服务提升行动

对符合条件的沪籍老年人全覆盖享受老年综合津贴、残疾人两项补贴等待遇。对符合申请上海养老服务补贴和长期护理保险条件的老年人，开展老年照护统一需求评估，支持组建养老服务机构和队伍。支持在苏北农场增加养老机构床位配置，在白茅岭、军天湖农场配置社区养老服务设施。对符合规定的养老服务设施建设运营给予补贴。（牵头单位：市民政局；配合单位：市财政局、市卫生健康委、市医保局、市发展改革委、光明食品集团、市域外农场管理办）

（六）加强文化体育设施建设

与当地合作探索采取共享文化场所、联合开展文化活动等方式，向社区配送文化服务。制定域外农场体育健身设施建设更新计划，合理配置体育健身设施，试点建设市民健身驿站、长者运动健康之家。（牵头单位：市文化和旅游局、市体育局；配合单位：光明食品集团、市域外农场管理办）

六、提高社区管理和建设水平

（一）提高社区管理水平

在市域外农场管理办指导下，依托光明食品集团现有力量，协同做好社区管理和公共服务保障等工作。比照上海社区管理服务有关标准，合理确定社区管理服务内容和相关标准，加强财政资金保障。将符合条件的社区管理服务人员分批纳入社区工作者职业体系。（牵头单位：市域外农场管理办、光明食品集团、市民政局；配合单位：市人力资源和社会保障局、市财政局）

（二）推进智慧社区建设

编制实施域外农场智慧社区、智慧公安建设三年行动计划。健全完善突发事件联合处置机制，细化各类突发事件协同处置工作预案。（牵头单位：市公安局。配合单位：市域外农场管理办）

七、加强跨区域政府管理协同

（一）做好资产权证登记管理工作

研究土地房屋资料不全、权属不清、权属纠纷等历史遗留问题的解决路径，争取苏皖两省自然资源、住房和城乡建设管理等部门支持，全面完成资产权证登记。（牵头单位：市域外农场管理办；配合单位：市规划资源局、市住房和城乡建设管理委、光明食品集团）

（二）协调落实建设工程消防审批验收主体责任

协调推动属地政府承担各类建设工程审批、监管、验收等环节的管理职能，落实建设工程消防设计审查、验收和备案等主体责任。（牵头单位：市住房和城乡建设管理委、市域外农场管理办；配合单位：市应急局、市消防救援总队、光明食品集团）

（三）建立安全生产监管属地化管理沟通协调机制

依托应急管理专题合作平台，建立完善信息通报、重大问题磋商等工作机制，形成各有侧重、协同监管的工作格局。（牵头单位：市应急局、市域外农场管理办；配合单位：市农业农村委、光明食品集团）

（四）建立消防安全管理沟通协调机制

构建长三角区域消防安全管理联席会商机制，落实重要信息通报等工作制度，形成区域协同共治、联勤联防、执法协作的消防工作格局。（牵头单位：市消防救援总队、市域外农场管理办；配合单位：市公安局、光明食品集团）

（五）强化防汛安全保障

强化属地防汛安全责任。做好水库属地注册登记相关手续，落实水库安全度汛责任人，严格按照运行调度方案，确保水库安全运行。（牵头单位：市水务局、市应急局、市域外农场管理办；配合单位：光明食品集团）

（六）加强警务合作

依托长三角区域警务一体化合作平台，持续深化环域外农场公安机关区域警务合作，提升治安防控整体能力。（牵头单位：市公安局；配合单位：光明食品集团、市域外农场管理办）

八、落实保障措施

（一）形成工作合力

市相关单位要按照领导小组明确的目标、要求，加强协同、扎实推进。市域外农场管理办要强化统筹协调，组织实施和督促推进相关工作。市相关部门、宝山区和光明食品集团、临港集团等要各司其职，在产业发展升级、公共服务供给、区域合作深化等方面发挥作用，不断提高域外农场发展水平和管理能级。（牵头单位：各相关单位）

（二）加强政策供给和制度创新

加大涉农资金政策对域外农场的支持力度，推进相关条线政策向域外农场延伸覆盖，将域外农场纳入国资国企市外投资项目指引，争取当地政府的政策支持。发挥政府性融资担保作用，探索符合域外农场特点的农业保险创新产品。（牵头单位：市农业农村委、市国资委、市财政局、市地方金融监管局、市域外农场管理办；配合单位：市相关部门、光明食品集团）

（三）开展统计监测和评估考核

建立健全域外农场发展统计监测和定期评估制度，跟踪评价域外农场高质量发展成效。将域外农场相关工作纳入对光明食品集团、临港集团的国企考核范围。（牵头单位：市域外农场管理办、市国资委；配合单位：各相关单位）

7 崇明世界级生态岛发展规划纲要
（2021—2035年）

一、明确总体战略

（一）指导思想

以习近平新时代中国特色社会主义思想为指导，深入贯彻习近平生态文明思想。牢固树立"绿水青山就是金山银山"理念，以高质量发展统筹全局，立足新发展阶段、贯彻新发展理念、构建新发展格局，深入实施乡村振兴战略和长三角一体化发展战略，严格落实长江大保护任务要求，坚持生态立岛不动摇，坚持生态优先、绿色发展，促进经济社会发展全面绿色转型，深入践行人民城市重要理念，持续提升社会主义现代化国际大都市的生态文明软实力，推动率先创建具有中国特色的生态产品价值实现

制度体系,统筹好高水平保护和高质量发展,打造人与自然和谐共生的"中国样板",让崇明世界级生态岛成为彰显中国作为全球生态文明建设重要参与者、贡献者、引领者的重要窗口。

(二)发展原则

一是保持战略定力。保持历史耐心和战略定力,以"功成不必在我"的精神境界和"功成必定有我"的历史担当,坚持生态保护第一,统筹保护和发展,一张蓝图绘到底,一茬接着一茬干,推动美好蓝图变为生动现实。

二是提升发展品质。主动丰富内涵、持续拓展外延,将有限空间谋划好、保护好、利用好,打造"滩水林田湖"生命共同体。以绿色发展、品质提升为导向,打造高能级生态,推动高质量发展,创造高品质生活,实现高效能治理,发挥长江经济带绿色发展示范引领作用。

三是推动价值实现。持续探索在保护中发展的新机制,以人为本、创新驱动,走出"绿水青山就是金山银山"的生态发展之路，实现生态保护、绿色发展、民生改善相统一，推动生态价值、经济价值、社会价值共同实现。

（三）战略目标

到 2035 年，将崇明世界级生态岛打造成绿色生态"桥头堡"、绿色生产"先行区"、绿色生活"示范地"，成为引领全国、影响全球的国家生态文明名片、长江绿色发展标杆、人民幸福生活典范，向世界展示"人与自然和谐共生"的建设范例。

1. 国家生态文明名片。依托国际重要湿地等世界级自然资产，加快探索生态文明建设的崇明案例，形成大型复杂人居河口岛屿系统解决方案，展示高难度、高水平生态文明实践成果。先行探索"碳中和"路径，实现发展方式绿色变革，构建人与自然生命共同体，成为中国递向世界的一张靓丽生态名片。

2. 长江绿色发展标杆。强化科技赋能，做精生态农业，做强本地品牌，搭建功能性平台，做大农业生态圈，成为长江流域农业创新发展重要策源地。强化生态赋能，大力发展"康""养""体""游"等特色产业，拓展康复医疗、养老养生、文体旅游、总部经济等业态，打造长三角生态产业新高地。

崇明世界级生态岛发展指标体系

序号	指标	单位	目标值（至 2035 年）
1	占全球种群数量 1% 以上的水鸟物种数	种	> 12
2	长江河口水生生物旗舰物种种群数量	头	> 40
3	地表水达到或好于 Ⅲ 类水体比例（市、区、镇级河道断面）	%	市、区级 100 镇级 > 95
4	土壤健康度（土壤质量、土壤肥力、土壤生物）优良点位比例	%	> 80
5	生态空间（滩水林田湖）占比	%	> 86
6	碳排放量	万吨 CO_2	≤ 35
7	生态产品总值年增长率	%	高于 GDP 增速
8	第三产业增加值占 GDP 比重	%	≥ 80
9	人均社会事业财政支出	万元	> 4
10	公众综合满意度	%	> 90

3. **人民幸福生活典范**。满足人民群众对美好生活的向往，合理优化城乡格局，持续提升人居环境。不断改善教育、医疗、文体等优质资源供给，与中心城区同进步、共发展，不断增进民生福祉，绘就林水人城和谐画卷，成为令人向往的宜居乐土。

二、推动生态能级高标准跃升

（一）厚筑生态资源本底

1. 建设美丽河湖

保护河湖空间。维护河湖空间完整、功能完好、生态安全，严控河湖岸线，严格水域、岸线等水生态空间管控，严禁侵占河道、围垦湖泊。优化水环境质量。推进城镇污水污泥处理处置稳定达标，农村污水处理设施建设和提标改造，深化探索符合实际的农村生活污水治理技术和模式，维护设施稳定运行。开展水生生态系统修复，提升河道在生态景观、农业灌溉等方面的综合价值。统筹生态清洁小流域建设。区域化、系统化治理镇村级河道，归并调整水系，打通断头河，改造排涝圩区。开展河道生态治理，实现河湖通畅、生态健康、清洁美丽、人水和谐。

2. 保育生态沃土

强化土壤风险防控。建立健全农用地分类管理制度，持续开展农田土壤健康监测评估。推进农业面源污染治理，强化受污染农用地安全利用措施，加强在产企业土壤污染预防管理，注重土壤与地下水污染协同防治。推进土壤生态保育。推进土壤生态保育技术研发，实施土壤生态修复示范工程，加快重点地区土壤生态保育。推广新型高效绿肥和生态施肥技术，提升土壤有机质含量，提高土壤生物多样性，强化农田土壤固碳能力。

3. 培育品质森林

完善林网结构。统筹布局林业发展空间，强化结构性林地空间的预留，重点围绕主干路网和骨干河道推动林地廊道建设，提高生态廊道连续性，稳步提高森林覆盖率。积极创建森林城市，建设乡村公园，打造乡风浓郁的林水田园。优化林木品质。加强中幼林抚育、退化林修复、低效（低产）林改造，构建有层次、有结构、有景观的全域林地空间体系，优化完善林相结构，丰富林木色彩，提升森林资源蓄积量、稳定性和碳汇能力。提升林地服务功能。建设遍及城乡的绿道网络和生态服务设施，推进林业发展成果更好地惠及百姓。

4. 守望静谧蓝天

强化大气污染防治。强化源头防控，加强扬尘、餐饮油烟、农业源大气污染物、挥发性有机物等污染防治，加强重点排放源治理。加强大气综合治理研究和监测预警，鼓励企业采用先进生产工艺和治理技术，确保达标排放，力争达到近零排放。防治环境噪声污染。鼓励低噪声运输工具、机械工具使用，降低噪声源。控制噪声辐射，对主要道路沿线区域加大噪声治理力度，严格控制道路与声环境敏感目标的防护距离。

（二）呵护自然生机活力

1. 严守生态保护空间

构建生态安全格局。严守生态保护红线，实行生态空间分类管控，保护长江口滩涂湿地资源，合理增加自然湿地保有量，构建促进物种迁徙和基因交流的生态廊道，全面提升生态系统质量和稳定性。科学管控土地资源。严守城市开发边界，锁定建设用地总规模，开展全域土地综合整治，为未来发展留足战略空间。严控人口规模与建筑高度。严格控制常住人口增长，持续优化人口结构。按照"中国元素、江南韵味、海岛特色"的要求，全岛严格实行新建建筑高度分级管控，彰显世界级生态岛风貌特色。

2. 守护动物栖息天堂

加强鸟类栖息地生态修复。完善湿地保护管理网络，持续实施长江口滩涂湿地生态修复，重点关注长江口北支湿地修复，加强外来物种管控，有序恢复湿地生态秩序，依法禁止猎捕以及其他妨碍野生动物生息繁衍的活动，优化水鸟栖息环境。实施水生珍稀濒危物种拯救行动。落实国家关于加强长江水生生物保护和长江禁捕相关规定，强化水生生物重要栖息地修复和完整性保护，实施以中华鲟、长江江豚为代表的河口珍稀濒危水生生物抢救性保护行动，开展珍稀濒危物种人工繁育、增殖放流和种群恢复工程，全方位提升水生生物多样性保护能力和水平，提升长江水生生物完整性指数。推动生物多样性迁地保护。完善生物资源迁地保存繁育体系，加强替代生境研究和示范建设，研究建立野生动物收容救护平台、种质资源库等各类抢救性迁地保护设施，保护生态系统、生物物种和生物遗传资源。

3. 密织生态监测网络

建立一体化生态环境监测网络。按照"天地融合、全面覆盖"的原则，完善生态环境监测预警网络，应用新一代信息技术，实现滩水林田湖实时精准管控。将崇明岛全部陆域、长江北支范围一并纳入生态环境预警监测体系，推进监测数据、预警预报以及管理信息的互通互享。推进生态产品统一登记核算。推进岛域森林、湿地、水体等自然资源统一确权登记，定期修订崇明岛自然资源资产负债表，探索生态产品实物量核算方法、生态产品实物量定价方法、生态产品价值量核算方法，建立健全简明科学、统一规范的生态产品价值核算体系。构建生物多样性保护监测体系。完善生物多样性调查监测技术标准体系，开展长期监测、周期性调查，推动生物多样性监测现代化。研究开发生物多样性预测预警模型，建立预警技术体系和应急响应机制，实现长期动态监控。

（三）深化跨区域生态共治

1. 推动全岛生态资源可持续利用

提升自然保护区能级。推动申报黄渤海候鸟栖息地（第二期）世界自然遗产，严格保护世界遗产的真实性和完整性，鼓励企事业单位、社会团体、市民积极参与世界遗产保护和研究。打响生态岛科普教育品牌。依托东滩鸟类国家级自然保护区、西沙国家湿地公园等自然资源，建设科普教育基地，科学谋划形式多样的宣传教育活动，实现由"大自然中建设博物馆"向"建设大自然博物馆"转型，营造"人人都能亲近大自然"的环境氛围，提升公众生态素养。

2. 加强区域生态环境管理协同

推动长江流域生态环境共保共治。落实《中华人民共和国长江保护法》和《长江经济带发展规划纲要》《长江三角洲区域一体化发展规划纲要》要求，探索流域及上下游协作机制，协同开展河口地区生态环境科学研究，推进大气和水体联合监测、监督、执法，加强区域管理协作，推动流域信息共享、污染共治、生态共保，完善跨行政区重大环境污染事件的应急联动机制与保障。强化长江口绿色发展战略协同。推动落实"东平－海永－启隆"三镇协同规划，建立崇明世界级生态岛跨区域规划管理机制，实施建设用地总量、建筑高度、建筑风貌以及人口规模协同管控。深化推进跨行政区域联合执法，共同构建长江口保护开发战略协同区。

3. 深化国际生态交流合作

共建国际生态科研高地。引入国家级生态研究机构，建设崇明世界级生态岛生态环境科技创新平台，设立长江口生态科学研究院，开展重大生态科研项目。与高水平国际生态保护组织开展长期合作，举办国际生态科研学术交流活动。搭建国际绿色合作桥梁。发展国际友好合作城市，与国内外自然保护区建立姊妹保护区，推动亚太生物迁徙通道沿线地区形成保护共识，共建人与自然生命共同体。拓展与国际机构常态化合作，培育发展本土国际组织，建设绿色发展合作展示推广平台，推动项目"引进来""走出去"，深化大型复杂人居河口岛屿建设，持续提升生态岛国际影响力。

三、实现绿色低碳高起点突破

（一）推动能源绿色转型发展

1. 加快发展可再生能源

加快发展光伏发电。发展新型农光互补发电系统，充分利用建筑屋顶资源，发展与建筑结合的高效分布式并网光伏发电系统，稳步提高光伏装机容量。稳妥发展风力发电。结合候鸟保护要求，优化陆上风电设施布局，发展海上风电项目，探索实施深远海风电示范试点。加大生物质能等其他可再生能源利用力度。加强农作物秸秆、林业废弃物、沼气等生物质能利用，推进地热能开发利用，探索实施地热资源利用示范工程。

2. 构建高效低碳能源体系

构建以新能源为主体的新型电力系统。加强风电、光伏发电精准预测和调度，推进电力源网荷储一体化和多能互补发展，试点建设源随荷动、源荷互动、供需匹配的能源电力系统。优化提升配电网结构，完善智能微网建设。结合储能技术发展，发展新型电力储能设施，推动氢储能在可再生能源消纳电网调峰等场景应用示范。发展天然气等低碳能源。结合城乡格局调整，完善输配管网，扩大天然气使用覆盖面，为重点区域及重大项目配套建设天然气管道和分布式能源站点，提升天然气供应保障能力。

3. 推进碳排放精细化管理

开展温室气体排放监测管理。建立动态监测、预警分析平台，为全岛碳中和提供数据支撑。探索建立生态系统碳汇监测核算体系，加快遥感测量、大数据、云计算等新兴技术在碳排放实测领域的应用，开展森林、海洋、湿地、农田等碳汇本底调查和储量评估，实施生态保护修复碳汇成效监测评估，并相应完善资产确权、交易等功能，探索建立蓝碳交易中心。加强能源精细化管理。建设生态岛能源管理平台，建成重点用能单位和大型公共建筑的能耗在线监测平台，强化能源审计管理制度，优化完善节能审查制度。

（二）倡导低碳产业技术与应用

1. 推进产业节能降碳

实施产业绿色低碳转型。原则上不得新建、扩建"两高"项目，挖潜存量项目，督促改造升级，加快落后产能淘汰，推动产业体系向低碳化、绿色化、高端化优化升级。有效盘活存量工业用地资源，提升园区品质，发展新型园区经济。注重源头创新，突显产业特色，推动面向未来的高端产业集聚发展。推进重点用能设备节能增效。大力推动绿色产品认证和能效标识制度，推广先进高效的产品设备，加快淘汰落后低效设备。加强新型基础设施节能降碳。优化新型基础设施空间布局和用能结构，推广采用直流供电、分布式储能、"光伏＋储能"等模式，提高非化石能源消费比重。

2. 推广绿色建造技术

推动建筑领域全生命周期绿色低碳转型。推广绿色低碳建材，强化 BIM 技术应用，大力发展装配式建筑，逐步推广超低能耗建筑，打造近零能耗建筑示范项目，鼓励建设零碳示范生态社区。推进新建农房绿色化建造，推动农房执行节能设计标准。推广可再生能源在建筑领域应用。推进可再生能源规模化应用，推动太阳能光热、光电、浅层地热能、空气能、生物质能等新能源的综合利用，大力发展光伏瓦、光伏幕墙等建材型光伏技术在城镇建筑中一体化应用。探索推广集光伏发电、储能、直流配电、柔性用电于一体的"光储直柔"建筑，推动公共机构、大型公共建筑采用高效制冷设备。

3. 探索低碳技术应用

强化绿色低碳基础研究和前沿技术布局，加快先进适用技术研发和推广，建立完善绿色低碳技术评估、交易体系和科技创新服务平台。结合崇明岛"碳中和"实践，探索新型电力及可再生能源利用关键技术、低碳/零碳建筑和交通技术、新型二氧化碳捕集利用技术、固碳及生态碳汇增汇技术等研发，推动绿色低碳重大科技攻关和推广应用。

（三）践行绿色生活方式

1. 构建资源节约型社会

促进绿色消费。弘扬崇尚勤俭节约的社会风尚，大力推动消费理念绿色化，推进农村移风易俗，推广绿色消费产品，引导居民自觉践行绿色消费。完善生活垃圾分类回收利用。推进生活垃圾源头减量，优化完善可回收物"点站场"体系，加快完善生活垃圾处置设施布局，提升生活垃圾回收利用能力。加强生物质资源循环利用。推进秸秆网格化收集及综合利用、特色水产智能化零排放养殖等生态循环链模式，推广"鱼塘－水稻－湿地－林地"养殖尾水综合治理循环利用模式，形成全域农业生态系统大循环。提升废弃物处置能力。依托静脉产业园，提升固废循环利用产业能级，完善固废中转储运体系，布局利用处置设施，创建循环型岛屿。

2. 鼓励全岛绿色出行

推广新能源和清洁能源交通工具使用。构建绿色交通运输体系，推进交通能源结构转型，扩大清洁能源在交通领域的应用，加快公共领域车辆全面电动化，积极鼓励社会乘用车领域电动化发展，持续提高船舶能效水平，加快发展电动内河船舶，推进充电桩、配套电网、加气站、加氢站等设施建设。构建便捷通达舒适的绿色出行网络。以轨道交通为依托，建设快速绿色交通工具换乘体系，结合轨道交通枢纽设施，布设换乘停车场、分时租赁网点等换乘设施。打造宜人的慢行环境，制定差别化慢行分区策略，形成不同功能自行车通道和步行道网络，构筑以"公交+慢行"为主导的绿色多元化公共交通系统。

四、促进生态产业高质量发展

（一）持续壮大绿色新农业

1. 打造农业高地

搭建农业科技创新功能性平台。推进崇明国家级农业科技园区建设，打造全国农业科技成果转移服务中心等国家级平台，引进农业高等教育与科研机构，实施重大农业科研项目，培育农业合作产业园，促进农业产学研协同创新。做大农业科技创新生态圈。壮大农业科技龙头企业，集聚科技成果转化、农业科技金融、产权交易服务、农产品检测认证等服务机构，形成全要素产业生态圈，全面提升农业科技创新水平，加大辐射带动力。发展特色种源产业。建立长江流域特色种质资源库，保护畜禽水产遗传资源品种，加大对中华绒螯蟹、刀鲚、凤鲚、鳗鲡、沙乌头猪、长江三角洲白山羊、上海水牛等特色种质资源保护力度，研发、引试或繁育推广新品种、新品系，打造现代农业种业创新区。发展农产品精深加工。加大生物、工程、环保、信息等技术集成应用力度，提升农产品精深加工水平。引导和促进农产品及加工副产物循环利用、全值利用、梯次利用，不断挖掘农产品加工潜力、提升增值空间。

2. 做强农业品牌

打响"两无化"（无化学肥料、无化学农药）种植品牌。合理确立"两无化"生产经营品类与规模发展布局，建立并推行"两无化"生产经营地方标准、行业标准。依托崇明独特的自然禀赋，推广人放天养、自繁自养等原生态种养模式，擦亮香酥芋、金瓜、白扁豆等崇明优势农产品品牌。做专做精特色农业。发挥"后花博效应"，做大做强现代花卉产业，推动花卉种源研发、生产示范、花卉交易集群化发展。依托庙镇藏红花、绿华镇铁皮石斛、三星镇苦草等药用植物种植基地，推进中药材种植、研发、应用全产业链发展。强化品牌认证和管理。建立健全"崇明"地理标志品牌认证和管理平台，加大绿色有机农产品认证力度，扩大区域公共品牌覆盖面，加大优质农产品品牌知识产权保护力度。

3. 发展数字农业

提升农业数字化水平。布局"数字农场""无人农场"应用场景，推动国家数字农业创新中心建设，促进新一代信息技术与都市现代绿色农业全面深度融合，普及精准化农业作业，实现全生命周期智能化闭环管理。推广农业"机器换人"。优化农作物生产管理技术，实施粮食生产全程机械化标准化试点项目，提高蔬菜、林果行业生产"宜机化"水平，推动实现规模农业生产全程机械化。聚焦农业绿色生产基地，发展"全程机械化＋综合农事"服务。

（二）全力打造活力新康养

1. 做强医疗康复服务

建设区域医疗高地。打造长三角康养服务一体化的重要节点，积极引入三甲医院，促进康养与医疗机构双向合作，构建多层次的康养医疗服务体系，培育一批服务优质、技术精湛、管理规范的社会办医疗机构品牌。开展国际医疗旅游服务，推进健康保险和医疗支付与国际接轨。完善康复护理服务体系。发展康复医院、保健院、疗养院、体检中心等医养结合的特色健康医养服务，引入健康教育机构，提升康复护理服务水平。

2. 做优养老养生服务

提升养老服务供给品质。推进老有所乐，围绕活力老人品质生活需求，积极发展老年休闲"乐活"体验消费，形成有全国影响力的养老服务品牌。推进老有所安，创新身心双养、内外皆养的养老理念，打造激发积极性、能动性和创造性的老年社会平台和获得体系，增强老年人的社区归属感、价值认同感、心理获得感和身心幸福感。发展全龄健康养生服务。鼓励社会主体投资康养产业，依托崇明岛生态资源，结合各年龄段康养需求，开发健康检测、亚健康防治、美体美容、养生运动、营养膳食、心理诊疗等相关产品与服务，推出个性化健康管理整体解决方案。

3. 推动康养多元融合发展

推动康养与农业融合发展。依托崇明特色农产品优势，积极开发康养系列食品、保健品，发展中医药养生特色产品和服务，建设与中药科技农业、名贵中药材种植、田园风情生态休闲旅游结合的养生体验基地。推动康养与旅游融合发展。依托旅游和养生资源，将休闲度假与养生保健、修身养性有机结合，拓展养生保健服务模式，打造健康旅游产品和健康旅游线路。推动康养全产业链发展。建设一批康养基地、康养社区，打造规模大、功能全的健康管理综合体，探索"医、教、研、康、养、游"全方位健康养生服务模式。加快推动康养服务业大数据建设及应用，加快整合各类信息，实现相关产业数据有效融合、衔接，提升管理水平和服务效能。

（三）积极发展生态新经济

1. 展现生态文旅魅力

打造长江文化集成展示平台。实施"长江文化+"，整合提升、创新利用长江流域文化旅游资源，展示长江大保护成果，研究建设长江河口博物馆等辐射长江流域和长三角地区的重大文化项目，不断丰富优质文化供给。厚培生态文化品牌。充分挖掘江南文化、江海沙地文化、乡村文化内涵，打造一批留得住文脉、记得住乡愁的生态文化村镇，建设一批望得见林、看得见水的文化休闲地。做强花卉文化创意产业。统筹花博会设施综合利用，加快建设"上海花港"，大力推进融花饮、花馔、花饰、花画、花具、花节、花事、花艺、花展、花旅等于一体的花卉文化创意产业发展，丰富

花卉文化产品供给。

2. 提升旅游度假体验

开发精品旅游项目。打造国家全域旅游示范区和国家长江口生态旅游基地，培育"静谧西沙""雅致东滩"等若干特色旅游空间，建设一批生态保护与旅游发展一体化的生态友好型旅游项目，发展精品小众生态旅游产品。实施精品民宿、精品乡村酒店和乡村旅游管理与服务品质提升工程，按照地方特色、乡土气息与标准化、功能化相结合的原则，打造一批标志性乡村旅游精品项目。优化旅游休闲体验。提升东平森林公园、西沙明珠湖、东滩湿地公园品质，引进国际知名品牌度假酒店，完善配套旅游服务设施，开发多元化休闲旅游产品，打造集观光、休闲、度假、体验于一体的高水平旅游服务体系。

3. 焕发体育运动活力

做强体育品牌赛事。持续发展自行车、铁人三项、马拉松等国际体育品牌赛事，积极培育扶持自主品牌赛事。强化赛事市场化运作，增强体育赛事的观赏性和娱乐性，发展形式多样、普及性强的体育竞赛表演项目，发挥体育赛事综合效应。发展特色休闲运动。依托崇明岛自然生态优势，建设体旅融合的环岛自行车道系统，推进一批体育公园、健身步道、徒步骑行驿站、自驾游营地建设。探索发展新兴项目，满足各类人群、不同层次的体育消费需求，打造户外运动天堂。做大体育运动产业生态圈。打造路跑、自行车、太极拳、马术等户外运动基地，营造良好的体育产业发展环境，形成若干体育产业集聚区，打造陈家镇东滩自行车运动小镇。

4. 提升总部经济能级

建设总部经济发展平台。选取风景优美、交通便利的区域，探索生态招商模式，建设总部经济发展平台，将生态资源优势转化为资本资产的优势。鼓励改造具备条件的农场建筑、老厂房、工业园区，形成各具特色的总部经济发展载体，完善商务配套设施建设。培育引进总部企业。吸引国内外大型知名企业集团、品牌高新技术企业在生态岛建设研发设计总部。培育和扶持一批带动力强、成长性好、发展潜力大的本土企业，延伸产业链，做强做大本地成长型总部企业。

五、共享幸福美好高品质生活

（一）建设蓝绿相融人居环境

1. 构建人地和谐城乡格局

持续优化城乡空间布局。注重绿色低碳、宜居安居。深化全域土地综合整治，推进撤制镇更新改造，促进生态、生产、生活"三生"空间融合发展，形成生态地区和谐自然、乡村地区有机疏朗、城镇地区紧凑集约的城乡空间布局，因地制宜开发利用地下空间。建设乡村生态社区。持续稳慎推进农民相对集中居住，对乡村地区进行分类指引，因地制宜、科学合理、循序渐进，按照保护村、保留村、撤并村分类探索推进。加快美丽乡村建设，加强村庄设计，重塑乡村地区生态和生活环境，打造面向未来的乡村生态社区样本，切实改善农村人居环境品质，全面提升乡村风貌水平。建设绿色生态城镇。持续落实世界级生态岛绿色生态城区规划建设导则，推动城镇集约式组团式发展，提升城桥核心镇的功能品质。推进东滩陈家镇地区东部桥头堡建设，努力打造生态产业重要集聚地、生态经济重要示范地。推进东平地区发展，打造具有农场风情的东平特色小镇，推进东平—海永—启隆跨区域城镇圈协同发展。

2. 发展外畅内优交通网络

加强对外交通联系功能。完善对外跨江通道布局，推进轨交崇明线、沪渝蓉高铁等重大交通设施建设，形成由轨道交通和高速公路为主体的对外联系主通道。实现水上客运功能转型，发挥水运在产业发展中的作用。完善便捷的道路系统。整合公路网和城市道路网，优化路网密度，加快构建"四横八纵"骨架干线路网。优化城镇间交

通联系，提升农村公路标准。打造以轨道交通、快速公交联络线等骨干公交为主体，常规公交为基础的公共交通体系。建设数字交通岛。积极推动智能网联汽车、无人驾驶汽车等新技术在崇明岛试点应用，构建现代化智能公交体系。

3. 建设安全供水防涝系统

保障岛域原水供应安全。实施崇明东风西沙原水系统复线工程和供水主干管成环工程，滚动推进供水管网提标改造，积极开展高品质饮用水示范区建设，不断提升城乡供水品质。提升全岛防汛排涝能力。持续推进骨干河道整治、海塘大堤提标改造和生态修复工程，结合海绵城市建设，完善地面沉降监测网络，提高排水能力。协同启东、海门两地完善区域防洪除涝体系。

4. 打造智慧泛在数字平台

加快新型基础设施建设。高水平推进新一代网络基础设施建设，提供随时即取的大容量、高带宽、低时延网络支撑能力，逐步实现全岛深度全覆盖。全面布局新型城域物联专网，提供面向不同类型用户异构、泛在、灵活的网络接入。打造数字孪生岛。加快推进智能化终端设施，部署神经元感知网络，汇聚多源异构数据，构建生态岛运行体征指标体系及机制，推进生态监测、能源管理、绿色产业、公共服务、社会管理等数字化场景应用，打造物理维度与信息维度同生共存、虚实映射的数字孪生岛。

（二）提供可及可享品质服务

1. 供给优质均衡教育服务

优化基础教育服务供给。深化推进紧密型、集团化办学，加强城乡教育资源整合力度与师资流动，加快推进数字教育创新发展，进一步促进校际均衡发展，努力办好每一所学校，服务好每一位学习者。完善品质教育服务体系。推动学前教育幼托一体、义务教育优质均衡、高中教育特色发展、职业教育开放融合，构建高品质、多样化的教育体系。赋能更卓越、更特色的国际教育，引入知名高等学府，建设绿色农业、生态旅游、体育康养等领域的教育新高地。

2. 发展品质便捷健康服务

加快市级优质医疗资源扩容下沉。加强与市级重点医院深度合作，切实提升区域性医疗中心的能力和水平，推进医疗资源在全岛均衡布局。夯实基层公共卫生服务功能。加快医疗卫生资源补短板、增功能、提能级，推进社区卫生服务中心标准化，全面提升基层医疗机构的诊疗、康复等医疗功能，打造区域医疗康复中心。鼓励家庭医生深入社区，使家庭医生成为居民的健康"守门人"。建设未来医院。加快数字医院与医院信息标准化建设，完善以患者为中心、全流程闭环的数字化医疗服务模式。推动"社区卫生服务中心+互联网"发展，开展面向居民的家庭医生签约、健康管理、健康照护、药品配送等智能化服务。

3. 营造活力友好社会氛围

推动老龄事业发展。完善镇有"院"、片有"所"、村有"室"、组有"点"的设施网络，重点推进建设集成日托、全托、助餐、医养、康养等功能的城镇社区枢纽型养老综合体，以及具有乡村田园特色的托养设施。推进"养老院+互联网医院"模式，推广数字养老应用场景落地，拓展"一键通"服务，推动老年人生活"数字无障碍"，构建增进代际和谐、增强社会连接、消除数字隔阂的老年友好型社会，形成尊老、敬老、爱老、助老的社会氛围。实施服务惠民工程。结合农民相对集中居住和城乡空间调整，推进社区综合服务设施标准化建设，优化卫生、养老、文化、体育等家门口服务站点布局，增加便利可达的公共休闲、商业空间，建设邻里服务设施和乡村"多功能厅"，推动实现资源一体化整合、服务一站式享有，提升社区智能化、综合化服务功能，加快公共服务体系提档升级，倾力打造具有崇明岛特色的家门口乡村服务品牌。

（三）促进城乡居民稳业增收

1. 提高劳动技能素质

推进职业技能提升行动。引进优质培训机构及项目，推进企业职工在岗培训、农民技能提升培训。推进企业新型学徒制、新技能培训，促进劳动者提升素质、体面劳动、全面发展，努力培养具有国际水平的高技能人才队伍。推动职业教育改革创新。以崇明世界级生态岛产业调整为导向，鼓励增设职业教育机构，调整优化职业技术学校专业设置，推动技能型人才供给侧结构性改革，提升人才职业核心素养。深化教学模式改革，优化教学方法技术，推进校企合作办学、合作育人、合作开发课程、合作促进就业。参与重大职业技能竞赛，提升职业教育品牌专业竞争力和影响力。

2. 缩小城乡收入差距

实现更加充分更高质量就业。坚持实施就业优先战略，提高就业质量，使人人都有通过辛勤劳动实现自身发展的机会。完善就业扶持政策，建立健全重大投资建设项目与就业联动机制，加强生态就业岗位开发和管理。建立健全创业全过程的政策扶持

体系，推进多层次创业服务平台建设和运行，鼓励创业带动就业。拓宽居民增收渠道。发展壮大乡村产业，发展林下经济，促进农民增收致富。拓宽农民增收渠道，推动低收入群体收入更快增长，扩大中等收入群体，不断缩小城乡居民收入差距。

3. 完善社会保障体系

织牢社会保障网。让人民对未来生活拥有更可靠、更踏实的预期。进一步扩大基本养老保险参保覆盖面，鼓励居民多缴多得、长缴多得，保障城乡居保养老金待遇不低于全市平均水平。健全重大疾病医疗保险和救助制度，持续推进异地就医直接结算，稳步推行长期护理保险制度试点。改善居住质量和环境。深化城镇住房领域的供给侧结构性改革，优化与生态岛发展要求相适应的住房供给结构，优化保障类租赁住房、保障类产权住房、市场类租赁住房、市场类产权住房"四位一体"，形成具有引人、留人优势的租购并举住房制度体系。完善扶弱救困体系。构建政府、社会组织、单位、家庭、个人共同参与的多层次立体型社会救助体系，加大重点群体关爱力度，维护困难群众基本权益。

六、形成支撑保障体系

（一）完善规划实施保障

1. *突出引领作用*。衔接协调本纲要与国家、长三角及全市国民经济和社会发展规划、区域规划、国土空间规划、专项规划，发挥重大政策、重大平台、重大项目对纲要落实的支撑作用，持续优化资金、土地、人才、数据、环保、用能等要素配置，形成可持续的实施保障体系。将纲要目标任务分解落实到各相关单位，强化考核评价，推动相关举措落实落地。

2. *完善标准保障*。建立健全碳达峰、碳中和标准，持续优化生物多样性保护标准，不断完善自然资源节约集约利用标准，践行推广绿色生产和绿色消费标准，构建推动高质量发展的标准体系，为纲要高质量实施奠定基础。

3. *强化执行评估*。保持世界级生态岛三年行动计划推进与评估机制基本稳定，提升三年行动计划编制质量与执行效果；加强纲要实施情况跟踪分析，每五年动态开展纲要实施情况评估，强化监测评估结果应用。发挥公众、专家和媒体力量，充分听取各方意见和建议，加强实施的社会监督。

（二）强化组织机构保障

1. *推进世界级生态岛顶层架构优化*。进一步发挥崇明世界级生态岛建设推进工作领导小组（以下简称"领导小组"）的作用，适时优化领导小组成员单位；落实崇明区、光明食品集团、上实集团和地产集团等主体责任，鼓励和调动各方积极性，形成世界级生态岛保护者联盟，在更大范围、更多领域形成世界级生态岛建设最大合力；优化东滩地区管理机制；推动崇明世界级生态岛与长兴岛、横沙岛实现联动发展。

2. *推动长江口跨省市战略协作*。推动世界级生态岛建设叠加长三角一体化战略机遇，以生态环境联防联治、生态产业共谋共建为切入口，推动长江口跨省市协作范围拓展至南通、盐城等沿海沿江城市，搭建长江口保护开发战略协同区，共同谋划开展更大范围的深度合作。

3. *丰富部市合作共建领域*。密切对接国家重大规划和工作部署，加强与国家发展改革委、生态环境部、农业农村部、文化和旅游部等有关部门的战略合作；持续高质量创建长江经济带绿色发展示范，合作共建"碳中和岛"，推动一批国家级、流域级重大项目、重大平台落户生态岛。

(三) 落实政策要素保障

1. **拓展多元融资渠道**。探索构建森林、湿地等资源统一管理、开发和运营平台，促进生态产品价值实现。加大绿色金融支持力度，支持发展绿色信贷，探索生态产品资产证券化路径。支持设立崇明生态产业投资基金，吸引国内外社会资本投资崇明生态产业；加大在重大招商引资活动中对崇明绿色产业的推介力度，吸引国内外投资者；鼓励市属国有企业在崇明绿色发展领域先行先试；鼓励社会捐赠、公益基金参与生态建设。保障市级财力对世界级生态岛建设的扶持力度。

2. **优化土地利用方式**。坚持严守生态空间、生态空间分级管控、建设用地总量锁定、建筑高度严格管控等要求不放松，支持盘活农村存量建设用地，按照国家要求，试点农村集体经营性建设用地入市制度；研究细化世界级生态岛点状供地政策，明确建设用地来源、分配原则和标准、实施步骤、适用产业类型，加强后期评估与监督管理；研究出台生态岛农民相对集中居住、自然村整村搬迁等专项扶持政策。

3. **加强引才留才力度**。对世界级生态岛发展亟须的生态农业、健康养生、文体旅、教育医疗等领域优秀人才，研究出台人才引进、人才服务、人才培养等配套措施，完善人才落户、税收、安居保障、子女教育、医疗服务等政策，不断优化人口结构，提升人口素质。

(四) 优化绿色治理保障

1. **完善生态文明法治**。推动出台东滩自然保护区及周边区域生态环境保护与可持续利用自然保护区管理和生物多样性保护地方性法规，明确行政责任主体、监督与司法责任。健全生态产品认证法制体系，推进生态产品标准制定、认证认可、检验检测与国际相衔接。

2. **加强基层治理保障**。优化完善乡村治理格局，充分依靠群众、凝聚群众，发挥群众的主体作用，调动基层群众自治活力，推动自治、共治、德治、法治有机融合。发挥乡贤在引资引智、公益慈善、乡风引领等方面的作用，培育村落管家、邻里互助服务，以服务聚人心，增进认同。

8 | 关于进一步促进
农村集体经济高质量发展的意见

发展和壮大农村集体经济，是强农业、美农村、富农民的重要举措，是实现乡村振兴的必由之路。为推进我市农村改革发展，促进农民农村共同富裕，提出进一步促进农村集体经济高质量发展的意见。

一、创新农村集体经济发展体制机制

（一）建立促进农村集体经济高质量发展的体制机制

各相关区成立由区领导牵头，区农业农村、发展改革、规划资源、住房和城乡建设管理、财政、税务、金融、市场监管、房屋管理等部门组成的区级联席会议，整合各种资源，协调推进农村集体经济高质量发展。

（二）创新区级统筹农村资源要素路径

搭建区级农村集体经济发展平台，统筹配置全区农村集体资金、土地、项目等资源要素，提高统筹能级。在区级联席会议指导下，由镇（村）集体经济组织联合组建公司、设立基金进行运作，或由公司、基金委托综合实力强的国企进行运营管理，发挥各类资源要素的集聚效益，激发农村集体经济发展活力。

二、盘活农村集体存量资金资产

（一）释放存量集体资金

分类梳理历年沉淀在银行账户上的集体土地补偿费、集体经济组织自有资金等，通过镇经济联合社对存量集体资金进行归集，在确保资金安全、收益稳定的前提下，由区级集体经济发展基金、公司依照约定统筹使用。利用银行等金融机构的资金优势，运用金融信贷等政策，发挥集体资金效用，投向农民相对集中居住、现代农业设施建设、乡村产业等乡村振兴重大项目。

（二）盘活存量集体物业资产

用好全域土地综合整治政策，整合农村零散的存量建设用地，腾出空间，用于发展符合乡村特点的文旅康养、创意办公等新产业新业态；通过对低效农村集体物业资产进行二次开发，提升资产效益和产业能级。

三、深化农村集体产权制度改革

（一）开展存量集体物业资产确权颁证

巩固农村集体产权制度改革成果，加强对农村存量集体物业资产的清查盘点，对集体建设用地及房屋进行分类处置，依申请开展不动产确权登记颁证。

（二）简化集体资产权利人转移登记手续

对原由村民委员会代管或村镇集体企业经营的土地、房屋，权属转移至农村集体产权制度改革后的农村集体经济组织的，直接采取账面净值进行划转，税务部门开具契税完税凭证后，不动产登记部门办理集体资产权利人转移登记。

四、加大政策扶持力度

（一）加强财政扶持

创新财政扶持方式，灵活用好财政直接补助、先建后补、以奖代补等措施，支持和保障农村集体经济高质量发展。各相关区要运用好财政政策，对区级农村集体经济发展基金、公司给予扶持。

（二）落实税收政策

对农村集体产权制度改革后的农村集体经济组织承受原集体经济组织的土地、房屋权属，以及农村集体经济组织和代行集体经济组织职能的村民委员会进行清产核资收回集体资产而承受土地、房屋权属，按照规定享受有关优惠。农村集体经济组织成员按照资产量化份额从集体经济发展中获得的收益，按照规定享受有关优惠；农村集体经济组织取得的符合条件的财政性资金，可作为企业所得税不征税收入。

（三）创新金融服务

支持金融机构创新金融产品和服务，积极拓宽有效担保物范围，探索开展以生产经营设备设施、集体经营性建设用地使用权、手续齐全的集体物业资产、资产资源收益权、应收账款等抵质押物申请贷款。

五、强化保障措施

（一）严格履行程序

对统筹使用存量集体资金、二次开发集体物业资产，要按照《上海市农村集体资产监督管理条例》等有关规定，由镇经济联合社、村经济合作社通过召开成员代表大会等民主程序决策，依法保障集体经济组织成员的知情权、表决权、收益权、监督权。

（二）压实主体责任

各相关区要增强责任意识，发挥区级联席会议主导作用，根据区域发展实际，建立完善农村集体经济高质量发展扶持机制和政策体系，进一步落实整合资源、统筹协调、推进发展的要求。镇级要细化工作措施，具体协调和落实本区域内农村集体经济高质量发展目标和任务。农村集体经济组织要强化发展意识，增强内生动力，主动参与和实施相关项目投入和建设，夯实农村集体经济高质量发展的基础。

本意见自2022年3月1日起实施，有效期至2027年2月28日。

9 关于进一步促进上海乡村民宿健康发展的指导意见

乡村民宿是指利用农村地区的居民住宅或其他合法建筑、用地等资源，依托当地自然人文景观、生态环境和生产生活特色，基于合理的设计、修缮和改造，为游客休闲度假、体验当地风俗文化提供住宿、餐饮、农副产品展销等服务的小型住宿设施，其单体建筑内的房间数量不超过14个标准间（或单间）、最高4层（建筑高度不超过18米）且建筑面积不超过800平方米。乡村民宿作为一种新兴休闲业态，具有较高的吸引力和附加值，已成为促进本市休闲农业和乡村旅游转型升级、推动城乡和产业融合互动、推进超大城市美丽乡村建设的重要抓手。为打响海派乡村民宿品牌，根据市委、市政府部署，现提出进一步促进上海乡村民宿健康发展的指导意见如下：

一、总体要求

坚持以习近平新时代中国特色社会主义思想为指导，以创新、协调、绿色、开放、共享的新发展理念为引领，积极践行"绿水青山就是金山银山"重要理念，围绕实施乡村振兴战略，加强统筹规划，守住安全底线，鼓励健康发展，充分发挥乡村民宿在推动城乡和产业融合互动，促进休闲农业和乡村旅游创新转型等方面积极作用，推动乡村民宿集聚发展。着力将乡村民宿培育成广大市民休闲度假好去处，繁荣农村、富裕农民新产业，加快建设宜居宜业宜游的美丽乡村。

二、设立登记

（一）聚焦重点区域

各涉农区要依据国土空间规划，引导在郊野公园、森林公园、旅游景区、度假区周边区域，以及规划确定的保留村、乡村振兴示范村、美丽乡村示范村、乡村旅游重点村等区域集聚发展，强化乡村民宿集聚效应，避免零星散落、无序发展，形成布局合理、规模适度、特色鲜明的乡村民宿发展格局。

（二）明确经营用房

本市乡村民宿设立的经营用房，可利用农村依法建造的宅基地农民房屋、村集体用房、闲置农房、闲置集体建设用地等。用房须为独立式建筑，或者具有独立通道门户，权属合法清晰，并符合《上海市企业住所登记管理办法》的规定。

（三）优化证照办理

创新制度供给，将乡村民宿纳入"一业一证"改革行业目录，支持乡村民宿行业实行基于"一业一证"改革的市场准入制。各级政府部门按照持续推进"放管服"改革、优化营商环境有关要求，再造审批管理服务流程。凡符合条件的乡村民宿申请人，在登记机关取得营业执照（经营范围为"乡村民宿"）后，可在区指定的工作部门，通过线下窗口或线上"一网通办"办理"一业一证"行业综合许可证（行业类别为"乡村民宿"）中的公共场所卫生许可证，符合消防安全技术要求的乡村民宿，同时完成到所在地派出所进行乡村民宿备案登记。需办理食品经营、酒类零售、烟草专卖零售等许可事项的乡村民宿，可同步通过行业综合许可证的有关事项进行办理，各审批部门实行并联审批。符合小型餐饮服务提供者临时备案条件的，可向所在地乡镇政府或者街道办事处申请临时备案。

三、促进发展

（一）打造特色品牌

引导乡村民宿结合资源禀赋和产业特色，挖掘人文历史和非物质文化遗产，突出上海地域特点和文化特色，深化文旅融合，鼓励"乡村民宿＋民俗""乡村民宿＋非遗""乡村民宿＋艺术""乡村民宿＋书屋"等融合发展方式，着力打造本地乡村民宿品牌。

（二）加强品牌推广

通过策划精品乡村民宿线路、举办特色乡村民宿推介会等形式，开展乡村民宿品

牌营销,吸引更多市民游客。在举办上海旅游节、乡村民宿节等文体旅节庆赛事活动期间,全媒体联动宣传推广乡村民宿特色产品,鼓励引导互联网平台经营者宣传、推介海派精品乡村民宿。

(三)赋能乡村振兴

发挥乡村民宿综合价值,赋能乡村发展,鼓励将乡村民宿集聚区改造纳入美丽乡村、乡村振兴示范村建设。鼓励乡村民宿拓展休闲度假、商务、研学等产品,与周边景区景点、乡村旅游、观光农业、体育休闲等联动,主动融入乡村振兴发展,成为美丽乡村的展示窗口。鼓励乡村民宿把游客引进来、把产品推出去,助力特色农产品、文创产品等销售。

(四)鼓励多方参与

充分发挥当地农民的主体作用,引导和支持社会资本、集体经济组织等参与乡村民宿发展与经营,探索农户自主经营、"创客+农户""合作社+农户""公司+农户""公司+村集体经济组织+农户"等组织模式。允许有条件的农户以注册个体工商户的形式，将自有宅基地农民房屋依法用作乡村民宿经营。鼓励农户将宅基地房屋统一委托农民合作社及农村集体经济组织通过投资、租赁等方式，参与乡村民宿的建设和运营。支持具有专业化经营能力的企业法人参与乡村民宿经营活动。

（五）提升服务配套

完善乡村民宿旅游服务标准体系。建立乡村民宿旅游动态统计，实现乡村民宿旅游床位、价位等服务数据纳入全市城市运行体系，引导游客合理出游。完善乡村民宿集聚区咨询点、停车场、旅游厕所、导览标识等公共服务设施建设。对乡村民宿集聚区所在的居村，加大文旅宣传品、文艺演出、文化讲座等配送力度。

四、规范经营

（一）依法诚信经营

乡村民宿经营主体应按照法律法规要求，办理有明显行业特征的市场主体登记、取得相关行政许可，公示真实准确的身份信息，提供真实准确的住宿、餐饮等信息，做好明码标价，主动签署诚信经营承诺书，不得作虚假宣传。乡村民宿经营从业人员应持有合法身份证明，境外从业人员还应符合国家和本市有关规定。

（二）推进基层治理

各乡镇应加强区域范围内乡村民宿规划执行、治安、消防、村容村貌、建筑质量等监管。乡村民宿经营活动应符合村级治理要求，维护农民合法权益，在村民委员会指导和督促下，遵守村规民约，维护邻里友好和谐。鼓励乡村民宿尊重当地风俗习惯，建立邻里利益共享机制，共享乡村民宿品质空间，通过社会治理，减少邻里纠纷。

（三）注重生态环境

乡村民宿应符合生态环境要求，综合考虑所在地环境容量，加强排污纳管、污水处理等设施配备建设，确保达标规范排放。落实生活垃圾、餐厨垃圾分类处理，配齐垃圾分类设施、分类投放。全面消除经营区域违法户外广告设施及零星乱设摊，保持村容村貌整洁。

（四）规范网络宣推

互联网平台经营者应依法推介，维护行业公平。按照法律法规和有关管理要求，审核入驻平台的乡村民宿证照资质，登记、核验乡村民宿经营者信息，对乡村民宿经营者平台账号名称、头像、简介等进行合法合规性核验，督促、协助平台内乡村民宿经营者在首页显著位置公示营业执照、行政许可等相关信息或者信息的链接标识，并定期核验更新。

（五）履行平台责任

互联网平台经营者应依法核验、登记住宿人员的相关信息，按照有关部门要求，及时报送乡村民宿经营者、住宿人员、经营情况等信息。依法为公安部门提供技术接口等技术支持和协助。建立便捷、有效的投诉、举报机制，公开投诉、举报途径等信息，及时受理、处理乡村民宿经营者、消费者和相邻权人等的投诉。按照信息安全相关法律法规，建立信息发布审核、实时巡查、应急处置、用户信息保护等制度，保障信息安全。

五、监督管理

（一）健全各项标准

市相关行业管理部门制定全市统一的乡村民宿建筑、消防、食品、卫生、环保（水源保护地）等标准，明确责任部门和工作流程。

（二）加强建筑管理

乡村民宿应符合有关房屋质量安全要求，落实房屋质量安全责任，确保所用房屋自身及相邻房屋的整体建筑安全。建筑结构应安全牢固，无安全隐患。在设计、修缮及改造时，乡村民宿应遵循城乡一体化要求和建筑工程管理有关规定，依法按照有关标准进行设计、修缮及改造，建筑用地范围和合法建筑面积应保持不变。鼓励乡村民宿进行房屋质量安全鉴定。

（三）夯实公共安全

乡村民宿应按照消防救援部门要求，配置必要消防设施器材，落实日常消防安全管理，履行消防安全职责。按照公安部门治安管理要求，履行登记职责，落实住宿人员住宿登记、访客管理等制度。建立食品安全、卫生安全、环境安全等管理制度和应急预案。

（四）落实卫生责任

乡村民宿应落实卫生管理主体责任，严格做好疫情防控各项工作。选址应符合相关卫生要求。建立健全卫生管理制度和卫生管理档案，配备专（兼）职卫生管理员。定期开展卫生检测、做好用品索证和室内控烟工作。客房、消毒间、储藏间、公共用品用具等应符合相关卫生要求，提供的生活饮用水水源和水质应符合卫生标准。直接为顾客服务的从业人员应取得健康合格证明，经卫生培训考核合格后方能上岗。

（五）事中事后监管

依托"一网统管"平台，实行对乡村民宿市场主体全生命周期的动态监管、风险监管、信用监管和分类监管。相关各区职能部门、街镇要按照法定职责，对涉及公共安全事项的，落实好日常监督管理及属地监管责任，开展执法检查、协同监管，规范乡村民宿经营。建立并完善记录、抽查和惩戒等事中事后监管制度和平台。

六、强化保障

（一）合力统筹推进

依托市旅游发展领导小组，建立健全市级乡村民宿发展工作推进机制，建立由市文化和旅游局、市农业农村委、市发展改革委、市规划资源局、市市场监管局、市公安局、市消防救援总队、市卫生健康委、市住房和城乡建设管理委、市绿化市容局、市生态环境局、市民政局、市城管执法局、市委网信办等部门组成的市乡村民宿发展联席会议（以下简称"联席会议"），统筹协调推进乡村民宿健康发展，并对涉农区乡村民宿发展情况进行年度评估。联席会议办公室设在市文化和旅游局。

（二）落实属地管理

各涉农区要结合本地实际，建立完善乡村民宿发展工作推进机制，进一步编制乡村民宿发展规划，制定实施鼓励、支持乡村民宿发展的政策措施，协调解决乡村民宿发展中的痛点堵点问题，建立健全事中事后联合监管机制。

（三）提供用地保障

通过农村土地综合整治、集体建设用地减量化等盘活的建设用地指标，优先用于休闲农业和乡村旅游（民宿）配套设施等建设。农村集体经济组织自办或以土地使用

权入股、联营等方式，与其他单位共同开发乡村民宿的，可依法使用集体建设用地。在乡村民宿集聚区，按照国土空间规划保留且依法登记的存量集体建设用地，可用于发展乡村民宿，允许将符合乡村民宿设立条件的存量房屋改建为乡村民宿。对乡村民宿必要的配套服务接待设施，可实行"点状供地"。

（四）加强金融支持

建立健全乡村民宿保险体系，探索满足乡村民宿经营需求的保险产品。支持在沪商业银行、小额贷款公司、融资担保公司等金融机构创新金融产品和服务模式，按照国家统一部署，依法开展农村土地经营权抵押贷款试点，引导金融资源配置到乡村民宿产业发展。加大本市文化旅游、休闲农业等领域专项资金对乡村民宿的扶持力度，支持乡村民宿赋能乡村发展。

（五）加强人才建设

加快上海高职院校乡村民宿专业设置，积极为高校应届毕业生提供乡村民宿创业扶持。继续组织开展乡村民宿经营管理和服务人员的专业技能、安全防范、经营管理等相关培训，将乡村民宿培训纳入上海市公共文化和旅游从业人员万人培训项目，以及休闲农业和乡村旅游主题培训内容，培育壮大乡村民宿专业化人才队伍。

（六）实施标准认证

引导本市乡村民宿实施有关标准，参与乡村民宿标准化认证，通过标准化手段，持续提升硬件设施、服务质量和管理水平，打造海派精品乡村民宿。

（七）加强行业自治

鼓励各涉农区根据实际情况，成立乡村民宿行业自治组织，制定业主经营公约，加强行业自我管理与监督，通过行业自治引导其规范、健康、高品质发展。支持乡村民宿行业自治组织参与本市乡村民宿政策、规划、标准等制定，鼓励乡村民宿行业自治组织加强与品牌企业合作，组织相关推广活动，培育一批特色鲜明的乡村民宿品牌。

10 上海市"菜篮子"区长负责制考核办法实施细则

第一章 总则

第一条 为强化本市"菜篮子"市长负责制，全面加强"菜篮子"工程建设，按照国务院办公厅《"菜篮子"市长负责制考核办法》（国办发〔2017〕1号）和农业农村部等11部门《"菜篮子"市长负责制考核办法实施细则》（农市发〔2021〕1号），根据《上海市"菜篮子"区长负责制考核办法》（沪菜篮子办〔2022〕1号）等有关文件规定，结合疫情防控"菜篮子"保供稳价工作总体要求，制定本实施细则。

第二条 本实施细则适用于考核本市各区"菜篮子"区长负责制落实情况。

第三条 考核满分为100分。考核结果分为4个等级，得分90分以上为优秀，75分以上90分以下为良好，60分以上75分以下为合格，60分以下为不合格（以上包括本数，以下不包括本数）。

第四条 按照《上海市"菜篮子"区长负责制考核评价表》确定的考核范围、评分单位实施考核（见附表），考核每一年为一个考核期。

第二章 生产能力

第五条 蔬菜面积（6分）。指本区或市属相关企业以绿叶菜为重点的各种蔬菜（含食用菌，不含西甜瓜、草莓）的播种面积。考核年度蔬菜播种面积达到或超过前3年平均值的98%得基础分5分。每降低1个百分点扣1分，最多扣5分；每提高1个百分点得绩效分0.5分，直至满分。（考核范围：各涉农区、光明食品集团有限公司、上实集团有限公司）

数据来源：市统计局数据

第六条 蔬菜产量（6分）。指本区或市属相关企业以绿叶菜为重点的各种蔬菜

（含食用菌，不含西甜瓜、草莓，也不含蔬菜加工产品）的产量。考核年度蔬菜产量达到或超过前 3 年平均值的 98% 得基础分 5 分。每降低 1 个百分点扣 1 分，最多扣 5 分；每提高 1 个百分点得绩效分 0.5 分，直至满分。（考核范围：各涉农区、光明食品集团有限公司、上实集团有限公司）

数据来源：市统计局数据

第七条 肉类产量（5 分）。指本区或市属相关企业猪肉产量。考核年度猪肉达到或超过前 3 年平均值的 95% 得基础分 3 分。每降低 1 个百分点扣 0.6 分，最多扣 3 分；每提高 1 个百分点得绩效分 0.4 分，直至满分。（考核范围：嘉定区、浦东新区、奉贤区、松江区、金山区、崇明区、光明食品集团有限公司）

数据来源：市统计局数据

第八条 能繁母猪存栏量（4 分）。指本区或市属相关企业能繁母猪保有量。考核年度达到或超过能繁母猪正常保有量的 95% 得基础分 3 分。每降低 1 个百分点扣 0.6 分，最多扣 3 分；每提高 1 个百分点得绩效分 0.2 分，直至满分。（考核范围：嘉定区、浦东新区、奉贤区、松江区、金山区、崇明区、光明食品集团有限公司域外农场）

数据来源：行业统计数据

第九条 水产养殖面积（4 分）。指本区或市属相关企业水产养殖占地面积（包括海水、淡水养殖占地面积）。考核年度水产养殖面积达到或超过 2025 年养殖水域滩涂规划面积的得基础分 3 分。每降低 1 个百分点扣 0.5 分，最多扣 3 分；每提高 1 个百分点得绩效分 0.5 分，直至满分。（考核范围：各涉农区、光明食品集团有限公司、上实集团有限公司）

数据来源：行业统计数据

第十条 水产品产量（4 分）。指本区或市属相关企业水产品产量（包括海水、淡水养殖及捕捞产量，不含远洋渔业产量）。考核年度水产品产量达到或超过前 3 年平均值的 95% 得基础分 3 分。每降低 1 个百分点扣 0.5 分，最多扣 3 分；每提高 1 个百分点得绩效分 0.5 分，直至满分。（考核范围：各涉农区、光明食品集团有限公司、上实集团有限公司）

数据来源：行业统计数据

第三章 市场流通能力

第十一条 批发市场规划实施（2分）。指本区或市属相关企业按照本市批发市场规划组织实施。按照本市批发市场规划制订工作推进计划并组织实施的得1分。已在本市批发市场规划中明确的市场如需搬迁、调整，按照"先建后迁，缓建缓迁"原则执行的得1分。（考核范围：浦东新区、杨浦区、闵行区、宝山区、嘉定区、松江区、青浦区、奉贤区、光明食品集团有限公司）

数据来源：政府及有关部门文件或材料

第十二条 产地低温处理率（2分）。指本区或市属相关企业产地和田头市场蔬菜水果低温处理的比率。产地低温处理率达到10%的，得基础分1分，每降低1个百分点扣0.2分，最多扣1分；每提高1个百分点得绩效分0.2分，直至满分。（考核范围：各涉农区、光明食品集团有限公司、上实集团有限公司）

数据来源：政府及有关部门文件或材料、统计局数据

第十三条 批发市场建设（4分）。指区或市属相关企业批发市场功能建设和管理情况。推动批发市场建有完善的仓储保鲜冷链物流设施设备，主要包括通风贮藏

库、机械冷库、气调贮藏库、冷链运输车等，得 1 分（其中，中心批发市场专门用于蔬菜、水果仓储保鲜冷链物流设施吨位占市场蔬菜、水果合计年交易量比例 1.5% 以上得 1 分，每降低 0.1 个百分点，扣 0.1 分，最多扣 1 分）。批发市场按照法律法规的要求，制定食用农产品的抽检品种和抽检频次，并做好记录，得 0.5 分（其中，中心批发市场每日抽检产品批次占全部进场产品批次 90% 以上得 0.5 分），原则上，一车为一批次，运载多种"菜篮子"产品的也为一次。推动批发市场发展线上交易，得 0.5 分（其中，中心批发市场有自主运营或委托第三方运营的"菜篮子"产品线上交易平台）。本区批发市场纳入区联防联控机制，制定批发市场疫情防控工作方案，统筹做好批发市场疫情防控工作落实，完善工作台账，定期开展巡查检查，确保批发市场疫情防控安全，得 1 分。推动批发市场履行社会职责，开展对口地区帮扶、产销对接等工作，得 0.5 分。推动批发市场按照相关法律法规要求，做好垃圾分类工作，得 0.5 分。（考核范围：浦东新区、杨浦区、闵行区、宝山区、嘉定区、松江区、青浦区、奉贤区、光明食品集团有限公司）

数据来源：政府及有关部门文件或材料

第十四条 批发市场运行保障（2 分）。指有效保障本区或市属相关企业批发市场稳定运行。建立批发市场市场保供、周边道路交通、食品安全、安全生产、环境卫生等常态化保障机制，确保市场日常运行平稳有序，得 0.5 分。建立批发市场应急保供、突发事件处置等应急保障机制，做到应急状态下快速处置，并按要求落实复市工作，保障市场运行平稳有序，得 0.5 分。对批发市场经营秩序、食品安全、生产安全、投诉、环保、减塑、长江禁捕、查处非法活禽交易等定期开展检查巡查，得 1 分。（考核范围：浦东新区、杨浦区、闵行区、宝山区、嘉定区、松江区、青浦区、奉贤区、光明食品集团有限公司）

数据来源：政府及有关部门文件或材料

第十五条 零售网点规划（2 分）。指本区或市属相关企业对"菜篮子"产品零售网点进行科学合理布局规划并组织实施。"菜篮子"产品零售网点包括菜市场、生鲜超市、农贸市场、社区菜店、平价商店、蔬菜社区直通车等。对标准化菜市场等"菜篮子"产品零售网点编制设置规划并纳入区相关规划得 1 分（规划网点涉及市属相关企业的，各区要加强与市属相关企业沟通）。规划组织实施有成效得 0.5 分。规划中明确的标准化菜市场等"菜篮子"产品零售网点如有动迁、调整情况,有网点补建方案、临时保供计划并实施有成效得 0.5 分。(考核范围:各区、光明食品集团有限公司、百联集团有限公司)

数据来源:政府及有关部门文件或材料

第十六条 零售网点建设(10 分)。指本区或市属相关企业"菜篮子"产品零售网点建设数量和质量。每个行政社区平均建有 2 个"菜篮子"产品零售网点得基础分 1 分,低于 2 个不得分,平均每增加 1 个零售网点得绩效分 0.5 分,直至 1 分,需提供工商登记等有关文件或材料;或按本区人口分布配置相应零售网点,做到无死角、无遗漏、全覆盖,得 2 分(行政社区是指居民委员会或村民委员会等基层群众性自治组织所辖区域,行政社区数量根据本区所辖居委会或村委会数量进行汇总统计)。按照有关要求,推进标准化菜市场等零售网点建设和升级改造,得 2 分。推进公益性农产品零售网点建设,公益性农产品零售网点占比超过 10% 的得基础分 1 分,低于 10% 不得分,每增加 1 个百分点,得绩效分 0.1 分,直至 1 分(公益性零售网点是指通过对新建改建零售网点给予财政资金支持,设立平价肉、菜专柜,通过零售网点集约化管理提升调控能力,或通过直接投资、产权回租回购、公建配套等方式,实现政府支持并拥有较强控制力目的的"菜篮子"产品零售网点)。设立标准化菜市场等"菜篮子"产品零售网点建设资金支持政策,对区属相关企业国资考核给予下调收益率等专门保障的,得 1 分。根据要求,结合实际,健全平价蔬菜和平价猪肉供应专柜机制,得 1 分。推动零售网点履行社会职责,开展对口地区帮扶、产销对接等工作,得 1 分。对标准化菜市场等零售网点进行集约化管理,具备运行调控能力,得 0.5 分。开展集约化管理取得实效得 0.5 分。(考核范围:各区、光明食品集团有限公司、百联集团有限公司)

数据来源:政府及有关部门文件或材料

第十七条 零售网点运行保障(4 分)。指有效保障本区或市属相关企业"菜篮子"产品零售网点稳定运行。建立标准化菜市场等零售网点市场保供、食品安全、安全生产、环境卫生、疫情防控等常态化保障机制,确保市场日常运行平稳有序,得 0.5 分。建立标准化菜市场等零售网点应急保供、突发事件处置等应急保障机制,做到应急状态下快速处置,并按要求落实复市工作,保障市场运行平稳有序,得 0.5 分。对标准化菜市场等零售网点经营秩序、食品安全、生产安全、投诉、环保、疫情防控、减塑、长江禁捕、查处非法活禽交易等定期开展检查巡查，得1分。建立标准化菜市场等零售网点运行考核奖励机制，对规划、建设和管理标准化菜市场工作中取得突出成绩的单位和个人定期予以表彰和奖励，得0.5分。"菜篮子"产品零售网点运行数据接入"上海主副食品运行调控系统"，并有效运行，每接入1个网点得0.2分，直至满分1分。推动零售网点按照相关法律法规要求，做好垃圾分类工作，得0.5分。（考核范围：各区、光明食品集团有限公司、百联集团有限公司）

数据来源：政府及有关部门文件或材料

第四章　质量安全监管能力

第十八条　"菜篮子"产品质量安全监管（12分）。指本区开展"菜篮子"产品质量安全监管情况。

生产环节：积极推行食用农产品承诺达标合格证制度，定量监测抽检样品数达到分区抽样任务量，得基础分2分，否则不得分。每季度开展一次"菜篮子"产品质量安全监督抽查，不合格样品发现率达到1%，得0.5分，每增加0.1个百分点得0.1分，直至满分1分。查办"菜篮子"产品质量安全案件达3件以上，得基础分1分，每降低1件扣0.5分，最多扣1分，未按要求开展行刑衔接工作不得分。纳入国家农产品质量安全县创建名单的，得0.5分，获得国家农产品质量安全县命名的，得1分。区级农业农村部门推进区级农产品检测机构"双认证"，组织镇级开展农产品质量安全常规农药快速检测的，按要求开展的，得基础分2分，50%~80%得基础分1分，低于50%不得分。农产品地理标志登记和区域公用品牌注册数量2个得基础分1分；每增加1个得绩效分0.5分，直至满分2分。同一品牌不重复计算。（考核范围：涉农区）

流通环节：积极推行食用农产品承诺达标合格证制度，得基础分1分，否则不得分。每季度开展一次"菜篮子"产品质量安全监督抽查，不合格样品发现率达到1%，得0.5分，每增加0.1个百分点得0.1分，直至满分1分。查办"菜篮子"产品质量安全案件达3件以上，得基础分1分，每降低1件扣0.5分，最多扣1分，未按要求开展行刑衔接工作不得分。（考核范围：各区）

数据来源：政府及有关部门文件或材料

第十九条 "菜篮子"产品质量安全水平（4分）。指农业农村部在本市各区开展"菜篮子"产品质量安全例行监测（风险监测）的抽检样品总体合格率。

生产环节：考核年度"菜篮子"产品质量安全监测抽检样品数达到分区抽样任务量，总体合格率97%以上得1分。合格率每降低0.1个百分点扣0.2分，最多扣1分；每提高0.3个百分点得绩效分0.1分，直至1分。（考核范围：涉农区）

流通环节：例行监测（风险监测）总体合格率97%以上得1分。合格率每降低0.1个百分点扣0.2分，最多扣1分；每提高0.3个百分点得绩效分0.1分，直至1分。不配合例行监测（风险监测）工作的，不得分。（考核范围：各区）

数据来源：政府及有关部门文件或材料，农业农村部例行监测（风险监测）数据

第二十条 "菜篮子"追溯体系建设及运行情况（3分）。指区级相关部门配合开展国家和本市食用农产品追溯体系建设及运行情况。

生产环节：食用农产品追溯体系运行监测机制健全，执行食用农产品追溯体系建设和运行管理规定，得基础分0.5分；追溯体系运行管理规范，有效保证食用农产品追溯的，得基础分0.5分，否则不得分。按季度开展追溯体系运行监测评价，得绩效分0.5分，否则不得分。（考核范围：涉农区）

流通环节：食用农产品追溯体系运行监测机制健全，执行食用农产品追溯体系建设和运行管理规定，得基础分0.5分；追溯体系运行管理规范，有效保证食用农产品追溯的，得基础分0.5分，否则不得分。按季度开展追溯体系运行监测评价，得绩效分0.5分，否则不得分。（考核范围：各区）

数据来源：政府及有关部门文件或材料

第五章 调控保障能力

第二十一条 "菜篮子"工程调控政策（8分）。指制定实施"菜篮子"产品生产扶持、市场流通、消费者补贴和应急调控预案及产品储备制度建设等政策情况。生产扶持政策指支持"菜篮子"产品生产基础设施建设、绿色标准化生产、技术推广、质量监管、追溯体系建设、新型职业农民培育、合作社建设、政策性保险、生产者补贴、金融服务等方面的政策；市场流通政策指支持流通基础设施建设、创新农产品流通方式、培育多元化市场流通主体、促进产销对接等政策，设立区级"菜篮子"工程保供稳价运行调控资金；消费者补贴政策指当价格过高时实施发放低收入人群补贴等政策；应急调控预案及产品储备制度建设指制定"菜篮子"市场供求应急调控预案，鼓励各区积极建立产品储备制度等。制定实施每类政策各得2分，未制定或未实施不得分。（生产扶持政策考核范围：各涉农区；市场流通、消费者补贴和应急调控预案等考核范围：各区）

数据来源：政府及有关部门文件或材料

第二十二条 "菜篮子"产品价格波动（4分）。指本区蔬菜、肉禽蛋、水产、水果等价格变化。考核年度按照以上"菜篮子"价格同比变化为参照，本区年度同比上涨且涨幅不高于全市平均涨幅的1.5倍，得基础分3分，否则不得分。价格变化同比幅度从低到高排名，得出各区排名分，排名1~5名，得1分，排名6~10名，得0.5分，其余不得分。（考核范围：各区）

数据来源：市发展改革委编制发布的上海市"菜篮子"价格指数

第二十三条 信息监测预警体系建设和信息发布（6分）。指本区"菜篮子"产品信息监测预警体系建设及信息发布工作开展情况。建立"菜篮子"价格监测预警队伍的得基础分2分，未建立不得分。持续开展蔬菜、肉禽蛋、水产、水果等"菜篮子"价格信息采集、报送和分析预警的得基础分2分，1个类别未开展扣0.5分，最多扣2分。设置区级监测点，得1分，否则不得分。建立信息发布平台，定期发布价格信息的得基础分1分，否则不得分。（考核范围：各区）

数据来源：政府及有关部门文件、工作报告或记录

第二十四条 "菜篮子"工程管理体系建设（3分）。各区人民政府承担属地责任，负责辖区内"菜篮子"产品保供稳价工作，组织街道（乡镇）、社区（村委）在从严从实做好疫情防控的同时，全力做好"菜篮子"产品生产供应，保障居民生活需求。成立由区政府负责，相关部门具体承担"菜篮子"工程建设的工作机制，并明确专人落实各项工作，并每年召开至少一次"菜篮子"工作会议，得3分；未建立工作机制的扣2分；未明确专人落实各项工作的扣1分。（考核范围：各区）

数据来源：政府及有关部门文件或材料

第六章 市民满意度

第二十五条 市民满意度（5分）。市"菜篮子"工作领导小组办公室委托权威第三方评估机构，统一对区"菜篮子"工程建设的市民满意度进行科学评估。根据评分结果同比例计算得分。（考核范围：各区）

数据来源：第三方评估机构

第七章 附则

第二十六条 "菜篮子"食品管理部际联席会议《"菜篮子"市长负责制考核办法实施细则》另有规定的，从其规定。

第二十七条 被考核的区、市属相关企业要对所提供的有关文件和资料的真实性负责。对在考核中弄虚作假的，经调查核实后取消考核成绩并在全市范围内通报批评，对直接责任人依法依规追究责任。市"菜篮子"工作领导小组建立巡查机制，适时开展监督抽查。

第二十八条 本实施细则由发文单位负责解释，自印发之日起施行。

11 | 2022 年上海市粮食绿色高质高效行动实施方案

绿色高质高效行动是提升粮食综合生产能力、落实"藏粮于技"的重要抓手,也是推进粮食绿色高质量发展的重要载体。为了贯彻落实农业农村部种植业管理司《关于印发〈2022 年全国绿色高质高效行动实施方案〉的通知》〔农农(粮食)〔2022〕1 号〕精神,市农业农村委制定了《2022 年上海市粮食绿色高质高效行动实施方案》。

根据农业农村部种植业管理司《关于印发〈2022 年全国绿色高质高效行动实施方案〉的通知》〔农农(粮食)〔2022〕1 号〕精神,围绕本市农业绿色高质量发展,稳定粮食生产,打造"高产创建 3.0 升级版",推进主导品种主推技术集成落地,实现粮食生产提质增效,特制定以下实施方案。

一、总体思路

以习近平新时代中国特色社会主义思想为指导，全面贯彻落实党的十九大和十九届历次全会精神，按照中央经济工作会议、中央农村工作会议及中央一号文件部署要求，以绿色发展为导向，以粮食提质增效为目标，组织开展粮食绿色高质高效行动。聚焦水稻作物，突出主导品种、兼顾潜力性品种；突出主推技术，兼顾引领性技术；坚持小面积优质高产攻关和大面积均衡增产相结合；以示范方、示范片为抓手，集成示范推广一批集优质品种、绿色栽培、全程机械化、病虫草害绿色防控为一体的水稻绿色生产技术，培育一批产、加、销一体化经营企业和"家庭农场+合作社"模式的新型经营主体，不断推进优质稻米产业化发展，进一步提升稻米质量和种粮效益。

二、实施目标

（一）面积目标

围绕水稻作物，计划全市建立粮食绿色高质高效示范点 200 个，辐射带动整建制创建示范镇 10 个，示范村 30 个，合计面积 20 万亩（任务分解表见附件 1）。打造部级粮油绿色高质高效示范县 1 个（崇明区）。

（二）产量目标

示范点平均亩产不低于当地平均水平；小面积攻关田亩产力争达到 700 千克。

（三）绿色目标

示范点亩均化肥、农药用量比对照各减 10%；病虫害绿色防控全覆盖、危害损失率控制在 5% 以内；示范点亩均经济效益比对照增加 20%；水稻耕种收综合机械化率保持在 96% 以上；带动整建制创建示范镇、示范村节本增效 5% 以上。

（四）产业目标

以品种培优、品质提升、品牌打造、标准化生产的农业"三品一标"为重点，大力推行合作联社、"龙头企业+家庭农场""合作社+家庭农场"等经营模式，积极推进地产稻米产业化发展，实现优产优销、优质优价。力争产业化生产面积占总创建面积的 50% 以上；优质食味稻米品牌化率 60% 以上。

三、重点任务

（一）加强主导品种推广

围绕地产优质稻米产业化生产，突出主导品种优质稳产作用，在各区分别建立优质稻新品种引筛展示和集成示范点，加大主导品种推广力度，合理构建早、中、晚熟品种结构布局。同时，突出需求导向，着力挖掘抗病虫、抗倒伏的优质食味稻高产新品种，不断优化本市优质食味稻品种结构，提升水稻综合生产能力。

（二）加强主推技术应用

根据本市温、光资源和粮食作物主导品种、主栽方式等特点，综合考虑优质稻米产业化生产等因素，组织基层农技推广体系，加强水稻绿色生产主推技术展示示范，强化水稻绿色茬口模式、全程机械化生产、良种良法配套、有机肥替代化肥、平衡施用、病虫草害绿色防控等绿色高质高效关键技术推广应用，不断提高技术到位率和覆盖率。并在示范点积极组织开展水稻机械化侧深施肥、无人机飞播、智能化灌溉、数字化农业等新技术试验示范，加快技术熟化，为大面积推广奠定基础。

（三）加强典型示范引领

围绕集成推广水稻新品种、新技术、新模式，选择基础条件好、技术力量强的区域，打造市级"万亩片"、区级"千亩方"、镇级"百亩田"的三级指挥田，集中资源、集聚力量，大力推行统一良种供应、统一肥水管理、统一病虫防治、统一技术指导、统一机械作业的"五统一"服务，实现良田、良种、良法、良机、良制配套，狠抓典型示范，辐射带动大面积均衡发展。

（四）加强生产主体培育

重点以本市粮食生产专业合作社、家庭农场、实体企业和规模化集体农场等粮食生产规模经营户（社、场）为实施主体，参与实施绿色高质高效行动，承担新品种、新技术、新模式示范任务，提升规模化、组织化水平。支持培育农机、植保等专业化

服务组织,提高社会化、专业化服务能力。

(五)推进产业融合发展

围绕"卖大米"这个牛鼻子,重点发展市场需求旺盛的优质食味稻品种,加大地产优质绿色大米供给。以"三品一标"生产基地为抓手,促进产业提档升级。继续举办地产大米评比活动,推荐一批优质食味稻品种、品牌,加大宣传,扩大品牌影响力。

四、保障措施

(一)强化组织领导

按照市区镇村联创的原则,市农业农村委成立粮食绿色高质高效行动工作领导小组,由主要领导担任组长,分管领导担任副组长,种植、计财、科教、产业、农机化等处室负责人为小组成员,负责整体工作部署和推进。各区农业农村部门也要成立相应的领导小组,细化工作方案,加强统筹协调,落实责任分工,争取财政支持。部级示范区应成立党委或政府负责同志任组长的领导小组,制定实施方案,落实行动任务,加强资金管理,督促资金到位。

（二）强化指导服务

市农业农村委成立由市农业技术推广服务中心牵头的技术专家组，各区成立由农技推广部门和专家组成的技术小组。各级农技推广部门应加强对绿色高质高效行动的全面指导，负责技术方案制定、技术措施落实、日常技术服务和跟踪记录重要农时活动等。在关键农时季节，开展现场观摩、技术培训、专家巡回指导、技术竞赛等活动，提高技术到位率。建立专家对口联系包片制度，以示范方和经营主体为重点，开展全过程指导服务。

（三）强化督查考核

围绕行动任务，市、区两级农业农村部门应根据农时季节，有计划地抓好阶段性工作督导、示范点检查评比和考核等工作。统一组织全市性阶段检查评比活动2次、实割测产验收2批（国庆稻、中晚熟水稻）、考核测评1次（见附件2）。按照阶段检查、年终综合考评结果，对市级优秀示范点给予通报表彰。同时，将粮食绿色高质高效行动列入今年本市粮食安全党政同责考核内容之一，突出工作实效。

（四）强化档案记载

根据"一点一档"记载要求，由实施区农技中心指定有关人员，按照市级统一编制的"示范点档案记载手册"要求，及时做好示范点生产纸质档案的记载、生产信息的录入（绿色认证点）和实施成效的审核等工作；档案资料数据由区专家技术小组指定专员统一汇总，并及时报送市技术专家组；年度档案手册统一由市和区技术部门留存保管，记载内容的完整程度、生产信息和数据填报的时效性也作为年度评优的一个重要依据。

（五）强化宣传引导

示范区、示范镇、示范村、示范方要统一树立标识标牌（见附件3），明确创建作物、技术模式、行政及技术负责人等信息。充分挖掘典型经验做法，每个区积极向市农业农村委报送，有关材料经择优采用，通过主流媒体进行宣传。在关键农时和重大活动时，邀请主流媒体开展系列报道，营造良好舆论氛围。

附件：略。

12　上海市乡村振兴专项资金管理办法

为加强和规范上海市乡村振兴专项资金使用管理，更好发挥专项资金在推动我市乡村振兴和"三园"工程建设中的积极作用，市农业农村委、市财政局制定了《上海市乡村振兴专项资金管理办法》。

第一章　总则

第一条（目的依据）

为贯彻落实中央和市委、市政府关于乡村振兴战略决策部署，按照"产业兴旺、生态宜居、乡风文明、治理有效、生活富裕"总要求，进一步深化涉农资金统筹整合，提高财政资金使用绩效，根据《中华人民共和国预算法》《中华人民共和国预算法实施条例》等法律法规以及《中共上海市委上海市人民政府关于我市全面实施预算绩效管理的实施意见》《上海市乡村振兴"十四五"规划》《上海市市级财政专项资金管理办法》等制度规定，制定本办法。

第二条（资金来源）

本办法所称乡村振兴专项资金，是指市级财政预算安排用于支持本市乡村振兴"三园"工程建设，促进农业高质量发展，农村生态、文明宜居，农民生活富裕的专项补助性资金。

第三条（管理原则）

乡村振兴专项资金按照"目标明确、重点突出、规范统一、绩效导向"的原则分配、使用和管理，坚持市区联动、部门合作、分级负责，确保专项资金使用的安全和高效。

第四条（管理职责）

乡村振兴专项资金由上海市农业农村委员会（以下简称"市农业农村委"）会同上海市财政局（以下简称"市财政局"）管理，各区农业农村委和区财政局按照职责分工做好相关工作。

市农业农村委负责专项资金中期财政规划和年度预算编制，制定相关操作实施细则和补贴标准，会同市财政局下达年度工作任务清单和支持重点，开展专项资金日常管理，对项目实施开展监督检查，做好绩效目标管理、绩效监控、绩效评价以及结果应用，依法依规实施信息公开。

市财政局负责专项资金中期财政规划和年度预算的审核，会同市农业农村委分配及下达资金预算，对资金使用情况进行监督检查，指导推进专项资金绩效管理工作。

区农业农村委负责根据市级下达的工作任务和绩效目标细化落实补贴标准、实施方案，做好区级预算资金需求测算，组织项目实施和监督管理，并对项目真实性、准确性、可行性负责，做好本地区预算执行和绩效管理具体工作。

区财政局负责落实区级财政预算资金安排，加强专项资金审核拨付、预算绩效管理等工作，配合区农业农村委制定本区域内补贴标准、实施方案等，对专项资金分配及使用的合规性、有效性进行监督。

第二章　资金支持范围和方式

第五条（支持范围）

乡村振兴专项资金主要用于以下方面：

（一）农业绿色发展及技术推广支出。主要用于支持从事粮食、蔬菜等种植的各类农业经营主体实施耕地地力保护；购置先进适用农业机械；农作物、水产、畜禽高效绿色种养殖技术的推广与使用；水生生物资源养护；绿色农产品发展；农业废弃物资源化利用（如农药包装、地膜等回收利用，畜禽、水产养殖场粪污、尾水资源化利用等）；动物疫病强制免疫、强制扑杀，养殖、屠宰环节病害猪无害化处理；生态循环农业示范创建、农产品品牌建设等农业生产及创新改革任务。

（二）农业科技创新及种源发展支出。主要用于支持农业科技创新与推广、现代农业产业技术体系建设等；新品种培育与示范推广、种质资源保护与利用、测试评价等；智慧农业共性技术研究；其他推动农业科技创新及种源发展任务。

（三）农业产业能力建设支出。主要用于支持高标准农田、设施菜田建设和设施管护，畜禽渔业、区域特色农产品、花卉、智慧农业等高质量农业项目建设，种业产业能力建设，粮食烘干、农机库房等社会化服务能力建设，农产品加工、贮藏、冷链等产业链延伸能力建设，农业资源综合利用等生态循环农业设施设备建设，休闲农业等其他农业项目建设。

（四）农业普惠金融支出。主要用于支持各类农业经营主体用好保险、担保、信贷等金融手段促进自身规模化、规范化发展；建立健全农业保险大灾风险分散机制；其他农业农村金融创新试点。

（五）农村人居环境整治提升支出。主要用于支持建设宜居宜业的美丽乡村，提升农村人居环境水平。

（六）农村综合改革支出。主要用于支持农村集体经济高质量发展；大中型水库移民后期扶持；乡村治理创建培育；其他农村综合改革试点。

（七）农业救灾减灾支出。主要用于支持自然灾害、生物灾害、公共卫生事件等救灾及恢复农业生产所需的物资资料及成本补助。

（八）其他经市委、市政府批准的本市乡村振兴重大项目。

乡村振兴专项资金不得用于兴建楼堂馆所、弥补预算支出缺口等与乡村振兴无关的支出。

第六条（支持方式）

乡村振兴专项资金可以采取直接补助、贴息贴费、先建后补、以奖代补等支持方式，根据乡村振兴功能布局、产业结构、发展阶段，探索开展联动支持、滚动支持。具体支持方式和标准由实施细则等文件确定。

第三章　预算管理和资金拨付

第七条（项目库管理）

市农业农村委应当根据本市乡村振兴相关规划，聚焦规划重点区域，建立专项资金项目储备机制，按照轻重缓急、实施进度，择优确定具体支持内容。

第八条（预算编制）

市农业农村委根据部门预算和专项转移支付预算编制要求，于每年预算编制时提出下一年度乡村振兴专项资金分支出方向的资金分配建议，按照规定程序报送市财政局。经市财政局审核后纳入年度预算。

第九条（转移支付管理）

市财政局按照中央和本市有关要求将下一年度专项转移支付预计数提前告知各区。区财政局应将市级提前告知的专项转移支付预计数编入本级政府预算。市农业农村委会同市财政局，研究确定工作任务和绩效目标，及时下达各区。

第十条（资金拨付）

乡村振兴专项资金的支付，按照国库集中支付制度有关规定执行。属于政府采购管理范围的，按照政府采购有关规定执行。

第十一条（结余资金管理）

各级农业农村、财政部门应当加强预算执行管理，提高资金使用效益。结转结余的乡村振兴专项资金，按照国家和本市关于结转结余资金的有关规定处理。

第四章 监督管理和绩效评价

第十二条（信息公开）

各级农业农村部门应当按照国家和本市政府信息公开有关规定，分项公开乡村振兴专项资金使用情况，接受社会监督。

第十三条（绩效管理）

乡村振兴专项资金建立"预算编制有目标、预算执行有监控、预算完成有评价、评价结果有反馈、反馈结果有应用"的全过程预算绩效管理机制。在专项资金设立时，市农业农村委应当根据本市乡村振兴有关规划和工作要求，确定实施期内专项资金总体绩效目标。在年度预算编制时，市农业农村委应当按照绩效管理要求，根据专项资金的具体分配方式，分别牵头编制年度绩效目标、区域绩效目标和项目绩效目标等。专项资金有效期内，市农业农村委应当至少开展一次中期评估，根据评估结果及时调整优化专项资金的使用管理。专项资金到期前半年内，市农业农村委应当开展绩效评价工作，并将评价结果作为完善政策和改进管理的重要参考。

第十四条（监督检查）

各级农业农村、财政部门应当加强对乡村振兴专项资金分配、使用、管理情况的监督检查，发现问题及时纠正。市级农业农村和财政部门每年按计划对重点事项相关资金进行抽查。区级农业农村和财政部门根据年度工作任务和绩效目标，加强资金预算执行监管和日常检查。

第十五条（责任追究）

各级农业农村、财政部门及其工作人员在资金分配、审核等工作中，存在违反规定分配资金、向不符合条件的单位、个人分配资金或擅自超出规定的范围、标准分配或使用资金，以及存在其他滥用职权、玩忽职守、徇私舞弊等违法违纪行为的，按照《中华人民共和国预算法》《中华人民共和国公务员法》《中华人民共和国监察法》以及《财政违法行为处罚处分条例》等国家和本市有关规定追究相关责任；涉嫌犯罪的，移送司法机关处理。

资金使用单位和个人虚报冒领、骗取套取、挤占挪用乡村振兴专项资金，以及存在其他违反本办法规定行为的，按照《中华人民共和国预算法》《财政违法行为处罚处分条例》等各有关规定追究相应责任。

第五章 附则

第十六条（应用解释）

本办法由市农业农村委会同市财政局负责解释。

第十七条（实施日期）

本办法自 2022 年 8 月 1 日起施行。

13 关于调整完善土地出让收入使用范围优先支持本市乡村振兴的实施意见

为贯彻落实中共中央办公厅、国务院办公厅《关于调整完善土地出让收入使用范围优先支持乡村振兴的意见》，本市结合实际提出如下实施意见。

一、总体要求

（一）指导思想

以习近平新时代中国特色社会主义思想为指导，深入贯彻党的二十大精神，践行人民城市理念，坚持农业农村优先发展，坚持城乡融合发展，畅通城乡要素流动，扎实推进美丽家园、绿色田园、幸福乐园建设，进一步彰显经济、生态、美学价值，逐年稳步提高土地出让收入用于农业农村比例，集中支持乡村振兴重点任务，有效推动我市乡村振兴。

（二）主要原则

——坚持优先保障、务求实效。既要在存量调整上做文章，也要在增量分配上想办法，逐步提升土地出让收入用于支持乡村振兴的力度，为实施乡村振兴战略建立稳定可靠的资金来源。

——坚持积极稳妥、分步实施。统筹考虑全市及各区财政实力、土地出让收入规模、农业农村发展需求等情况，制定差异化改革目标，合理把握改革节奏。

——坚持统筹使用、规范管理。统筹整合土地出让收入用于农业农村的资金，与实施乡村振兴战略规划相衔接，聚焦补短板、强弱项，坚持精打细算，打破分项计提、分散使用的管理方式。

二、具体措施

（一）逐步提高土地出让收入用于农业农村比例

到"十四五"期末，全市土地出让收入用于农业农村比例达到8%。建立区级留用为主、市级适当统筹的资金调剂机制，各涉农区（浦东新区、闵行区、宝山区、嘉定区、金山区、松江区、青浦区、奉贤区、崇明区）每年土地出让收入用于农业农村的资金比例不低于10%（不包括上级转移支付资金），非涉农区（徐汇区、长宁区、普陀区、静安区、虹口区、杨浦区、黄浦区）每年从土地出让收入中按2%比例上解市级财政。市级财政统筹安排土地出让收入用于农业农村投入，如未达到全市土地出让收入用于农业农村比例8%的要求，不足部分由市财政统筹其他市级土地出让收入予以补足，确保全市土地出让收入用于农业农村比例不低于国家及本市相关要求。（牵头单位：市财政局；责任单位：市农业农村委、市发展改革委、市规划资源局、各区政府）

（二）加强土地出让收入用于农业农村资金的统筹使用

整合使用土地出让收入中用于农业农村的资金，与实施《上海市乡村振兴"十四五"规划》紧密结合，重点用于推进农民相对集中居住、乡村振兴示范村建设、高标准农田建设、现代种业提升、农村人居环境整治、农业高质量发展、农村集体经济发展、乡村基础设施建设和管护、全域土地综合整治等。加强土地出让收入用于农业农村资金与一般公共预算支农投入的统筹衔接，持续加大各级财政通过原有渠道用于农业农村的支出力度，避免对一般公共预算支农投入产生挤出效应，确保对农业农村投入切实增加。各涉农区要按照土地出让收入优先支持乡村振兴的使用范围，加强内部统筹，防止支出碎片化，提高资金整体使用效益。（牵头单位：市财政局、市农业农村委、市发展改革委、市规划资源局；责任单位：各涉农区政府）

（三）做好土地出让资金核算管理

规范土地出让收入管理，严禁变相减免土地出让收入，确保土地出让收入及时足额缴入国库。强化预算科目管理，按照中央要求对土地出让收入用于农业农村资金纳入对应收支科目进行完整统计核算。加强对土地出让相关政策落实及土地出让收支管理的审计监督。严禁违规截留、挤占、挪用土地出让收入用于农业农村建设的资金，违规使用的，依法依规追究有关责任人的责任。（牵头单位：市财政局；责任单位：市发展改革委、市规划资源局、市农业农村委、市税务局、各区政府）

三、组织保障

（一）提高站位，抓好落实

各区、市各有关部门要提高政治站位，从加快农业农村现代化、推动城乡融合发展高度，深刻认识调整完善土地出让收入使用范围优先支持乡村振兴的重要性和紧迫性，加强组织领导，明确工作责任，形成分工协作、部门联动、齐抓共管的工作格局。市委农办要发挥统筹协调作用，建立提高土地出让收入用于农业农村工作调度机制。市农业农村委、市发展改革委、市规划资源局等部门要研究提出年度土地出让收入（市级和非涉农区土地出让收入统筹部分）用于农业农村支出安排建议。市财政局要做好资金统筹保障。各涉农区政府要切实加大对"三农"的投入，确保各项措施落实到位。（责任单位：市委农办、市各有关部门、各区政府）

（二）明确目标，加强考核

把调整完善土地出让收入使用范围、提高用于农业农村比例情况纳入实施乡村振兴战略实绩考核。市委农办会同市财政局等相关部门制定我市提高土地出让收入用于农业农村比例的考核办法，明确年度目标要求，定期对实施情况进行考核。（责任单位：市委农办、市财政局、市农业农村委、市发展改革委、市规划资源局）

各涉农区党委和政府每年向市委、市政府报告推进实施乡村振兴战略进展情况时，要专题报告调整完善土地出让收入使用范围、提高用于农业农村投入比例优先支持乡村振兴的情况。

14 上海市农村人居环境优化提升行动实施方案

为贯彻落实中共中央办公厅、国务院办公厅印发的《农村人居环境整治提升五年行动方案（2021—2025年）》，本市结合实际制订本实施方案。

一、总体要求

（一）指导思想

以习近平新时代中国特色社会主义思想为指导，全面贯彻落实党的十九大和十九届二中、三中、四中、五中、六中全会精神，践行绿水青山就是金山银山、"人民城市人民建、人民城市为人民"重要理念，准确把握超大城市乡村振兴特点，充分彰显乡村经济、生态、美学"三个价值"，在实施农村人居环境整治三年行动、农村人居环境优化工程的基础上，进一步聚焦村容风貌提升、生态系统治理、乡村景观美化、公共基础设施提档、长效管护机制落实等重点任务，全面提升农村人居环境质量和水平，推动乡村成为城市核心功能重要承载地和城市核心竞争力的战略空间，为全面推进乡村振兴、加快农业农村现代化提供有力支撑。

（二）行动目标

至2025年底，我市农村人居环境优化提升工作取得实质性进展，基本建成生态宜居的美丽乡村。

——生态环境明显提升。全域农村环境普遍优化，生态系统稳定健康，农村生活垃圾、生活污水治理效能明显提高，长三角生态绿色一体化示范区、崇明等区域形成特色鲜明的郊野自然风貌和乡土景观。

——村容风貌靓丽多姿。建设20个以上融合江南水乡文脉的高品质农民集中居住点、150个以上乡村振兴示范村、300个以上市级美丽乡村示范村，规划保留村美丽乡村建设全面开展，依托重要农村公路沿线和生态清洁小流域建成20条以上乡村景观带。

——公共基础设施配置到位。城乡基础设施互联互通、公共服务设施均衡普惠，农村基本公共服务水平进一步提高。农村公路的优、良、中等路所占比例达到90%以上，村内道路安全、通畅、整洁、美丽。

——长效管护有效落实。政府主导、市场运作、农民参与的农村公共基础设施管护体制机制全面建立，管护主体和责任明晰，管护标准和规范健全，管护经费落实到位，管护水平和质量显著提升。

二、全面提升村容风貌，彰显江南水乡韵味

（一）设计水平提升行动

加强村庄设计和乡村风貌规划设计导则引导，推进乡村振兴示范村和农民平移集中居住区村庄设计。提升乡村建设项目设计水平，统筹考虑村宅院落、道路门户、设施场地和环境景观，推广绿色低碳设计。加强设计力量支撑，开展方案公开征集或设计竞赛，鼓励多专业参与、推进多部门协同，持续开展农民相对集中居住平移项目风貌评估和优秀设计实践案例评选。推进完善乡村责任规划师制度，落实乡村建筑师制度，推行驻镇（乡）、驻村设计服务。宣传推广户户有风景的设计理念，引导村民对村宅小环境进行日常维护和优化提升。（责任单位：市规划资源局、市住房和城乡建设管理委、市农业农村委、各涉农区）

（二）农房建设提升行动

建设高品质农民平移集中居住点，按照标准配置公共基础设施，体现时代特征、地域特色、水乡韵味。推进规划保留村住房建设，以乡镇（街道）为单位编制年度建房计划，优化审批流程，改善农村村民居住条件和居住环境。加强村民建房质量及施工安全管理，强化施工图纸和建房协议审核，建立铭牌公示制度，落实质量安全专管人员。推动农房建设绿色低碳发展，开展被动式节能设计，鼓励采用绿色建造方式，推广绿色建材，持续开展乡村建设工匠培训，提升农房建造技术水平。加强农村房屋安全隐患排查，完善农房安全管理机制，持续推进低收入农户危旧房改造。（责任单位：市住房和城乡建设管理委、市规划资源局、市房屋管理局、市农业农村委、各涉农区）

（三）公共空间美化行动

建设优美公共空间，巩固无违建村（居）创建成果，消除乱搭乱建，利用村内空闲地建设微公园、微田园，增强服务功能，体现乡土特色。推进美丽庭院建设，加强农户庭院、自留地环境管理，因地制宜栽植果蔬、花木，打造小花园、小菜园、小果园。加强乡村标识引导，在村主要道路、公共服务站点、景观节点设置标示标识，规范设置广告牌、横幅、招牌。关注特殊人群需求，在有条件的地方开展无障碍环境建设。（责任单位：市农业农村委、市规划资源局、市绿化市容局、市住房和城乡建设管理委、各涉农区）

（四）架空杆线序化行动

落实架空杆线权属企业运行责任，加强农村电力线、通信线、广播电视线"三线"维护梳理。移除影响通行安全、农业生产等不合理设置的杆线，治理乱拉线路，清除废旧杆线、冗余盘留线圈，在有条件的地区开展架空线合杆整治。规范架设新增杆线，强化属地管理力量，完善巡查发现与处置机制。（责任单位：市农业农村委、市住房

和城乡建设管理委、市发展改革委、市经济信息化委、市广播电视局、市电力公司、各涉农区）

三、深入开展环境卫生提升行动，筑牢乡村生态底线

（一）农村厕所革命行动

完善卫生户厕跟踪维护机制，加强户厕改造与生活污水治理有机衔接，推进粪污资源化利用。推进农村公厕提档升级，农村新建改建公厕普遍达到三类及以上标准，在乡村振兴示范村、集中居住点、旅游景点等因地制宜建设二类及以上公共厕所。加强农村公共厕所管理，建立"一厕一档"，加强标识指引设置，落实专人保洁、巡回保洁等保洁机制，提升作业水平。（责任单位：市绿化市容局、市卫生健康委、市水务局、市文化和旅游局、市农业农村委、各涉农区）

（二）生活污水治理行动

推动城镇污水管网向周边村庄延伸覆盖，将距离 3 公里以内的村庄优先纳入城镇污水管网处理。实施 2 万户以上农户农村生活污水治理，推进老旧低标设施提标增效，编制区级行动方案，完成日处理能力 20 吨以上的集中式农村生活污水处理设施提标增效任务，全市农村生活污水治理率达到 90% 以上。强化设施运行和出水水质监督检查，对农村生活污水治理率、出水水质达标率等指标实施动态管理，逐年稳步提升出水水质，已建设施出水水质达标率不低于 90%。（责任单位：市水务局、市生态环境局、各涉农区）

（三）生活垃圾治理行动

规范处置环境整治和地块开发中发现的垃圾。保持农村生活垃圾 100% 有效收集、无害化处理，农村生活垃圾分类达标率每年稳定在 95% 以上。推进湿垃圾就近就地资源化利用，深化技术探索，规范设施建设、配套装置升级和运营管理。推进农村生活垃圾分类减量，完善"两网融合"回收体系。农村生活垃圾回收利用率达到 45% 以上，农村区域湿垃圾 90% 以上纳入资源化处置体系。构建农村建筑垃圾处置体系，推进建筑垃圾减量化、资源化、无害化处理。结合市民修身行动、文明风尚培育行动，积极推进生活垃圾分类宣传教育。（责任单位：市绿化市容局、市商务委、市精神文明办、

各涉农区、相关国有企业）

四、持续推动公共基础设施均衡发展，提升乡村生活品质

（一）基础设施升级行动

推进水、电、气、通信、广播电视、物流等市政公用基础设施建设向农村地区倾斜。推进"四好农村路"建设，完成农村公路提档升级改造1500千米以上，乡村振兴示范村、市级美丽乡村示范村至少有1条"四好农村路"示范路。推进村内道路建设，完成290千米以上村内破损道路、190座沿线破损桥梁达标改建，开展沿线桥梁结构安全定期检查评定，加强安全设施建设。因地制宜改善道路景观，规范设置交通标志标线，布设停车场（点）、路灯。完成农村地区"雪亮工程"和"智慧公安"设施配置。（责任单位：市交通委、市住房城乡建设管理委、市发展改革委、市公安局、各涉农区）

（二）公共服务设施完善行动

按照优质均衡发展目标，开展农村社区综合服务设施标准化建设，推进乡村社区生活圈建设试点。农村社区每个建制村至少设置1处家门口服务站，提供事务办理、医疗卫生、文化体育等一站式服务，建设村级寄递物流综合服务站。加大养老设施建设力度，利用闲置农房和存量集体建设用地、房屋等资源，建设乡村长者照护之家等养老服务设施，完成100家乡村长者照护之家建设。全面推广老年人睦邻点建设，纯农地区村组睦邻点实现全覆盖，互助式农村养老服务得到充分发展。（责任单位：市民政局、市卫生健康委、市农业农村委、市规划资源局、市文化和旅游局、市体育局、各涉农区）

（三）卫生健康村镇建设行动

巩固国家卫生区镇全覆盖成果，统筹城乡环境卫生综合治理与农村社会健康管理，建设一批基于社会大健康理念的上海卫生健康城镇。加强农村卫生健康知识普及，每年向村民免费发放卫生健康知识读本和工具，指导建立健康自我管理小组，开展村民科普讲座配送服务。结合《上海市民健康生活新风尚知识读本》和《上海市民健康公约》推广活动，提高农民健康素养。（责任单位：市卫生健康委、各涉农区）

五、不断加强自然景观修复和提升，凸显乡村环境品质

（一）绿色田园建设行动

结合全域土地综合整治，稳定耕地保护空间，推进高标准农田建设，新建高标准农田13万亩以上，改造提升高标准农田7万亩以上。加强田间环境治理，持续清理田间地头、农田沟渠、农村道路的各类生产生活垃圾，拆除废弃设施、不规范棚舍。规范农业废弃物管理，农药包装废弃物回收率达到100%，农膜回收率达到97%，试点推广全生物降解地膜，因地制宜配置秸秆、蔬菜废弃物、藤蔓等就地就近处理设施。深化农业面源污染治理，农田化肥、农药总施用量分别下降9%、10%，80%以上的规划保留水产养殖场完成尾水处理设施建设和改造，畜禽养殖废弃物和粮油作物秸秆资源化利用实现全覆盖。（责任单位：市农业农村委、市规划资源局、各涉农区、相关企业）

（二）水环境提升行动

结合河长制实施，巩固中小河道整治成果，持续推进河湖水系综合治理，强化中小河道管理养护，按需实施镇村级河道疏浚。推进45个生态清洁小流域建设，集中连片推进中小河道生态修复，恢复乡村河湖生态系统。强化农村地区入河排污口排查整治，规范河道疏浚底泥消纳处置。（责任单位：市水务局、市生态环境局、市农业农村委、各涉农区、相关国有企业）

（三）乡村绿化行动

推进农村"四旁"（宅旁、村旁、路旁、水旁）和庭院绿化，以及生态廊道和农田林网建设；挖掘造林绿化空间，实行窄带（林）变宽、断带（林）合拢，增加乡村森林资源和绿化总量。实施公益林抚育12万亩以上，营造"四化"森林，增加乡土树种，实行乔木与灌木结合、林地与湿地结合，提升乡村绿化美化水平。建设170个特色明显的乡村开放休闲林地，推动评（认）定一批森林乡村，满足市民对生态产品的需要。加强乡村原生植被、自然景观、小微湿地及野生动植物栖息地保护。（责任单位：市绿化市容局、市农业农村委、各涉农区、相关国有企业）

六、建立健全长效管护机制,推动农村人居环境持续优化

(一)常态化开展村庄清洁

大力实施以"五清一改"(清垃圾、清搭建、清杂物、清堆物、清张贴、改习惯)为重点的村庄清洁行动,突出死角盲区清理整治。建立村庄清洁常态、长效机制,以镇(乡)、村为单位设立村庄清洁日、清洁周,结合重要节日开展专项活动。加强村民文明理念宣传教育,消除露天焚烧现象,避免畜禽散养影响环境卫生,着力改变垃圾乱丢乱扔、柴草乱堆乱积、农机具乱停乱放等影响农村人居环境的不良习惯。(责任单位:市农业农村委、市绿化市容局、市卫生健康委、各涉农区、相关国有企业)

(二)发挥村民主体作用

推广农村人居环境责任区制度,落实"门前三包"责任,引导农民参与村内道路、垃圾收集处理设施和公共绿地等管护工作,增强爱护公共基础设施意识。全面开展美丽庭院评选、环境卫生红黑榜、积分兑换等活动,建立奖励补助机制,增强村民维护村庄环境卫生的主人翁意识。组建村级公益服务社,吸纳农民承接本地农村人居环境改善和后续管护工作,探索开展农村地区物业服务(保洁、绿化、维修服务等)。持续推进农村地区精神文明建设,积极开展文明村镇创建,深化移风易俗,倡导文明健康、绿色环保生活方式,依托新时代文明实践中心(分中心、站),广泛开展形式多样、内容丰富的文明实践和志愿服务活动。(责任单位:市农业农村委、市民政局、市精神文明办、各涉农区)

(三)建立健全工作机制

落实涉农区政府主体责任,编制农村公共基础设施管护责任清单,明确管护对象、主体和标准,建立公示制度,统筹落实管护资金。压实行业主管部门监管责任,建立健全农村公路、村内路桥设施、生活污水处理设施、生活垃圾收运、公共厕所保洁、乡村绿化等管护制度、标准和规范,建立专业化、市场化、一体化的运行管护机制,加强工作考核。设置公益性岗位,鼓励符合条件的农民参与农村人居环境管护。梳理农村人居环境管理事项,逐步纳入涉农区城市运行"一网统管"公共平台,建立问题发现、快速处置和分析考核机制。(责任单位:市农业农村委、市发展改革委、市住房和城乡建设管理委、市交通委、市水务局、市绿化市容局、各涉农区)

七、加大政策支持力度

（一）加强财政投入保障

加强各级财政对农村人居环境优化提升的保障，统筹安排各类财政性资金用于农村人居环境优化提升，加强全过程绩效管理，保障财政投入与目标任务相适应。市级财政对美丽乡村建设给予补助；市各条线专项资金按照年度任务"一口下达"至各涉农区；各涉农区加强资金和项目统筹，聚焦重点，鼓励以乡镇（街道）为单元统筹实施建设项目，提高资金使用效益。发挥财政资金引导作用，支持通过以工代赈方式开展农村人居环境优化提升。鼓励符合条件的村级组织和乡村工匠等承接小型工程项目。优先考虑动员本地本村劳动力，尽量吸纳农村低收入群体参与农村人居环境基础设施建设和运行管护项目。（责任单位：市财政局、市发展改革委、市农业农村委、市住房和城乡建设管理委、市交通委、市水务局、各涉农区）

（二）完善相关政策体系

做好农村宅基地改革试点、农村乱占耕地建房专项整治政策衔接，按需开展乡村规划调整或实施深化，落实农村人居环境相关设施建设用地空间。在严守耕地和生态保护红线的前提下，优先保障农村人居环境项目建设用地，支持利用存量用地、未利

用地进行项目建设，支持乡村腾挪用地空间用于农村人居环境建设。农村人居环境优化提升重点地区优先纳入全域土地综合整治范围。对新改建农村生活垃圾处理、生活污水处理、供排水、村内道路、文化体育、村容村貌提升等小型村庄建设项目，实施简易审批。引导各类金融机构依法合规对改善农村人居环境提供信贷、政策性担保、农业保险支持。加大农村人居环境优化提升相关科技研发、节能降耗、循环利用等技术推广。强化人才队伍支撑，选派规划、建筑、园艺、环境等行业相关专业技术人员驻村指导，将改善农村人居环境纳入农民教育培训内容，开展绿化养护、物业维修、环境保洁等领域的技能培训，培育乡村工匠。（责任单位：市农业农村委、市规划资源局、市发展改革委、市财政局、市人力资源和社会保障局、各涉农区）

（三）推进标准规范体系建设

制定上海市美丽乡村建设标准，上海市绿色农房建设导则，上海市村内道路建设养护导则，农村生活污水治理技术指南、运维养护技术规程及定额，修订《公共厕所保洁质量和服务要求》（DB31/T 525—2011），建立健全农村人居环境标准和规范体系，加强标准宣贯。依法开展相关产品质量安全监管，创新监管机制，适时开展抽检，严守质量安全底线。（责任单位：市农业农村委、市市场监管局、市住房和城乡建设管理委、市交通委、市水务局、市绿化市容局、各涉农区）

八、强化组织保障

（一）加强组织领导

坚持和加强党对农村工作的全面领导，把农村人居环境优化和提升作为党委和政府的重要职责，结合全面推进乡村振兴工作部署，明确时间表、路线图。建立市级统筹协调、区级实施推进的工作机制。市委农办负责牵头抓总，市相关部门分工协作，逐项确定牵头部门，协同配合、形成合力、共同推进。各涉农区作为农村人居环境优化提升工作的责任主体，做好组织实施工作，主要负责同志当好一线指挥，选优配强一线干部队伍。将市属农场人居环境优化提升纳入农村人居环境优化提升范围统筹考虑、同步推进。将改善农村人居环境纳入公益性宣传范围加强舆论引导。（责任单位：市委农办、市委组织部、市委宣传部、各涉农区、相关国有企业）

（二）加强基层组织作用发挥

充分发挥农村基层党组织领导作用和党员先锋模范作用，深入开展美好环境与幸福生活共同缔造活动；发挥共青团、妇联、少先队等群团组织作用，组织动员村民自觉改善农村人居环境。健全党组织领导的村民自治机制，村级重大事项决策实行"四议两公开"。充分运用"一事一议"筹资筹劳等制度，引导村集体经济组织、农民合作社、村民等全程参与农村人居环境相关规划、建设、运营和管理，实行项目公示制度。吸引个人、企业、社会组织等，通过捐资捐物、结对帮扶等形式支持改善农村人居环境。（责任单位：市委组织部、市民政局、市住房和城乡建设管理委、市农业农村委、市财政局、团市委、市妇联、各涉农区）

（三）加强统筹推进

各涉农区要根据本实施方案，细化本区农村人居环境优化提升具体措施。建立统筹实施机制，聚焦规划保留村美丽乡村建设，整合各条线项目和资金，推动乡村面貌整体提升。注重分类引导，坚持整体推动和重点突破相结合，因地制宜确定不同类型村庄建设标准，聚焦规划保留村提升村容风貌和公共基础设施配置，近期拟搬迁撤并

的村庄重在保持干净整洁，保障现有基础设施稳定运行。结合农民相对集中居住、生态清洁小流域建设、"四好农村路"建设、全域土地综合整治等项目实施，统筹谋划重点建设区域，建立乡村振兴示范村、美丽乡村示范村创建储备库，制定年度实施计划。（责任单位：各涉农区、市农业农村委、市规划资源局、市住房和城乡建设管理委、市交通委、市水务局、市绿化市容局）

（四）加强考核监督

将农村人居环境优化提升工作纳入乡村振兴考核范围和相关督查检查计划，检查结果向市委、市政府报告。市乡村振兴战略工作领导小组制定农村人居环境优化提升年度任务清单，纳入"乡村振兴目标管理系统"实施目标管理。制定农村人居环境优化提升相关验收标准和办法，建立健全以质量实效、农民满意为导向的评估体系，到 2025 年底以区为单位进行检查验收。（责任单位：市农业农村委、市委组织部、市住房和城乡建设管理委、市交通委、市水务局、市卫生健康委、市绿化市容局、各涉农区）

编后语

党的二十大提出了建设农业强国的重要决策,擘画了加快实现农业农村现代化的宏伟蓝图。2022年,我市认真贯彻落实习近平总书记关于做好"三农"工作的重要论述,全面实施乡村振兴战略,努力探索国际大都市城乡融合发展的新路子,农民的获得感、幸福感、安全感不断提高。

为宣传推广我市实施乡村振兴战略的好做法、好典型,努力构建农业农村新发展格局,我们精选了2022年我市实施乡村振兴战略的调研报告、新闻报道、典型案例和政策文件,力求从不同侧面和角度反映上海国际大都市城乡融合发展的实践、探索和成效,以飨读者。

本书的编印,离不开各方的大力支持。各涉农区农业农村委、东方城乡报社为本书提供了丰富的图片资料和典型案例。本书在编辑出版过程中还得到了上海科学技术出版社编辑的大力支持和帮助,在此一并表示感谢。

因编印时间紧促,书中涉及的内容可能存在遗漏或不足之处,欢迎各位读者批评指正。